Theory and Practice of Christian Nurture in Family

기독교 부모교육의 이론과 실제

정희영 · 정갑순 · 김동춘 · 김미경 · 강은주 · 최영해 | 지음

창지사

오늘날 내가 네게 명하는 이 말씀을 너는 마음에 새기고 네 자녀에게 부지런히 가르치며 집에 앉았을 때에든지 길에 행할 때에든지 누웠을 때에든지 일어날 때에든지 이 말씀을 강론할 것이며 (신명기 6:4-9)

위의 말씀은 보통 쉐마라고 불리는 히브리교육의 핵심을 이루는 내용으로써 자녀를 하나님의 자녀로 잘 양육해야 할 책임이 부모에게 있음을 시사하고 있다. 또한 자녀교육의 주체가 되는 부모가 어떻게 자녀를 양육할 것인가에 대한 부모교육의 방법론을 제시하고 있다. 단순히 자녀를 효율적으로 교육시키기 위한 의미에서의 부모교육이 아니라 하나님의 말씀을 좇아 자녀를 하나님이 주신 선물로 알고 하나님의 자녀로 잘 양육하기 위해 부모교육이 필요함을 시사하고 있다.

이러한 맥락에서 기독교인 부모를 위한 부모교육에 관련된 책의 필요성 때문에 본 서가 집필되었다. 또한 유치원 원장을 하면서 유아들을 교육하는 데 있어 가장 중요한 역할을 하는 사람은 교사보다도 부모라는 인식과 부모들과의 상담을 통해 부모들이 자녀를 양육하는 데 있어 궁금해하는 점은 무엇이며, 그들에게 필요한 것이 무엇인지를 알게 되었기에 이를 근거로 한 책의 필요성 때문에 본 서가 집필되었다.

본 서를 쓰게 된 또 다른 동기는 유아에 대한 교육문제를 다룰 때 전인적인 인간의 양성이 교육의 목표임에도 불구하고 인간의 영적인 부분을 제외하고 교육의 내용을 구성하여 다루고 있다는 점이다. 다시 말하면, 교육은 인간의 영적인 부분과 더불어 신체적·사회적·언어적·정서적·인지적 발달의 제 측면을 고려해서 그 내용이 이루어져야 한다. 그러나 대부분의 교육은 인간이 영적인 존재임에도 불구하고 유아의 신앙적인 발달측면이 간과된 채 교육내용이 구성되어 있다는 것이다. 따라서 본 서에서는 유아의 영적인 측면을 고려하여 유아의 신앙발달을 교육내용에 포함시켰다.

본 서를 집필한 세 번째 동기는 현재 부모교육과 관련된 책들이 많이 있지만 유아발달의 각 영역을 고려하여 집필된 책이 없다는 것이다. 따라서 본 서는 유아발달의 각 영역을 고려하여 신앙발달, 신체발달, 사회성발달, 언어발달, 정서발달, 인지발달 등으로 내용을 구성하였다.

이상의 동기에 의해 쓰인 본 서가 모쪼록 기독교인 부모들이 그들의 자녀를 양육하는 데 큰 도움이 되기를 바라며, 아울러 현장의 교사들이 유아들을 교육하면서 부모와의 상담을 통해 그들에게 필요한 것이 무엇인지를 깨닫고 부모들에게 도움을 주는 교사들이 되기를 기대해본다.

기독교교육의 측면에서의 아낌없는 후원과 하나님의 자녀를 양육하는 데 소명을 두고 여러 가지 측면에서 도움을 주신 창지사의 김기섭 사장님과 편집장님 이하 편집부 여러분들의 노고에 감사드린다.

2007년 3월

저자 일동

Contents

Contents

Chapter 1

부모교육의 이해

부모교육이 무엇인가에 대한 이해를 하기 위해서 부모교육의 개념과 목적 그리고 기원에 대해 다루고자 한다.

1 부모교육의 개념

1) 부모교육의 일반적 개념

부모교육에 대한 개념은 학자들마다 다양하게 정의되고 있다. 스티븐스(Stevens, 1978)는 부모교육을 보다 포괄적인 의미로 부모참여로 보고 있다. 부모가 프로그램의 계획과 실천, 평가, 수정 등 모든 주요 단계에 참여하여 부모로서의 결정권을 행사하며 부모역할 기능을 발달시키는 것을 의미한다고 정의하였다.

레퍼, 스키퍼, 위더스픈(Lepper, Skipper, Witherspoon, 1974)은 부모참여와 부모교육을 구분하여 부모교육은 부모가 배우는 학습자로서 부모의 역할을 어떻게 할 것인가를 배우는 것이며, 부모참여는 부모가 자녀가 다니는 교육기관의 교사로서 직접 참여하며 자녀의 교사로서의 역할을 배우는 것이라고 보았다.

멕코비와 젤너(MacCoby, Zellner, 1970)는 부모를 교실에 끌어들이고 그들의 자녀를 더 잘 교육시킬 수 있도록 훈련시키되 교양교육까지도 포함하는 교육으로써 이것을 부모관여라고 보았다. 또한 기관에서 행해지는 교육프로그램에 부모들의 관여를 주장하였으며 이것을 부모참여라고 정의하였다.

헤스(Hess, 1969)와 고든(Gordon, 1971)은 부모와 자녀 간의 상호작용 관계에서 부모의 효과적인 개입을 강조하였다. 부모가 자녀의 교육적 환경의 변인으로 작용함으로써 앞으로의 자녀성장과 발달에 매우 중요한 역할을 미칠 수 있다고 보았다.

교육학용어사전(1981)에서는 부모교육이란 “유치원교육의 효과를 높이기 위해 부모들에게 아동발달 교육과정 등을 알려주고 가정에서의 협력을 도모하고자 하는 목적으로 시작된 교육으로써 1965년 미국의 헤드 스타트(Head Start) 운동 이후 유아교육현장에서 부모의 직·간접적인 참여가 강조되면서 더욱 연구된 분야이며, 부모참여를 위한 프로그램에 통합되기도 하지만 부모로서의 효율적인 양육태도 및 방법을 지니도록 교육하는 것을 일컫는다”라고 정의하고 있다.

이상에서 부모교육에 대한 정의가 부모교육, 부모참여, 부모관여, 부모개입 등으로 설명되고 있음을 살펴보았다. 부모교육은 부모가 자녀의 양육과 발달에 보다 효과적으로 참여하기 위해 부모교육자로부터 교육받는다는 수동적이며 소극적인 의미가 내포된 개념이라고 볼 수 있으며, 반면에 부모관여나 부모참여는 자녀의 교육과 발달을 위해 가정과 학교, 부모와 교사가 동반자로서 동등한 입장에서 상호 유대관계를 가지고 효율적인 교육 및 발달을 꾀한다는 보다 포괄적이며 적극적인 개념이라고 볼 수 있다.

부모교육의 정의를 요약하면, 부모교육이란 부모가 자녀의 양육과 부모 자신의 개발을 위해 교육을 받음으로써 부모 자신이 자녀양육과 발달을 위해 효율적인 교육을 실시할 수 있도록 할 뿐 아니라 유아교육기관에서 실시되는 교육내용을 이해할 수 있으며 유아교육프로그램의 전 과정에 참여하여 중요한 결정권을 행사할 수 있도록 한다. 이러한 교육의 과정을 통해 가정에서의 자녀를 위한 교육뿐만 아니라 가정과 유아교육기관과의 상호작용을 용이하게 함으로써 자녀의 발달을 긍정적이며 보다 효율적으로 이룩할 수 있도록 도와주는 교육이 부모교육이라 정의할 수 있다.

2) 부모교육의 성경적 개념

앞 절의 부모교육의 일반적 개념에서 여러 학자들의 부모교육에 대한 다양한 개념 정의에 대해 살펴보았다. 어떤 학자는 소극적 의미에서의 부모교육의 정의를, 다른 학자는 적극적 의미에서의 부모교육에 대해 정의내리는 것을 살펴보았다. 한 학자가 어떤 면을 강조하느냐에 따라 부모교육의 정의가 달라짐을 알 수 있다. 이것은 그 학자의 사회·문화적 배경 혹은 그 학자의 학문적 배경이나 성향에 따라 어떤 개념에 대한 정의가 달라짐을 보여준다.

부모교육에 대한 정의를 소극적으로 했든, 적극적으로 했든지 간에 그 의미는 자녀의 보다 효율적인 양육과 발달을 목적으로 부모에게 제공되는 교육임을 알 수 있다. 이처럼 일반적 의미에서의 부모교육에 대한 정의는 부모를 대상으로 하는 교육이며 그 목적은 부모의 효율적인 자녀양육에 초점이 맞추어진다. 그리고 이것을 위해 교육전문가가 투입되는 것을 알 수 있다. 교육의 주체와 대상과 목적이 교육전문가, 부모, 자녀양육으로서 모든 것이 인간에게 집중되어 있는 것을 볼 수 있다.

그러나 기독교적인 측면에서 볼 때, 부모교육은 하나님께서 인간과 맺으신 언약을 보다 효율적으로 이루어 드리기 위한 행위를 깨닫고 그것을 잘 수행할 수 있도록 도와주는 것이며 하나님께서 그의 백성에게 명하신 부모의 교육적 의무에 순종하는 행위에 초점이 맞추어진다. 즉, 하나님이 부모교육의 중심에 자리잡고 있으며 하나님과의 바른 관계정립과 그 하나님에 대한 순종이 부모교육의 기원이 된다고 볼 수 있다. 이러한 사실은 기독교 가정이 언약의 공동체(Adams, 1978)라는 사실에서 잘 나타난다. 따라서 부모교육에 대한 성경적 개념은 언약사상을 통해 살펴볼 수 있다.

❶ 언약교육의 수행자로서의 부모

하나님께서 최초로 만드신 결혼제도는 하나님과 인간 사이의 신성한 신탁이며, 하나님의 절대주권을 인정하는 신앙을 근거로 이루어진 가정은 사람이 나눌 수 없는 언약의 기관이다. 마태복음 19:6에서 "하나님이 짝지어주신 것을 사람이 나누지 못할지니라"고 말씀하고 있다. 창세기 17:7-9에서 "내가 내 언약을 나와 너와 네 대대 후손의 사이에 세워서 영원한 언약을 삼고 너와 네 후손의 하나님이 되리라 내가 너와 네 후손에게 너의 우거하는 이 땅 곧 가나안 일경으로 주어 영원한 기업이 되게 하고 나는 그들의 하나님이 되리라"고 말씀하신다. 따라서 기독교 가정은 언약의 공동체로써 언약의 계승이 이루어지는 언약의 기본단위라고 볼 수 있다. 기독교 가정은 언약교육의 일차적이며 이상적인 학교였다. 부모는 자연스럽게 언약교육의 교사 역할을 수행해야 했으며 부모에게서 자녀에게로 언약의 세대적 계승이 이루어지기 때문에 가정은 언약교육의 중심지가 될 수밖에 없었다.

벌코프(Berkhof, 1953)는 언약을 기초로 한 기독교 가정에서의 교육의 필요성을 다음의 세 가지로 언급하고 있다.

첫째, 기독교인 부모의 자녀들은 그들의 부모와 함께 하나님의 가족으로 택하여졌다는 사실로 인해 기독교교육을 필요로 한다.

둘째, 많은 하나님의 자녀들이 그리스도 안에서 부요하며 축복을 상속할 자들이기는 하지만 그들의 영적인 유산의 위대함을 바라보도록 교육받지 않았기 때문에 오늘날 많은 하나님의 자녀들이 영적 빈곤 속에서 살고 있는 것이다.

따라서 기독교인 부모를 둔 자녀들은 언약에 의해 약속의 축복을 상속할 자들이기 때문에 이것을 알도록 교육받을 필요가 있다.

셋째, 하나님의 언약의 자녀들은 예수 그리스도를 믿고 죄에서 거룩으로 성화되도록 요구된다. 이런 요구에 응답하기 위해서는 언약의 자녀로서 교육을 받아야 하는 것이다.

구약시대에는 언약 백성의 상징으로 할례를 받았다. 오늘날에는 유아세례가 그 맥을 같이한다. 구약의 할례의식과 그 전통은 유아세례로 이어지고 있고 또한 성경 전반을 관통하는 언약사상에 근거하여 유아세례의 정당성을 무리 없이 주장할 수 있다. 비록 언약 백성의 자녀가 언약의 백성이 된다 할지라도 그리스도인 부모의 자녀를 위한 신앙교육이 없다면 그 자녀는 언약의 길에서 떠날 수도 있다(Marcel, 1951). 그러므로 그리스도인 부모들은 그들의 자녀들을 생애의 초기부터 은혜언약의 참여자들로서 고귀한 약속(나는 그들의 하나님이 되고)을 인정하고 엄숙한 의무(그들은 내 백성이 되리라)를 수행해야 한다. 다시 말하면 그리스도인 부모가 그들의 자녀에게 하나님의 말씀을 잘 가르침으로써 자신의 자녀들이 기독교인으로서의 바른 삶을 살도록 인도해야 함을 의미한다고 볼 수 있다. 자녀의 신앙적인 양육의 책임은 일차적으로 그 부모에게 있는 것이다(Harper, 1981). 브로밀리(Bromiley, 1979)는 그리스도인 부모들은 세례를 받게 될 자녀의 영적인 양육을 위해 매우 진지하게 준비되어 있어야 하며, 가정에서 말씀과 행동을 통해 자녀들을 가르쳐야 한다고 주장하고 있다. 부모의 자녀양육의 책임을 강조한 청교도인 코베트(Cobbet)도 "언약 당사자인 부모가 하나님, 그리고 자녀들에게 보여줄 수 있는 가장 큰 사랑과 신실함은 그들을 교육하는 것이다"라고 언급하고 있다(Ryken, 1995, 재인용).

이상에서 살펴본 것처럼, 언약의 공동체인 기독교 가정에서 태어난 자녀들은 언약 백성으로서의 정체성을 갖고 성장, 발달하기 위해 가정에서의 부모교육이 필요하며, 부모들은 자신들이 언약의 공동체를 존속시켜야 할 소명을 하나님으로부터 부여받았음을 알고 그것에 근거하여 자녀를 보다 잘 양육하기 위해 적극적이면서도 소극적인 의미에서 부모교육을 받아야 한다. 즉, 부모는 언약교육의 수행자로서 부모의 역할을 잘 담당하기 위해 부모교육을 받아야 한다.

❷ 자녀교육 주체로서의 부모

부모의 자녀교육에 대해 성경에서는 다음과 같이 말씀하고 있다.

> 이스라엘아 들으라 우리 하나님 여호와는 오직 하나인 여호와시니 너는 마음을 다하고 성품을 다하고 힘을 다하여 네 하나님 여호와를 사랑하라 오늘날 내가 네게 명하는 이 말씀을 너는 마음에 새기고 네 자녀에게 부지런히 가르치며 집에 앉았을 때에든지 길에 행할 때에든지 누웠을 때에든지 일어날 때에든지 이 말씀을 강론할 것이며 너는 또 그것을 네 손목에 매어 기호를 삼으며 네 미간에 붙여 표를 삼고 또 네 집 문설주와 바깥문에 기록할지니라

이것은 보통 쉐마(Shema)라고 불리는 히브리교육의 핵심을 이루는 신명기 6:4-9 말씀으로 생활을 통해 자녀들에게 전하고 가르쳐야 할 자녀교육의 근본원리이다. 이러한 하나님의 자녀에 대한 교육의 내용은 신명기 여러 곳에서 나타나고 있다. 예를 들면 신명기 6:20-25에는 자녀들에게 가르쳐야 할 신앙고백이 기록되어 있으며, 신명기 30:2-3에는 어린이나 어른 모두 여호와께로 돌아와 마음을 다하고 성품을 다하여 율법에 순종함으로써 하나님의 백성이 될 수 있음을 명시하였다.

이외에도 신명기 31:11-13, 시편 78편, 느헤미야 8:1-18, 잠언 22:6, 디모데후서 3:15-16, 에베소서 6:4 등에서 이스라엘 가정에서 부모가 자신들의 자녀들에게 하나님의 말씀을 소중히 여기도록 하며 그 말씀을 자녀들의 마음에 새기도록 교육하였다. 이러한 교육의 책임은 아버지와 어머니 모두에게 있었으며(잠언 1:8-9), 대를 이어 전승되었고(시편 78:5-8), 삶의 현장에서 구체화될 수 있도록 하였다.

이처럼 자녀를 하나님의 자녀로 잘 양육하기 위해서 자녀교육의 주체가 되는 부모가 어떻게 자녀를 양육할 것인가에 대한 정보와 지식을 얻는 것은 매우 중요한 일이다. 단순히 자녀를 효율적으로 교육시키기 위한 의미에서의 부모교육이 아니라 하나님의 말씀을 좇아 자녀를 하나님이 주신 선물로 알고 하나님의 자녀로서 잘 양육하기 위해 부모교육이 필요한 것이다. 일반적 의미에서의 부모교육이 부모와 자녀와의 소극적이며 적극적인 관계를 중시하는 이중적 관계였다면, 기독교적 의미에서의 부모교육은 하나님의 뜻을 따라 자녀를 잘 양육하기 위한 하나님과 부모와 자녀와의 소극적이며 적극적인 관계를 중시하는 삼중적인 관계라고 볼 수 있다.

2 부모교육의 목적

부모교육의 목적은 학자들에 따라 다양한 내용으로 정리된다. 이연섭·강문희(1999)는 헤드 스타트(Head Start) 프로그램, 스포덱(Spodeck)과 월버그(Walberg), 버크런드(Bjorklund), 파인(Fine) 그리고 행동과학연구소가 제시한 교육의 목적을 소개하면서 부모교육의 목적을 다음과 같이 정리하였다.

첫째, 부모들이 자녀의 성장과 발달을 도울 수 있도록 자녀의 성장과 발달에 대한 정보를 제공받는 것이다.

둘째, 학교에 대해 부모가 협력적인 태도를 가지도록 하기 위해 학교교육 내용이나 방법에 대해 올바른 이해를 하도록 하는 것이다.

셋째, 부모와 자녀의 상호작용을 향상시킬 뿐만 아니라 관심의 영역을 다른 유아에게도 갖게 함으로써 이기적이고 편협한 자녀관에서 벗어나 보다 넓은 의미에서의 자녀관을 갖도록 하는 것이다.

정갑순(1996)은 부모교육의 목적을 부모들에게 교사로서의 부모역할과 자녀의 성장발달과 교육에 대한 올바른 이해와 인식을 증진시키는 것이라고 보았다. 이를 위해 적절한 지식과 능력을 갖도록 정보를 나누고 자녀양육을 위한 기술을 훈련시키며, 더불어 부모 자신이 자신을 잘 인식할 수 있도록 도와주며 가족 간의 문제를 해결할 수 있는 방법을 가르치는 것이라고 정의하였다.

곽덕영·김미화(2002)는 부모교육의 목적을 첫째는 아동 건강관리, 발달과업과 발달상의 이정표, 또래 상호작용 지도방법과 같은 영역에 관하여 정보 나누기, 둘째는 역할놀이, 시범 보이기, 대화법(I-message), 소극적 청취 및 능동적 청취, 행동수정기법, 칭찬과 격려, 가족회의 진행방법 등에 관한 기술 훈련하기, 셋째는 자녀양육에 영향을 끼쳐온 부모세대의 양육방식에 대한 이해와 부모가 지니고 있는 가치관이 자녀에게 어떠한 영향을 끼칠 것인가에 대한 이해를 위해 부모의 자기 인식하기, 넷째는 아동발달의 광범위한 영역에 적용될 수 있는 문제해결 기법 가르치기 등이라고 주장한다.

요약하면, 부모교육의 목적은 자녀양육을 보다 잘할 수 있도록 하기 위해 부모 자신에 대한 인식의 증진과 자녀의 성장과 발달에 대한 정보의 습득과 기술훈련을 시키고, 자녀의 교육기관에 대한 이해를 증진시키며, 자녀양육과 자녀발달에 관련된 문제와 가족 간의 문제를 해결할 수 있는 방법을 가르치는 것이다.

이상의 부모교육의 목적은 일반적인 의미에서의 정의라고 볼 수 있다. 부모교육의 개념에서도 언급했듯이, 성경적 의미에서 부모교육의 목적은 자녀의 올바른 성장과 행복을 위해 부모와 자녀와의 사이에서만 그 관계가 이루어지는 것이 아니라 하나님과의 관계 속에서 정리되어야 한다. 자녀는 하나님과의 언약관계 속에 있으며, 그 언약을 효율적으로 이루어 드리기 위해 부모가 하나님께서 명하신 교육적 의무에 순종하는 것이 교육이다. 따라서 그리스도인 부모가 자녀를 하나님의 백성답게 살아갈 수 있도록 돕기 위해 부모 자신에 대한 기독교적인 인식의 증진과 자녀의 성장과 발달에 대한 정보의 습득과 기술훈련을 시키고, 자녀의 교육기관에 대한 이해를 증진시키며, 자녀양육과 발달에 관련된 문제와 가족 간의 문제를 해결할 수 있는 방법을 가르치되 하나님의 뜻을 이루기 위한 것으로 연결되어야 한다. 일반적 의미에서의 부모교육의 목적이 자녀의 성장과 행복에 초점이 맞추어진다면, 성경적 의미에서 부모교육의 목적은 하나님의 뜻에 초점이 맞추어진다고 볼 수 있다.

3 부모교육의 기원과 발전

1) 부모교육의 일반적 기원과 발전

부모교육의 일반적 기원에 대해서는 대체로 인류의 역사와 함께 시작되었다고 주장하고 있다(정갑순, 1996; 이연섭·강문희, 1999). 인류의 역사와 함께 대부분의 문화권에서 아들에게는 사냥하는 일이나 농사짓는 법을 가르쳤으며, 딸에게는 아기를 낳아 돌보며 양육하고 가사를 잘 해내는 일을 가르쳤다.

고대의 스파르타에서 7세까지는 아버지가 키우고 건강한 자녀를 얻기 위해 국가에서 우생학적 제도를 시행하였다. 특별히 건강한 남아를 얻기 위해 아들이 태어나면 아버지가 레스케라는 장소로 아이를 안고 가서 그 부족의 장로들이 그 아이를 검사하여 튼튼하고 힘이 강하면 기르도록 명령하였고, 약하거나 불구자일 경우 아포테타이의 타이게투스라는 산골짜기에 버렸다(임채식 외, 2000). 로마에서는 자녀의 올바른 성격의 함양과 생활태도를 기르기 위해 모친의 무릎에서 이루어지는 교육을 중시하였다(유안진, 1985).

중세에는 유아들의 독특한 요구가 고려되지 않고 양육되었다. 이러한 사실은 그 당시의 미술작품을 통해서도 잘 알 수 있다. 즉, 당시의 미술작품에 묘사된 영아들의 그림을 보면 영아의 형체 비율이 어른의 비율과 똑같이 묘사된 것을 볼 수 있다. 이것은 유아를 성인의 축소판으로 생각하였던 당시의 일반적인 개념을 시사하는 것이라고 볼 수 있다. 또한 부모가 자신이 자녀를 위한 양육자라는 개념이 있기는 했으나 현대의 양육태도와 비교해 볼 때 아주 초보적이고 모호한 것이었다(이연섭·강문희, 1999).

르네상스가 도래하면서 인간에 대한 이해가 새로워지기 시작하였고 인간의 본성에 대한 연구가 활발히 일어나게 되었다. 많은 인문학자들이 인간에 대한 연구를 하면서 어린이에 대한 연구도 더불어 이루어졌다. 에라스무스, 몽테뉴와 같은 학자들의 어린이에 대한 연구와 그 뒤를 이어 코메니우스와 같은 학자들이 유아를 위한 부모교육을 강조하였다. 특히 코메니우스는 그의 저서 『대교수학』에서 0~6세까지의 교육은 어머니에 의해 이루어져야 한다고 주장하면서 다음과 같이 부모양육의 중요성을 언급하고 있다(코메니우스, 2003).

1. 하나님께서는 당신이 보물처럼 귀중히 여기는 어린이들을 그들에게 위탁하셨다.
2. 하나님께서는 어린이의 교육이 바르게 이루어져야 한다는 목적을 갖고 계시며 이를 그들에게 책임으로 부여하셨다.
3. 젊은 세대는 좋은 교육을 너무나 갈망하기 때문에 만일 이를 성취하지 못한다면 필연적인 것을 잃는 것이다.

이러한 원칙을 설정하고 나는 당신들이 맡고 있는 유아기 어린이의 양육에 관한 여러 영역을 순서대로 설명함으로 나의 목적을 달성하고자 한다. 그대들의 지도 아래, 오 아버지시여! 하늘과 땅의 모든 세대들이 결정된다.

종교개혁 시기에 종교개혁을 단행한 대부분의 나라에서 교육을 강조하였으며 이것은 곧 부모교육에 대한 중요성으로 연결되는 것을 볼 수 있다. 영국에서 신앙의 자유를 찾아 신대륙으로 건너온 청교도들은 먼저 교회를 세우고 이어서 1642년에 매사추세츠 교육령을 공포한다. 그 요지를 보면, 50호 이상의 마을은 즉시 읽기, 쓰기의 교사를 채용하고 급료는 마을의 의결을 통해 학부모나 고용주들이 부담 여부를 결정하도록 하였다. 이러한 결정은 부모의 자녀에 대한 교육의 의무를 규정하였다는 점에서 높이 평가할 만하다(주영흠, 2003).

18세기에는 로크와 루소의 교육사상이 자녀 및 부모들의 교육에 매우 중요한 영향을 미쳤다. 로크의 백지설은 학교교육 이전의 가정교육의 중요성을 일깨워서 자녀의 의지와 신체 단련을 통해 좋은 습관을 기르고 지·덕·체를 겸비한 신사를 양성하는 것이 부모의 역할이라고 보았다. 루소의 자연주의 교육은 자연적인 교육방법을 강조하게 되어 자녀는 모유로 키워야 하고, 타고난 천성이 자연스럽게 자랄 수 있도록 지나친 강요는 삼가야 하며, 유아가 스스로 보고 깨닫고 느끼게 해주며, 가정에서 부모의 협력으로 사랑에 의해 성장할 수 있도록 해야 한다고 주장하였다. 그의 교육사상은 '에밀'에 잘 묘사되어 있다.

페스탈로찌와 프뢰벨은 19세기 교육학자들로서 페스탈로찌는 『게르트루드는 자녀를 어떻게 가르쳤는가』라는 양육지침서를 통해 부모가 자녀의 도덕교육과 종교교육을 위해 어떻게 해야 하는가를 강조하였으며, 이것은 어머니의 사랑과 자녀의 신뢰 속에서 이루어져야 함을 주장하였다. 프뢰벨은 『어머니와 아기의 노래』에서 어린시절 어머니 역할의 중요성을 강조하고 있다.

20세기에 접어들면서 정신분석학과 심리학의 발달로 인해 부모-자녀 관계에 대한 이론들이 다양하게 전개되었다. 20세기 초반 프로이드의 정신분석 이론, 왓슨의 행동주의 심리학이 체계화되면서 자녀의 습관 및 성격형성에 부모의 역할이 매우 중요하게 생각되었다(이원영, 1985). 또한 에릭슨의 사회심리발달 이론, 피아제의 인지발달 이론, 콜버그의 도덕성발달 이론, 로저스의 인본중심 이론 등이 부모교육에 많은 영향을 미쳤다.

2) 부모교육의 성경적 기원

부모교육의 기원은 신명기 6:6-9에서 찾아볼 수 있다. 자녀에게 부모들이 성경을 어떻게 가르쳐야 할 것인지에 대해 매우 구체적으로 그 방법을 제시하고 있다. 이것을 살펴보면 다음과 같다.

> 오늘날 내가 네게 명하는 이 말씀을 너는 마음에 새기고 네 자녀에게 부지런히 가르치며 집에 앉았을 때에든지 길에 행할 때에든지 누웠을 때에든지 일어날 때에든지 이 말씀을 강론할 것이며 너는 또 그것을 네 손목에 매어 기호를 삼으며 네 미간에 붙여 표를 삼고 또 네 집 문설주와 바깥문에 기록할지니라

이외에도 부모교육에 대해 성경의 여러 곳에서 언급하고 있다. 신명기 31:11, 13에서는 "온 이스라엘이 네 하나님 여호와 앞 그 택하신 곳에 모일 때에 이 율법을 낭독하여 온 이스라엘로 듣게 할찌니... 또 너희가 요단을 건너가서 얻을 땅에 거할 동안에 이 말씀을 알지 못하는 그들의 자녀로 듣고 네 하나님 여호와 경외하기를 배우게 할찌니라"고 말씀하심으로 부모들이 자녀들에게 하나님 경외하는 법을 가르쳐야 할 것을 명하고 있다. 시편 78:5-7에서는 "여호와께서 증거를 야곱에게 세우시며 법도를 이스라엘에게 정하시고 우리 열조에게 명하사 저희 자손에게 알게 하라 하셨으니 이는 저희로 후대 곧 후생 자손에게 이를 알게 하고 그들은 일어나 그 자손에게 일러서 저희로 그 소망을 하나님께 두며..."라고 말씀하심으로 부모들이 후대에게 하나님을 알게 할 교육적 책임이 있음을 시사하고 있다. 잠언 22:6에서는 "마땅히 행할 길을 아이에게 가르치라 그리하면 늙어도 그것을 떠나지 아니하리라"고 말씀하심으로 어릴 때부터 부모의 가르침이 필요함을 강조하고 있다.

신약시대의 부모교육은 유아세례에서 그 기원을 찾아볼 수 있다. 유아세례를 통해 그리스도인 부모들은 자녀양육에 대한 교육적 책임을 확인하며 다짐한다. 이를 위해 유아세례 문답에서는 그리스도인 부모들이 자신의 자녀들은 유아세례를 받을

필요가 있음을 고백하며 그들을 주의 말씀으로 잘 양육하겠다고 하는 다짐을 받고 있다. 그 내용을 살펴보면 다음과 같다.

1. 당신들은 당신들의 아이가 예수 그리스도의 피로 씻음 받고 성령의 새롭게 하시는 은혜를 받을 필요가 있다고 인정하십니까?
2. 당신들은 당신들 자신을 위해서와 같이 자녀를 대신하여 하나님의 언약을 주장하고 주 예수 그리스도에 대한 신앙으로 자녀의 구원을 바라고 구합니까?
3. 이제 당신들은 아무런 주저 없이 당신들이 아이를 하나님과 그 언약에 맡기고 하나님의 은혜에 겸손히 의지하여 당신들의 자녀 앞에서 경건한 모범이 되며 자녀와 함께 또 자녀를 위하여 기도하며 그(그녀)에게 우리 거룩한 종교의 가르침을 가르치며 하나님께서 정하신 모든 수단을 통하여 그(그녀)를 양육하며 주의 교훈으로 가르침에 전력을 다할 것을 다짐합니까?

교회는 유아세례 의식을 통해 부모들이 교회의 온 회중과 하나님 앞에서 자녀에 대한 교육적 책임을 서약하게 함으로써 그리스도인 부모들에게 유아세례에 대한 의미와 기독교교육의 필요성과 그것에 대한 책임이 부모에게 있음을 강조함으로써 부모교육을 시행하고 있음을 볼 수 있다.

Chapter 2

유아의 발달특성과 부모역할

유아의 발달특성에 따라 부모의 역할은 달라야 한다. 어떻게 역할을 해야 할지를 알기 위해서는 유아의 발달특성을 잘 알고 있어야 한다. 따라서 본 장에서는 유아의 발달특성을 태아기부터 다루고자 한다. 그 이유는 발달이란 그 이전 단계에서부터 연결되며 영향을 받기 때문이다.

1 태아기

1) 태아기의 발달특성

일반적으로 부모의 역할을 자녀의 출산과 더불어 시작하는 것으로 생각하기 쉽다. 그러나 부모의 역할은 자녀를 잉태한 순간부터 시작된다. 그 이유는 태아도 성인과 마찬가지로 오감과 기억능력이 있기 때문이다(곽덕영·김미화, 2002). 이러한 사실은 1960년대 중반 의료기술의 비약적인 진보로 이루어졌다. 도미니크 퍼플러, 리처드 아담스, 에릭 웨덴브르크 등의 의사들에 의해 태아가 듣고, 이해하고 느끼며, 미각과 촉각을 지닌 존재라는 사실이 입증되었다.

태아가 1개월이 될 무렵에는 이미 놀라울 정도로 복잡한 조건반사 운동을 시작하며, 2개월경에는 자신의 머리와 팔 그리고 몸을 움직여 자신이 좋아하는 것과 싫어하는 것을 표현할 수 있게 된다. 이 시기에 생후 한 살 된 아이와 같은 촉각이 발달되며 미각도 발달된다. 4개월이 되면 이맛살을 찌푸리거나 웃거나 얼굴을 찡그리기도 한다. 6개월이 되면 시종 귀를 기울이고 있다고 한다. 또한 태아가 7개월에서 8개월 정도 되면 의식이 싹튼다고 보고하고 있다. 이 무렵에 뇌의 신경회로가 신생아와 거의 다르지 않을 정도로 진보되어 있기 때문에 의식을 지탱하며 기억할 수 있게 된다(Thomas Bunny, 1992).

기형인자들은 성장하는 태아에게 장애를 일으키며 임신 초기 3개월 동안 가장 치명적인 영향을 미칠 수 있다. 특히 모체가 가지고 있는 질병들은 태아로 하여금 결함을 가지게 한다. 예를 들면, 풍진은 태아의 약 50%가 시각장애나 청각장애, 심장 이상, 백내장, 정신박약 등의 결함을 갖게 하고, 매독은 유산, 선천성 매독을 유발하며, 임신 중 약물복용이나 음주, 흡연 등은 태아에게 해를 주며, 영양섭취에 이상이 있을 때는 난산이나 사산, 혹은 미숙아를 낳을 수도 있다. 임부의 정서적인 스트레스는 태아의 건강에 부정적 영향을 끼치고 행동적인 문제를 유발할 수 있다.

이처럼 과학과 의학의 발달로 태아의 신비를 과학적으로 규명하게 되었으며 부모가 태아에게 미치는 영향을 과학적으로 밝혀냄으로써 태교의 중요성이 입증되었다. 그러나 과학과 의학의 발달로 태교의 중요성이 대두되기 전에 이미 성경에서는 아기가 모태에서 수정되는 순간부터 하나의 인간으로서 청각과 감정을 갖고 있음을 시사하고 있다.

> 엘리사벳이 마리아의 문안함을 들으매 아이가 복중에서 뛰노는지라 엘리사벳이 성령의 충만함을 입어 큰소리로 불러 가로되 여자 중에 네가 복이 있으며 네 태중의 아이도 복이 있도다 내 주의 모친이 내게 나아오니 이 어찌된 일인고 보라 네 문안하는 소리가 내 귀에 들릴 때에 아이가 내 복중에서 기쁨으로 뛰놀았도다 (누가복음 1:41-44)

위의 말씀에 의하면, 엘리사벳이 마리아의 문안함을 들으매 아이가 복중에서 뛰놀았다고 묘사하고 있다. 아이가 복중에서 뛰논 이유는 엘리사벳이 마리아의 문안함을 들었을 때이다. 이는 엘리사벳만이 마리아의 문안함을 들은 것이 아니라 엘리사벳과 함께 복중의 아이도 듣고 그것에 반응한 것으로 볼 수 있다. 이처럼 성경에서는 과학적으로 태아가 들을 수 있다는 사실을 알아내기 전에 이미 아기가 태중에서 들을 수 있음을 말씀을 통해 시사하고 있다. 또한 복중에서 '기쁨으로 뛰어놀았다'는 사실은 태아도 감정을 지니고 있으며 복중에서 그것을 표현한다는 사실을 우리에게 알려준다.

이상과 같이 일반적으로 태아기가 중요하다는 사실은 여러 서적들과 매스컴, 그리고 인터넷을 통해 알 수 있다. 그러나 성인이 영적인 존재인 것과 마찬가지로 태아도 영적인 존재인 것에 대해서는 무지한 경우가 많다. 좋은 음악을 들려주고 적당한 휴식과 운동, 영양섭취 등에는 신경을 쓰나 태아의 영적 건강을 위해서는 무관심한 경우가 많다. 성경에서는 인간은 영적인 존재이며 태아 역시 영적 존재이며 하나님과의 관계가 필요한 존재임을 시사하고 있다.

시편 139:13에서 하나님이 모태에서 인간을 조직하셨다는 말씀은 태아가 하나님과의 관계를 필요로 하는 존재임을 나타낸다. 하나님께서는 인간을 만드실 때 영적인 존재로 만드셨기 때문이다. 요한복음 4:24에 보면 "하나님은 영이시니"라고 말씀하시며, 창세기 1:26에 보면 "하나님이 가라사대 우리의 형상을 따라 우리의 모양대로 우리가 사람을 만들고"라고 말씀하고 있다. 영이신 하나님의 형상을 따라 지음 받은 인간은 영적인 존재이며 인간이 모태에서 하나님에 의해 조직되었음은 태아 또한 영적인 존재임을 말한다. 따라서 태아 역시 하나님과의 관계를 가져야 하는 존재인 것이다. 이러한 사실은 누가복음 1:41-44에서 엘리사벳이 성령이 충만함을 입었을 때 복중에서 아이가 기쁨으로 뛰놀았던 사실에서도 찾아볼 수 있다. 모친의 성령 충만이 태아의 영혼의 기쁨을 유발하게 되었고, 이러한 사실은 태아도 영적인 존재로 성령의 충만과 하나님과의 교제를 필요로 하는 존재임을 입증한다. 따라서 태교를 할 때 무엇보다도 영적인 부분을 중요하게 생각해야 한다.

> 주께서 내 장부를 지으시며 나의 모태에서 나를 조직하셨나이다 내가 주께 감사하옴은 나의 지으심이 신묘막측하심이라 주의 행사가 기이함을 내 영혼이 잘 아나이다. 내가 은밀한 데서 지음을 받고 땅의 깊은 곳에서 기이하게 지음을 받은 때에 나의 형체가 주의 앞에 숨기우지 못하였나이다. 내 형질이 이루기 전에 주의 눈이 보셨으며 나를 위하여 정한 날이 하나도 되기 전에 주의 책에 다 기록이 되었나이다 (시편 139:13-16)

2) 태아기의 부모역할

태아의 발달특성에서 보듯, 부모가 쉽게 느끼지는 못하지만 태아는 수정되는 순간부터 인간으로서의 잠재능력을 갖고 있다. 마치 한 톨의 씨앗 속에 나무의 전 생애가 들어 있는 것과 같이 태아기는 인간이 일생 동안 지니고 살아야 할 정신적·육체적 기초가 형성되는 시기이므로 아주 작은 잘못도 결정적인 장애를 가져올 수 있다는 것을 명심해야 한다. 따라서 태아기는 자녀발달의 어떤 시기보다도 중요한 시기라고 볼 수 있다.

흔히 태교는 엄마만 하는 것으로 잘못 알고 있는 경우가 있는데, 태교는 반드시 부부가 함께한다. 아빠가 함께 도와야 엄마의 태교가 성공할 수 있다.

부모의 역할을 제시하면 다음과 같다.

- 영적 건강과 성령 충만을 위해 말씀 읽기, 기도하기, 찬양하기 등의 경건의 생활

을 규칙적으로 한다.

- 한꺼번에 너무 많은 것을 먹지 않는다.
- 임신체조와 같은 적당한 운동을 꾸준히 한다. 그러나 너무 무리한 운동은 삼간다.
- 약물복용이나 상습적인 음주, 흡연은 하지 않는다.
- 소음이 지나치게 심한 곳에 오래 있지 않고 좋은 음악을 듣도록 한다.
- 의사의 정기검진을 받는다.
- 감사하는 마음을 갖는다.
- 바른 말, 바른 행동을 한다.
- 아빠는 낮은 주파수의 목소리로 아이에게 따뜻한 대화를 해준다.
- 어머니가 과로하지 않고 정서적·심리적으로 안정된 생활을 할 수 있도록 언행에 유의하도록 한다.
- 임신 말기에는 조산의 위험이 있으므로 성관계에 유의하도록 한다.

2 영아기

1) 영아기의 발달특성

영아기는 인간의 일생에 있어서 신체적 성장이 가장 빠른 속도로 이루어지는 시기이다. 특히 출생 후 1년간은 신체와 뇌의 성장이 급속도로 이루어진다. 두뇌발달 역시 생후 어느 시기보다 급격하게 이루어지는 두뇌발달의 결정적 시기이다. 고개도 가누지 못하던 신생아가 기기, 서기, 걷기, 달리기 등 새로운 운동기능을 하게 되며 이것은 뇌와 신경계, 그리고 근육의 발달과 함께 이루어진다. 따라서 이 시기를 제 1 성장급등기라고 부른다.

❶ 이 시기는 일생에 있어 가장 급속한 신체발달이 일어나는 때이다

출생 후 몇 개월간은 매일 30g씩 체중이 늘고 매월 2~3cm씩 키가 큰다. 건강한 영아의 경우 생후 3개월이 되면 처음 체중의 2배가 되고, 1년이 지나면 3배가 된다. 신장은 1년 동안 1.5배가 증가하며, 두 돌 무렵이 되면 체중은 출생 시의 4배가 되며 신장은 성인키의 절반 가량이 된다(정옥분, 2002). 발달은 신체 중심부분에서부터 말초부분으로 진행된다.

뼈의 크기와 수가 증가하며 뼈의 조직도 단단해지기 시작한다. 근육의 발달은 두미방향으로 일어나며 머리와 목 근처에는 지방층이 두껍고 수분은 비교적 적은 편이다. 뇌와 근육 간의 연결이 원활하게 되어 자발적인 운동이 증가하며 신경과 근육조직의 성숙에 따라 운동기능이 발달한다. 대개 6개월이 되면 매달려 있는 물체를 팔을 뻗어 잡을 수 있으며 8~9개월경에는 자기 앞으로 던져진 물체를 잡으려고 하지만 실패하고 첫돌경에는 잡을 수 있게 된다. 10개월이 지나면 엄지와 집게손가락을 사용해서 작은 물건을 집을 수 있게 된다. 운동기능의 발달은 대부분 그 순서가 비슷하지만 발달의 시기는 개인에 따라 상당한 차이가 있다.

❷ 영아의 지각능력 또한 이 시기 발달하는 정신과정 중 가장 급속히 발달한다

눈, 코, 귀 등의 감각수용기의 감수성 증가와 정보에 대한 기억과 해석능력이 급속히 증가한다. 미각이나 취각은 출생 시부터 완전하게 발달되어 더 이상의 성숙이 이루어지지 않으며 시각이나 청각은 점차 발달되어 간다. 첫돌 무렵이 되면 영아의 시력은 1.0에 가까워진다. 후각, 통각 등의 발달은 영아의 인지구조에 기본영양을 공급해줄 다양한 자극이 필요하다.

❸ 배변훈련은 이 시기의 가장 중요한 훈련 가운데 하나이다

대·소변을 통제하는 근육이나 신경이 발달하더라도 뇌에서 이를 통제할 수 있는 것이 아니기 때문에 약 13~15개월경까지 기다려야 하며, 소변은 20개월 정도가 되어야 가릴 수 있다. 그러나 이것을 모든 개인에게 적용할 수는 없으며 대개 아기가 혼자 일어서고, 앉고, 걸을 수 있을 때가 적절한 시기라고 보면 된다. 말을 알아듣고 모방을 좋아하며 배설활동에 흥미를 느낄 때 효과적인 배변훈련이 이루어질 수 있다. 엄마가 보았을 때 아기가 대·소변이 필요하다고 생각되는 시점에 아기가 좋아하는 변기에 앉혀주거나 잘한 경우에 칭찬을 해주는 것이 바람직하다.

❹ 세상에 대한 영아기의 인식은 감각기관과 운동기능을 통해 이해하는 것에 국한된다

영아가 이해하고 기억하는 것은 감각기관을 통해 받아들인 정보에 의해 이루어진다. 즉, 자신이 직접 보고, 듣고, 느끼고, 행동하는 것에 의존한다. 감각기관을 통해 획득한 정보를 인식하고 이것이 주변환경과 끊임없이 반응하면서 자신의 인식을 수정, 발달시켜 나간다.

이 시기에 획득하는 중요한 능력 가운데 하나는 대상영속성의 개념이다. 물체가 눈에 보이지 않거나 소리가 들리지 않더라도 그 물체가 계속 존재한다는 사실을 아는 것이 대상영속성의 획득이다. 이 개념을 획득하기 위해서는 자신이 주변세계와 분리된 독립된 존재라는 사고를 할 수 있어야 한다.

❺ 영아기의 정서는 일차정서와 이차정서로 나누어 살펴볼 수 있다

일차정서는 주로 기쁨, 공포, 분노 등을 말하며 이차정서는 일차정서보다 늦게 나타나는데 당황, 수치, 죄책감, 질투, 자긍심 등으로 좀더 복잡한 인지능력을 필요로 하며 영아가 거울이나 사진으로 자신을 알아보기 전에는 출현하지 않는다.

영아기의 사회성발달은 표현행동을 통해 나타난다. 의사소통을 위한 표현행동에는 울기, 응시하기, 옹알이, 모방하기, 미소 짓기 등으로 이러한 행동들은 처음에는 자연스럽게 발생하지만, 시간이 지나면서 아기가 어떤 경험을 하느냐에 따라 더 발달되기도 하고 퇴화되기도 한다. 특히 영아의 모방하기는 성인이 되는 것을 배우는 가장 중요한 방법 중 하나로 성인과의 상호관계를 긴밀하게 해준다.

이 시기는 애착이 형성되는 시기로 부모가 필요한 자극과 따뜻한 보살핌을 통해서 영아와 애착을 형성하는 것이 매우 중요하다. 그 이유는 이때 형성된 양육자와의 애착관계는 이후 영아의 여러 발달에 매우 중요한 영향을 미치기 때문이다.

❻ 로마서 1:19

"하나님을 알 만한 것이 저희 속에 보임이라 하나님께서 이를 저희에게 보이셨느니라"고 말씀하심으로 영아가 아무리 어리다고 해도 하나님을 알 수 있다. 따라서 '이 어린 아이가 무엇을 알랴' 하고 신앙적인 면을 교육에서 제외해서는 절대로 안 되며 부지런히 주의 교양과 훈계로 가르쳐야 한다.

영아는 하나님은 자신을 돌보고 사랑하시는 분이시며 해와 비를 주시며 나를 만드신 분이라는 것, 예수님은 하나님의 아들이며 자신의 가장 친한 친구이며 자신과 같이 어린시절이 있었던 분이라는 것, 성경은 좋은 책이며 하나님에 대한 이야기가 있으며 자신이 성경을 사랑해야 한다는 것, 하나님께서 부모를 자신에게 주셨으며 부모님께 순종해야 하며 교회는 하나님의 집이며 교회에 즐겁게 참석해야 한다는 것, 하나님은 영아 자신이 다른 사람에게 친절히 대하는 것을 좋아하신다는 것 등을 이해할 수 있다(Beers, 1997).

2) 영아기의 부모역할

(1) 영아와의 애착관계 형성하기

영아기는 모든 것을 부모에게 요구하며 전적으로 부모의 도움을 받아야 하는 시기이다. 따라서 부모는 영아의 필요를 채워주며 모든 질병과 위험으로부터 영아를 보호하고 돌보는 일을 하여야 한다. 이때 부모와 영아 사이의 언어적 의사소통이 안 되기 때문에 적절한 신체적 접촉을 통해 부모와 영아와의 관계를 형성할 수 있다. 예를 들면 안아주기, 목욕시키기, 옷 입히기, 수유 등을 할 때 눈 맞추기, 미소 짓기, 스킨십을 통해 영아와 기분 좋은 관계를 맺도록 한다.

(2) 기본적 신뢰감 형성시켜 주기

영아기는 무엇보다 심리적으로 안정이 필요한 시기이다. 에릭슨(Erickson)에 의하면, 이 시기에 양육자와 어떤 관계를 맺느냐에 따라 영아는 기본적인 신뢰감을 형성할 수도 있고 불신감이 생길 수도 있는 중요한 시기이다. 이 시기에 부모와의 관계에서 기본적인 신뢰감이 형성되면 타인에 대한 신뢰감의 형성에 긍정적인 영향을 미치게 되며, 만일 불신감을 형성했을 경우에는 대인관계에서 부정적인 영향을 미치게 된다. 특별히 부모와의 관계에서 형성된 기본적인 신뢰감은 타인에 대한 신뢰감뿐 아니라 하나님을 믿는 신앙에도 긍정적인 영향을 미치게 한다.

따라서 부모는 적절하게 아기를 돌봄으로써 영아가 기본적인 신뢰감을 형성할 수 있도록 도와야 한다. 이때 아기들은 언어적인 의사소통이 안 되고 자신들의 요구를 주로 울음으로 표현하므로 부모는 영아의 울음소리에 따른 요구를 구분하여 대처하는 능력을 가지고 있어야 한다. 영아가 배가 고플 때와 아플 때, 관심을 끌고 싶을 때, 오줌을 누었을 때 어떤 울음을 하는지를 알아서 그것에 맞게 대처해야 한다. 영아의 요구는 대부분 부모가 해결해줄 수 있기 때문에 기본적 신뢰감의 형성은 전적으로 부모에게 달려 있다고 볼 수 있다. 부모가 아기의 울음에 적절하게 반응할 때 그 아기는 부모와 신호를 주고받는 것을 경험하게 되며 이것은 영아로 하여금 효과적인 의사소통 방법을 습득하게 한다. 나아가 부모와 상호작용하는 가운데 유아는 예측능력을 발달시킬 수 있다. 즉, 부모와 상호작용하는 과정에서 자신이 어떤 행동을 하면 그것에 따라 어떤 결과가 나올 것이라는 것을 예측할 수 있다.

(3) 영아 자극하기

영아기의 특징은 영아들이 손에 닿는 것은 무엇이든지 호기심을 나타내며 탐색하려는 경향을 갖는다는 것이다. 이때 부모들이 어떤 종류의 자극을 제공하고 반응하느냐에 따라 영아의 발달에 지대한 영향을 미치게 된다. 부모는 영아에게 자극을 제공할 때 두 가지 방법으로 제공할 수 있다.

첫째, 아기의 감각을 통해 자극을 제공하는 방법이다. 시각을 통한 자극으로는 밝은 색, 명암의 대비, 움직임, 그림, 얼굴 표정 등을 보여준다. 청각을 통한 자극은 이야기 노래, 책 읽어주기, 음악, 여러 가지 소리 들려주기 등이 있으며, 촉각을 통한 자극으로는 잡기, 안아주기, 쓰다듬기, 흔들어주기, 목욕하기, 다양한 질감의 장난감 주기 등이 있다. 눈과 손의 협응력을 길러주기 위한 자극으로는 모빌이나 장난감 혹은 물건 잡기 등이 있다.

둘째, 아기와의 직접적인 상호작용을 통해서 자극을 제공할 수 있다. 영아와의 상호작용을 할 때 부모는 영아가 자기주도성과 독립성을 향상시키도록 하는 것이 중요하다. 또한 유아가 자신감을 가질 수 있도록 격려하고 영아가 어떤 능력을 가지고 있는지 파악하도록 한다.

(4) 잡기 쉬운 장난감 주기

몸 뒤집기를 시작한 영아는 좋아하는 장난감을 손이 닿지 않는 거리에서 흔들어

주면 몸 뒤집기를 계속 시도하려고 한다. 따라서 영아가 손으로 잡기 쉬운 밝은 색의 장난감을 영아의 주변에 두어 영아가 손을 뻗쳐 그것을 잡을 수 있도록 환경을 제공해 줌으로써 영아의 운동신경을 발달시킬 수 있다. 또한 영아가 자신이 원하는 장난감을 손에 넣게 되면 성취감을 맛보게 되고 이것은 영아의 자신에 대한 긍정적인 자아개념 형성에 도움을 줄 수 있다.

(5) 가정예배와 신앙적 모델 보여주기

영아의 신앙발달은 전적으로 부모의 신앙을 통해 발달된다고 볼 수 있다. 인간이 영적인 존재인 것은 분명한 사실이지만 하나님을 경외하며 그 분의 말씀을 따라 살아야 하는 것은 부모의 가르침을 통해 이루어지기 때문이다. 따라서 아주 어릴 때부터 부모가 자신들의 신앙적인 모습을 통해 자녀가 하나님을 감지하며 신앙심을 키워나갈 수 있도록 여러 가지 면에서 노력하여야 한다.

이 시기에는 분위기를 통해서 신앙적인 것을 경험할 수 있기 때문에 부모의 신앙적인 모델링과 가정의 신앙적인 분위기가 영아의 신앙에 매우 중요한 역할을 할 수 있다. 따라서 부모는 무엇보다 먼저 자신이 하나님 앞에서 경건한 삶을 살아야 하며 성령 충만한 삶을 살도록 노력해야 한다. 또한 영아가 잘 때 기도해주는 일과 성경을 읽어 주는 일에 열심을 내어야 한다. 무엇보다도 영아와 함께 가족이 가정예배를 드림으로써 가정 내에 임재하시는 하나님을 영아가 느낄 수 있도록 해주는 것이 필요하며 부부가 하나님 안에서 서로 사랑하며 경건의 본이 되는 것이 중요하다.

3 유아기

1) 유아기의 발달특성

(1) 신체적 발달

유아기의 신체적 발달은 영아기처럼 급속도로 이루어지지는 않으나 꾸준한 성장을 보이며, 영아기 이후 신장은 매년 7cm씩 증가하여 4세가 되면 일반적으로 100cm 내외가 된다. 유아기의 신장은 성인이 되었을 때 얼마만큼 자랄 것인가를 예측할 수 있는 지표가 된다. 유아기에는 신장에 대한 머리 크기의 비율이 급격히 감소하며 체중의 증가는 완만하게 이루어져 4세가 되면 16kg 정도가 된다. 두뇌의 발달은 영아기처럼 급속하게 이루어져 5세경에는 두뇌 크기가 성인의 90%까지 성장한다.

유아기의 원만한 신체발달을 위해서는 충분한 영양공급과 규칙적인 생활습관, 그리고 사고와 질병으로부터의 보호가 필수적이다. 유아는 성인 위의 절반 정도 크기의 위를 가지고 있기 때문에 한꺼번에 많은 양의 음식을 주는 것을 삼가고 세 끼 식사 이외의 간식을 통해 자주 음식을 섭취하도록 하는 것이 좋다.

(2) 인지적 발달

3, 4세 유아의 인지적 발달은 상징적 사고, 자기중심적 사고, 물활론적 사고, 인공론적 사고, 전환적 추론 등으로 살펴볼 수 있다.

❶ 상징적 사고

영아들이 자신의 행동이나 감각에 의해서 사고를 했다면 3, 4세의 유아들의 정신능력은 언어를 습득하고 상상력이 풍부해지면서 상징적 사고가 가능하게 되어 정신적 표상, 지연모방, 상징놀이 등을 하게 된다. 유아들이 상징을 사용하게 되면서 문제해결의 속도가 증가되며 시행착오가 줄어들게 된다. 유아들이 상징적 사고를 한다는 것은 유아들의 가상놀이를 통해 알 수 있다. 상징적 사고는 충분히 할 수 있지만 아직 현실과 환상을 구분하지 못하므로 유아들이 주로 하는 놀이는 가상놀이이다. 소꿉놀이, 병원놀이, 학교놀이 등의 가상놀이를 즐긴다.

❷ 자기중심적 사고

유아의 사고 가운데 두드러진 특성 중 하나는 유아의 자기중심적 사고이다. 유아는 우주의 모든 현상을 자기중심적으로 생각한다. 예를 들면, 자신이 좋아하는 것은 다른 사람도 좋아하리라 생각하며 자신이 알고 있는 것은 다른 사람도 알고 있다고 생각한다. 숨바꼭질 놀이를 할 때 자신이 술래를 볼 수 없으면 술래도 자신을 볼 수 없다고 생각한다. 이러한 자기중심적인 사고는 다른 사람의 관점을 고려하지 못하는 데서 기인한다. 유아의 자기중심적인 사고는 유아가 이기적이거나 일부러 다른 사람의 입장을 배려하지 않기 때문이 아니라, 단지 다른 사람의 관점을 이해하지 못하기 때문이다. 이러한 자기중심적 사고는 유아들의 자기중심적인 언어에서도 나타난다. 상대방이 묻는 말이나 하는 말에는 상관없이 자신이 하고 싶은 말만 하는 경향이 있다.

❸ 물활론적 사고

이 시기 유아는 성인과는 다르게 생명이 없는 대상에게 생명과 감정을 부여하려는 경향을 지니고 있다. 이것이 물활론적 사고로 유아는 종이를 가위로 자르면 아플 것이라고 생각하며 산 너머로 지는 해를 보며 해가 화가 나서 산 뒤로 숨는다고 생각한다. 이러한 물활론적 사고는 유아기 초기의 현저한 특징인데, 4~5세가 되면 감소하기 시작한다.

물활론의 단계를 4단계로 살펴보면 다음과 같다.

- 1단계 : 사람에게 영향을 주는 모든 생물은 살아있다고 생각한다.
- 2단계 : 움직이는 것은 살아있고 움직이지 않는 것은 죽었다고 생각한다.
- 3단계 : 움직이는 것 가운데서도 스스로 움직이는 것은 살아있다고 생각한다.
- 4단계 : 생물학적 생명관에 의해 생물과 무생물의 개념을 파악한다.

❹ 인공론적 사고

세상의 모든 현상이나 자연현상이 사람들의 필요에 의해 만들어졌다고 생각하는 경향이 인공론적 사고이다(정희영, 2004). 유아는 사람들이 교회나 집을 짓듯이 해와 달도 우리가 필요하여 하늘에 만들어 두었다고 생각하며, 하늘이 푸른 이유는 누군가가 하늘색 물감으로 하늘을 칠했기 때문이며, 비가 오는 이유는 누군가가 위에서 물을 뿌리기 때문이라고 생각한다. 이러한 생각은 유아의 자기중심적인 사고로부터 기인한다.

❺ 전환적 추론

이 시기 유아는 한 특정 사건으로부터 다른 특정 사건을 추론하려는 경향을 지니고 있다. 예를 들면, 낮에 항상 잠을 자던 유아가 어느 날 낮잠을 자지 않고 하는 말이 "내가 아직 잠을 자기 않았기 때문에 아직 낮이 아니예요"라고 생각하는 것이다. 낮잠이라고 하는 특정 사건이 낮이라는 특정 사건을 결정짓는 원인이 된다고 생각하는 경향이다. 다른 예를 들면, 한 유아가 동생을 미워했는데 그 동생이 아플 경우, 유아는 자신이 동생을 미워해서 동생이 아프게 되었다고 생각하게 된다. 즉, 두 가지 현상이 아무런 관계가 없는 데도 두 가지 현상이 시간적으로 근접해서 발생했을 때 이 두 가지 사건을 인과관계가 있는 것으로 생각하려는 경향이 3~4세의 유아에게서 나타난다.

(3) 언어발달

유아 초기에는 사용하는 단어의 수가 200~300개 정도였으나 5세경에는 2,500개 정도로 급격히 증가한다. 문장의 길이도 길어져 3~4세경에는 3~4개의 단어로 문장을 구사하나 유아기 말에는 6~7개의 단어로 구성된 문장을 구사할 수 있게 된다.

유아가 2~3세경에 이르면 세 단어 이상을 사용하여 문장을 만들 수 있게 되며, 세 단어 문장 시기에 문법적 형태소를 사용하기 시작한다. 3~5세경에는 문장의 평균길이는 3단어에서 5단어로, 형태소의 수는 8개에서 18개로 점점 증가한다.

문법적 형태소가 나타나는 연령은 2~3세경이다. 초기 언어발달 단계에서 가장 먼저 나타나는 형태소는 '엄마야'와 같은 호칭어미와 '내 거야'와 같은 문장어미이다. 다음으로는 같이, -랑, -하고, -도와 같은 공존격을 나타내는 형태소가, 그 다음으로는 과거, 현재, 미래를 나타내는 시제형태소와 수동형태가 사용된다.

의사소통을 효율적으로 하기 위해서는 유아가 물리적·사회적 맥락 가운데서 적절한 언어를 사용하는 방법을 습득해야 한다. 즉, 단어의 의미나 문법적 지식만이 아니라 청자에게 알맞은 주제와 알맞은 어투로 적당한 시간과 적절한 장소에서 이야기할 수 있는 능력이 필요하다. 화자로서의 기술은 만 2세 정도만 되어도 대부분 말을 걸면 대답을 해야 한다는 것을 알고 있으며 만 4세 정도가 되면 말을 할 때 듣는 사람의 수준에 맞게 화법을 조절해야 한다는 것을 안다. 즉, 듣는 사람이 이해하기 쉽게 형태를 바꾸어서 이야기할 수 있게 된다. 자신보다 나이가 어린 사람에게 말을 할 때는 쉬운 단어를 사용해야 한다고 생각하여 말을 단순화하거나 천천히 혹은 반복해서 이야기한다.

또한 이 시기의 유아는 사회적 지위에서 나타나는 전형적인 말투를 사용한다. 교사나 의사, 아버지와 같이 사회적으로 지배적이거나 남자의 역할을 할 때는 명령문을 많이 사용하고 학생이나 환자, 어머니와 같이 덜 지배적인 역할이나 여자의 역할일 경우 보다 공손한 표현을 사용하거나 간접적인 표현을 한다.

의사소통을 원활히 하기 위해서는 화자로서의 역할뿐만 아니라 청자로서의 역할 또한 중요하다. 그러나 3~5세의 경우 보통 타인이 전달하고자 하는 내용을 이해하지 못하였다는 사실을 자신이 인식하지 못하는 경우가 많다. 즉, 자신이 듣는 말에서 모호한 정보를 찾아내고 이를 해결하는 능력이 부족하다. 주로 자신이 듣는 정보 그 자체보다는 화자가 의미하는 것에 대한 자신의 생각에 초점을 두고 정보를 해석하는 경향이 있다. 이것은 유아의 자기중심적인 사고에서 기인하는 것이라고 볼 수 있다.

(4) 사회정서적 발달

유아의 정서는 영아기의 정서와 별로 차이가 없으며 2세 이전에 분화되었던 여러 정서가 그대로 유지된다. 차이가 있다면 정서를 유발하는 요인이나 표현방법이 달라진다는 것이다. 달라진 모습을 살펴보면 다음과 같다.

❶ 정서의 표현

이 시기 유아는 공포와 분노, 그리고 호기심을 표현하게 된다. 어둠이나 큰소리, 새로운 상황에 대해 공포를 보인다. 밤에 부모가 없거나 집 이외의 장소에서 잠을 깼을 때 부모가 없으면 공포를 보이며, 천둥소리에도 공포를 보인다. 또한 이 시기에는 상상력이 발달하여 자신이 직접 경험하지 않은 사건에 대해서도 공포감을 보이기도 한다.

자신이 하고자 하는 일이 저지당했을 때, 어떤 일을 강요당하거나 부모가 관심을 보이지 않았을 때 유아는 분노를 유발하게 된다. 유아의 분노는 떼쓰기, 고집부리기, 말 안 듣기, 폭발행동 등으로 표출이 된다. 유아의 분노는 공격적으로 발전하기도 하는데 신체적으로 다른 사람에게 해를 줄 수도 있고, 언어적 폭력이나 위협, 조롱, 괴롭힘, 모욕을 줄 수도 있다. 때로는 유아의 공격성이 모방에 의한 것일 수도 있다.

유아기에 가장 강하게 나타나는 것 가운데 하나는 유아의 호기심이다. 이 시기는 주위의 인물이나 사물에 강한 호기심을 갖고 눈에 띄는 것마다 "왜"라는 질문을 끊임없이 한다. 또한 자신의 신체나 성에 대해 호기심을 갖고 질문을 하거나 자신의 생식기를 갖고 장난을 치기도 한다.

❷ 정서이해 능력의 발달

3~4세 유아들의 절반 이상은 '좋다'라는 단어를 사용하여 자신들의 행복과 같은 긍정적인 정서를 표현한다. 그러나 '슬프다'라는 부정적인 정서의 표현은 소수만이 할 수 있다.

3~4세경의 유아는 기쁨, 슬픔, 분노, 놀람 등의 비교적 단순한 정서와 이들 정서를 야기하는 원인에 대한 이해가 가능하다. 그러나 사람들의 실제 정서와 그들이 표현하는 정서 사이의 구별이 어렵다. 그 이유는 유아가 아직 사물의 실제 모습과 겉으로 보이는 모습의 차이를 이해하지 못하기 때문이다. 예를 들면, 사람들의 행복한 얼굴 표정과 슬픈 얼굴 표정은 구별이 가능하지만 슬픔을 느끼는 사람이 행복한 표정을 짓거나 기쁜 상황에서 슬픈 표정을 지을 때 그것을 이해하지 못하고 혼란을 느낀다.

❸ 사회성발달

이 시기의 유아는 자율성이 생기는 시기이며 만일 자율성이 발달되지 않으면 수치심을 발달시키게 된다. 자율성의 발달은 유아에게 긍정적 자아개념을 발달시켜 주며 반대로 유아의 수치심은 유아에게 부정적인 자아개념을 형성하게 한다. 따라서 원만한 인격발달을 위해 가장 중요한 것 중의 하나인 긍정적인 자아개념을 발달시켜 주는 것이 무엇보다도 중요하다. 긍정적인 자아개념의 발달을 위해서는 유아가 무엇을 할 수 있는가에 초점을 맞추지 말고 유아가 어떤 존재인가에 초점이 맞춰져야 한다. 하나님의 형상을 따라 지음 받은 존재이며 하나님께서 사랑하셔서 독생자 예수를 내어주기까지 사랑하는 존재임을 교사나 부모들이 인식하여 유아를 대할 때 유아들은 긍정적인 자아개념을 형성할 수 있다. 즉, 교사나 부모들이 유아를 매우 존귀하고 중요한 존재로 대할 때 유아는 자신에 대한 개념을 긍정적으로 가질 수 있는 것이다. 그래서 쿨리(Cooley)는 자아란 타인에 의해 묘사된 자신의 모습이라고 언급하고 있다(곽현주, 2005). 그러나 교사나 부모들이 유아의 어떤 능력이나 성격의 모난 부분을 보고 그들을 대할 때 하찮은 존재라거나 왜 말썽만 부리는가라는 태도를 보이게 되면 유아들은 교사나 부모의 그러한 태도를 통해 자신에 대해 부정적인 개념을 형성하게 된다. 따라서 교사나 부모들은 유아를 대할 때 매우 귀한 존재임을 기억하여 인격적으로 대해주어야 한다. 또한 유아의 긍정적인 자아개념의 발달을 위해서는 유아가 성취할 수 있는 과업을 제공해주는 것이 필요하며 언제나 아낌없는 칭찬과 격려를 해주어야 한다.

이 시기의 유아는 다른 사람이 어떤 상황에서 어떤 감정을 느끼는지 이해할 수 있는 능력을 소유하고 있다. 3세 유아들도 다른 사람의 입장과 감정을 이해할 수 있다(이화일, 2003). 따라서 이 시기에 감정이입 능력을 발달시키는 것이 필요하다. 타인의 입장에서 생각하고 감정을 추론하는 능력은 정서적 갈등이나 문제를 긍정적으로 해결하는 데 도움을 주며, 성공적인 사회적 상호작용을 할 수 있게 도와준다. 감정이입의 능력은 성경에서 말하는 성령의 열매를 맺는 데 매우 중요한 역할을 한다. 즉, 기독교적 인격의 함양을 위해 필수적인 조건이 된다고 볼 수 있다. 따라서 성경 이야기를 나눌 때 "그때 누구는 기분이 어땠을까?" "나라면 어떻게 해야 할까?" 등을 추론하여 감정이입 능력을 발달시키도록 도와주어야 한다.

유아의 사회성발달을 위해서는 구성놀이, 가상놀이, 규칙 있는 게임, 연합놀이, 협동놀이 등을 제공하는 것이 필요하다.

(5) 영적 발달

하나님은 영이시며 유아는 하나님의 형상을 따라 지음 받았으므로 유아 역시 영적인 존재임이 분명하다. 따라서 유아는 영적으로 발달해야 하는 존재이다. 이 시기의 유아는 하나님을 인격적인 분으로 생각하고 개인적으로 받아들일 수 있다. 4세 말경 유아는 옳고 그름에 대한 분별력이 생겨 죄에 대한 문제를 다룰 수 있으며 구원의 진리를 이해할 수 있다.

이 시기 유아는 하나님은 나와 가족과 다른 사람을 사랑하시며 돌보시며, 하나님은 어느 곳에나 계시며, 언제나 기도하는 것을 들으시며, 유아 자신이 부모님 말씀에 순종함으로 하나님 말씀에 순종하기를 원하시는 분이라는 것을 알 수 있으며, 예수님을 사람들의 죄를 위해 돌아가시도록 하기 위해 이 땅에 보내셨다는 사실을 알 수 있다. 예수님은 구원자로 오셨으며 유아를 위해 돌아가셨으며 유아가 어려운 일을 할 때 그 일을 잘할 수 있도록 도우시는 분이며 지금은 하늘나라에 계시다는 사실을 알 수 있다. 또한 성경은 하나님의 말씀이며 하나님은 성경을 통해 유아가 무엇을 하기 원하시는지를 말씀하시며 성경의 모든 내용은 진리라는 것을 알 수 있다.

2) 유아기의 부모역할

(1) 주도성 발달시키기

유아기는 기본적 운동능력을 획득하고 비교적 자율적으로 행동할 수 있는 능력을 갖추고 있으며 다른 사람과의 관계에서 반응만 하는 것이 아니라 스스로 활동을 이끌어갈 수 있는 시기이다. 에릭슨에 의하면, 이 시기 유아는 주도성과 죄의식을 발달시키게 된다. 스스로가 무엇인가를 할 수 있는 시기이기 때문에 이때 유아가 무엇인가를 하는 것에 대해 부모가 긍정적으로 생각하고 격려해주면 유아는 주도성을 획득하게 되고, 반대로 유아가 무엇인가 하려고 시도할 때 그 행동을 제한하고 주도적 행동을 책망하게 되면 유아는 죄의식을 형성하게 된다. 따라서 부모는 유아의 주도성을 발달시켜 주기 위해 유아가 주도적으로 탐색할 수 있도록 새로운 환경을 조성해주고 유아의 질문에 성의 있게 대답해주며 유아의 행동에 대해 격려와 칭찬을 아끼지 말아야 한다.

(2) 긍정적 자아개념 형성시켜 주기

긍정적인 자아개념은 한 개인이 일생을 살아가는 데 가장 중요한 역할을 하는 요인 가운데 하나이다. 자아개념은 학습되는 것이며 유아의 행동을 결정하는 강력한 요인이 된다. 또한 자아개념은 가정 내의 초기 사회화 과정에서 학습되는 것이다(곽덕영 · 김미화, 2002). 유아들은 또한 성취감을 느낄 때 긍정적 자아개념을 형성하며, 자신이 중요하다고 생각하는 부모나 교사가 자신에 대해 어떻게 생각하는가에 따라 긍정적인 자아개념을 형성할 수도 있고 부정적인 자아개념을 형성할 수도 있다(Meier, 1987). 따라서 부모는 자녀가 성취감을 가질 수 있도록 너무 어려운 행동이나 과제를 자녀에게 부여하지 말고 자녀가 할 수 있는 만큼의 행동이나 과제를 부여하여 자녀가 성취감을 맛볼 수 있도록 해야 한다. 또한 자녀가 자신에 대해 긍정적인 개념을 갖도록 자녀를 귀히 여기고 그것을 말이나 행동, 감정을 통해 자녀가 느낄 수 있도록 한다. 자녀에게 관심을 보인다거나 자녀에 대한 기대를 전달하고 일관성 있는 사랑과 성실성, 안정감, 그리고 존중감을 표현하도록 한다. 무엇보다도 유아가 긍정적인 자아개념을 가질 수 있는 이유는 유아는 하나님의 형상을 따라 지음 받았으며 하나님께서 그 유아를 누구보다도 사랑하시며 귀히 여기신다는 것을 유아들이 깨닫도록 가르치는 일이 중요하다.

(3) 다양한 학습경험 제공하기

유아기의 성장발달에 필요한 학습경험을 제공함으로써 유아에게 학습의 기초를 마련해줄 수 있다. 이를 위해 유아의 학습의욕을 자극할 수 있는 장난감이나 여러 가지 다양한 놀이를 제공해줄 수 있다. 놀잇감 선택을 위한 지침을 김덕순(1996)은 다음과 같이 정리하고 있다. 첫째, 유아의 발달수준에 적합하고 좌절감을 주지 않으며 호기심을 유발하는 것 둘째, 여러 가지로 활용할 수 있는 융통성이 있는 것 셋째, 내구성과 견고성이 있는 것 넷째, 유아에게 적극적인 참여를 유도할 수 있는 것 다섯째, 안전하며 예술적인 즐거움을 줄 수 있는 것 등을 선택해야 한다.

유아는 놀이를 통해 학습을 하므로 적합한 놀이환경을 제공해주고 다양한 환경에 접할 수 있도록 배려해준다.

(4) 신앙적 모델링과 가정예배 드리기

유아는 모델링과 분위기를 통해 신앙을 학습할 수 있다. 따라서 부모는 자녀에게 신앙적인 모델이 되어야 하며 가정의 분위기를 신앙적인 분위기로 만들어야 한다. 이를 위해 부모가 먼저 성경 말씀을 가까이 하고 늘 감사하는 마음으로 찬양과 기도생활에 힘써야 한다. 또한 가정예배를 통해 자녀와 함께 하나님께 경배하며 하나님의 임재와 축복을 경험할 수 있도록 한다.

(5) 체벌하기

어떤 학자는 유아에게 체벌을 가하는 것은 교육적으로 비효율적이기 때문에 체벌을 금해야 한다고 주장하기도 한다. 그러나 잠언 13:24에서는 "초달을 차마 못하는 자는 그 자식을 미워함이라 자식을 사랑하는 자는 근실히 징계하느니라"고 말씀함으로 자녀가 잘못했을 때 그에 상응하는 벌을 내려야 하며 때에 따라 체벌을 가하는 것이 마땅하다고 주장하고 있다. 벌이나 체벌을 가할 때 반드시 행동이 발생한 그 뒤에 주는 것이 바람직하며 유아의 수준에서 이해되고 받아들여져야 한다. 또한 벌이나 체벌은 사랑과 존중의 관계에서 시행되어야 하며 감정적으로 시행되어서는 안 된다.

Chapter 3

유아의 신앙발달

유아의 신앙발달은 유아의 인지적 특성에 따라
여러 발단단계를 거치면서 이루어진다. 따라서 유아의 신앙발달을 위해
유아의 인지적 특성이 고려되어야 한다.
그러나 유아의 신앙발달이 항상 인지발달과 정비례하는 것은 아니다.

1 유아의 신앙발달

유아의 신앙발달은 유아의 인지적인 발달과 매우 밀접한 관계가 있다. 유아의 신앙적 발달과 인지적 발달이 항상 연관이 있는 것은 아니지만 유아의 인지적인 특성에 따라 유아가 영적인 것을 이해하고 발달시켜 나간다. 따라서 유아의 신앙발달을 위해서는 유아의 인지적 측면이 반드시 고려되어야 한다. 하나님은 우리의 이성을 사용하셔서 하나님의 뜻을 알리기도 하시며 하나님의 일을 하신다. 따라서 유아의 지적 발달을 고려하여 유아가 영적인 발달을 할 수 있도록 배려하는 것이 필요하다.

유아의 신앙발달을 효율적으로 이루기 위해 반드시 고려해야 할 사항 가운데 하나는 유아들의 신앙이 어떻게 발달되는지에 대한 이해이다. 유아들이 하나님에 대한 개념을 어떻게, 그리고 언제쯤 발달시킬 수 있는지를 아는 것은 유아들의 신앙발달을 위한 열쇠라고 볼 수 있다. 이 신앙발달의 열쇠를 많은 학자들이 인지발달로 보고 인지발달과의 연계 속에서 유아들의 신앙발달을 논하였다. 대표적인 학자로는 골드만(Goldman), 윌리엄스(Williams), 엘킨드(Elkind), 파울러(Fowler) 등을 들 수 있다. 이들은 피아제(Piaget)의 인지발달을 근거로 자신들의 신앙발달 이론을 전개시켜 나갔다. 본 장은 신앙발달을 언급한 학자 가운데 대표적인 학자로서 골드만과 파울러가 피아제의 이론을 적용하여 전개시킨 신앙발달 이론을 소개하고자 한다.

1) 골드만의 신앙발달 단계*

피아제 이론을 유아들의 종교발달에 적용하여 연구한 이론 가운데 가장 중요한 연구 중 하나는 바로 골드만의 연구이다. 골드만은 그의 연구의 기초로 피아제의 인지발달 단계를 사용하였다. 이는 종교적 진리에 유아들의 인지적 발달측면을 연결시키려 한 시도라고 볼 수 있다. 그는 이러한 연구과정을 통해 피아제의 인지발달과 유

* 이 부분과 파울러의 신앙발달 단계는 정희영의 『기독교 유아교육론』 제 6장의 일부를 요약한 것임.

아들의 종교적 발달 간의 관계를 규명하였다. 골드만의 신앙발달 이론은 전종교기, 부종교기, 종교기 등의 3단계로 나누며 이를 살펴보면 다음과 같다.

(1) 전종교기(5~6세)

골드만에 따르면 이 단계 유아들의 사고는 가변적이고 비논리적이며 일관성이 없다. 왜냐하면 이들은 비체계적, 단편적, 비가역적, 자기중심적 사고를 하기 때문이다. 이러한 특징은 종교적인 면에서도 그대로 나타난다.

골드만이 "왜 모세는 하나님 보기를 두려워했을까?"라고 질문했을 때 "하나님께서 재미난 얼굴을 하고 계시니까요"라고 대답한 유아가 있었는데, 이는 "재미있는"이라는 단어를 본래의 뜻이 아닌 "무시무시한"의 의미로 해석하여 유아들의 자기중심적 사고와 부적절한 단어사용의 예를 보여준 것이라 할 수 있다. 또한 "모세는 하나님의 거친 목소리가 무서웠기 때문에" "모세가 하나님께 공손하게 이야기하지 않았기 때문에 하나님이 화가 나셔서" 등의 답변들이 있었다(Goldman, 1964). 이러한 반응을 통해 자신의 추론을 지지할 만한 명확한 증거도 없이 얼굴 생김새에서 목소리로 추론의 근거를 이동시키는 유아들의 가변적인 사고특성을 볼 수 있다.

"만약 예수님께서 배가 고팠다면 왜 돌로 떡을 만들지 않으셨을까?"라는 질문에 대해서는 "나쁜 사람 때문이에요. 나쁜 사람이 예수님께 공손하게 이야기하지 않았거든요"라고 답변함으로써 유아들의 자기중심적이고 단편적인 사고를 보여준다.

(2) 부종교적 단계 1(7~9세)

두 번째 단계는 부종교적 단계 1과 부종교적 단계 2로 나누어진다. 부종교적 단계 1에서 유아들은 조작적인 사고를 시도하게 된다. 그러나 조작적인 사고에 필수적인 수준에 도달한다거나 분류를 시도하지는 못하며, 복잡한 자료들로 인해 좌절하게 된다. 유아들의 체계적 사고의 시초는 미숙하고 집합적인 양상을 띤다. 비록 이 시점에서 유아들이 체계적 사고를 하는 데 충분한 기술, 통찰력을 발달시키지는 못한다 할지라도 그들이 체계적인 사고과정의 필요성을 느끼는 것만으로도 중요한 성취를 이루었다고 볼 수 있다.

앞서 살펴본 첫 질문 "왜 모세는 하나님 뵙기를 두려워했을까?"에 대해 이 시기의

한 유아는 "하나님께는 턱수염이 있는데 모세가 턱수염을 싫어했기 때문"이라고 대답했다. 이는 이 시기 유아들이 두 가지 이상의 관점을 서로 연관시키려는 시도를 하기는 하나 실패하는 모습을 볼 수 있다.

"왜 예수님은 돌을 빵으로 변하도록 하지 않으셨을까?"라는 질문에 대해서는 "예수님은 떡만 따로 먹지 않아야 한다는 것을 배웠기 때문이에요. 치즈라든가 마실 것과 함께 먹여야 하잖아요"라고 답변했는데, 이 역시 두 가지 사실을 연결시키려는 경향을 지니고 있음을 시사한다.

(3) 부종교적 단계 2(9~11세)

이 단계에서 유아들은 귀납적·연역적 논리가 어느 정도 가능해진다. 유아들은 관련될 수 있는 두 가지 이상의 사실들을 체계적으로 분류하고 사고할 수 있다. 또한 유아들은 가역적인 사고가 가능해져서 자신들이 내린 결론을 검토해볼 수 있다. 그러나 그 범위가 구체적 상황 즉, 눈으로 볼 수 있는 시각적 경험과 감각적인 자료에 한정되며 하나의 구체적인 분야에서 다른 분야로의 확장이나 일반화는 불가능하다.

"왜 모세는 하나님 뵙기를 두려워했을까?"라는 질문에 "모세는 하나님께서 신을 벗지 않은 자신을 거룩한 땅에서 쫓아낼 것이라고 생각했기 때문" 혹은 "모세가 교회를 다니지 않았거나 하나님께서 싫어하시는 행동들을 했기 때문"이라고 답변함으로써 이야기의 구체적이고도 특수한 특징을 이해하고 있음을 보여주고 있다.

"왜 예수님은 돌을 떡으로 만들지 않으셨을까?"라는 질문에 그들은 "하나님이 먹지 말라고 하셔서"라고 답했다. 이에 "왜 먹지 말라고 하셨지?"라고 묻자 "하나님께서는 할 일이 많으셨기 때문"이라고 대답했다. 이는 유아들의 사고가 논리적이기는 하지만 여전히 구체적 행위와 권위적인 명령에 집중되어 있음을 보여준다.

(4) 종교적 단계 1(11~13세)

세 번째 단계는 종교적 단계 1과 종교적 단계 2로 나누어진다. 종교적 단계 1에 속하는 유아들은 보다 고도의 귀납적·연역적 사고가 가능하다. 또한 그들은 보다 추상적인 수준의 사고를 할 수 있게 된다. 그러나 유아들의 사고는 여전히 구체적 요소로 인한 혼란 때문에 제한된다.

이전 단계에서 유아들은 모세의 두려움에 대한 원인으로 모세의 범죄를 인용했던 반면, 본 단계에서는 하나님을 마주하는 모세의 두려움을 설명하는 데 있어 보다 높은 수준의 연역적·귀납적 사고를 사용한다. "아마도 모세는 나쁜 행위를 했을 거예요" "아마도 모세는 하나님 뵙기가 부끄러웠을 거예요. 모세는 사람을 죽였으니까요"라는 유아들의 반응은 이야기의 상황을 넘어선 사고능력과 가설설정의 필요성을 보여주고 있다.

예수님께서 돌을 떡으로 만들라는 시험을 받으신 이야기에서도 같은 수준의 반응을 보여주는데, "예수님께서는 음식 없이도 사실 수 있다는 것을 증명하시려고 그런 거예요. 예수님의 아버지께서 그를 돌보시거든요. 그는 생각하고 기도하시려고 광야에 갔지 기적을 행하러 가신 것이 아니예요"라고 답변함으로써 훌륭한 명제이지만 여전히 음식이라는 구체적인 요소에 한정되어 있음을 나타내고 있다.

(5) 종교적 단계 2(13~14세)

이 시기 유아들은 상징적 혹은 추상적 용어들을 사고할 수 있다. 또한 일관성 있는 사고를 할 수 있으며 가설을 시험해보려고 노력할 수도 있다. 또한 가설들을 이성적 견지에서 단정, 거부, 혹은 수용할 수도 있게 된다. 유아들은 명제적 수준에서 가역적 사고가 가능해지며 하나의 진술에 대해 그 함축성을 탐구할 수 있고, 그 기원이 되는 논의로 거슬러 올라갈 수 있다. 그러므로 유아들은 이론으로부터 시작하여 다시 그 사실로 되돌아가 사고할 수 있다.

모세의 두려움에 대한 질문의 답에서 그들의 일반적인 명제는 모세가 모든 사람들과 마찬가지로 죄의식 혹은 부끄러움을 가지고 있었는데 그로 인해 모세가 하나님 뵙기를 두려워했다는 것이다. "하나님의 전능하심과 그에 대한 경외심에 자신을 비추어 보았을 때 모세는 자기가 벌레와 같이 하찮은 존재임을 느꼈을 것이다"와 같은 답변을 예로 들 수 있다.

또한 왜 예수님께서 돌로 떡을 만들지 않으셨는가에 대한 질문에 대해 이 단계의 유아들은 "사탄에게 순종하는 것은 사탄을 주인으로 인정하는 것이에요. 그렇게 되면 첫 계명을 어기는 것이 되지요"라고 대답함으로써 여러 명제가 함께 연합되어 적용점을 탐색할 수 있는 능력이 있음을 보여준다.

2) 파울러의 신앙발달 단계

파울러는 신앙발달을 7단계로 나누어 설명하였다. 이는 미분화된 신앙, 직관적·투사적 신앙, 신화적·문자적 신앙, 종합적·인습적 신앙, 개인적·반성적 신앙, 접속적 신앙, 보편화된 신앙의 7단계이다. 이를 차례대로 설명하면 다음과 같다.

(1) 0단계 : 미분화된 신앙

대략 출생에서 4세까지의 유아가 이 단계에 포함된다. 유아들의 신앙은 출생하고 양육되는 관계 속에서 시작된다. 이 시기의 유아에게 있어 부모의 얼굴, 엄마의 가슴, 영아용 침대, 딸랑이는 궁극적인 환경이 된다. 부모는 유아의 세계를 형성하고 구조화하는 역할을 하므로 유아들의 발달에 있어 매우 중요하다고 할 수 있다. 유아들의 신앙은 부모와의 관계를 통해 획득되는 신뢰감에서 비롯되며, 이러한 신뢰감은 향후 모든 종교적 신앙의 기초역할을 한다(Fowler, 1995).

(2) 1단계 : 직관적·투사적 신앙

대략 4세에서 7, 8세 연령의 유아들이 이 단계에 해당된다. 유아들의 사고능력은 한정되어 있으며 그들의 세계는 상상으로 가득 차 있다. 이 단계의 유아들은 자기중심적이고 다른 사람의 관점을 취하는 능력이 제한되어 있다. 또한 유아의 사회의식은 가정에 한정되며 권위는 성인에게서 비롯된다. 그러므로 이 단계에서 유아의 신앙은 유아가 성인으로부터 채택한 것을 모방함으로써 발달하게 된다.

(3) 2단계 : 신화적·문자적 신앙

대략 7세에서 11, 12세의 유아들이 이 단계에 속하며 몇몇 성인들에게서 관찰되기도 한다. 이 단계가 되면 유아들은 논리적으로 사고하게 되지만 아직 추상적인 사고는 불가능하다. 유아들은 타인의 관점을 명확하게 취하며 사회의식은 교회나 학교로 확대된다. 상징은 보다 융통성이 없고, 일차원적이며 문자적인 방식으로 다루어진다. 이 시기 유아들은 하나님을 종종 의인화하여 생각하기도 하며 엄격한 부모로 여기기도 한다. 이 단계 유아들의 신앙은 정체성 확립의 주된 방법을 제공해주는 이야기를 통해 발달될 수 있다.

(4) 3단계 : 종합적·인습적 신앙

대략 12에서 18세 청소년들이 속하게 되며 많은 성인들 역시 이 단계에 속하기도 한다. 이 단계의 사고능력은 추상적이고 반영적으로 발달한다. 대인관계로부터 조망, 수용의 새로운 능력이 나타난다. 사회인지는 집단 안에서 발달된다.

도덕적 사고는 법과 질서로 나타난다. 교사, 형제들, 친구들, 또래와 대인관계를 통해 발달된 하나님에 대한 형상은 더 이상 육체적인 사람으로 생각하지 않는다.

(5) 4단계 : 개인적·반성적 신앙

대략 18세 이상 혹은 30~40세 이상의 성인이 속한다. 이 단계의 사람들은 자기 자신을 타인의 관점에서 판단할 수 있다. 도덕성은 비록 자기가 속한 계층이나 집단의 편견으로 인해 제한적일 수 있으나 도덕적 원리, 혹은 정의에 기반을 두고 있다. 이 단계에서는 권위가 내면화되어 신앙이 자율적인 성격을 띠게 된다.

(6) 5단계 : 접속적 신앙

30세 이전에는 거의 도달하기 힘든 단계로 이 단계에 속한 사람들은 실재에 관해 균형 잡힌 복합적 견해를 내면화하고 그에 따라 살아간다. 이런 부류의 사람들은 다른 사람에 대해 개방적이며 다른 사람의 의견을 존중한다. 따라서 그들은 이중성을 띄게 된다. 이 단계의 사람들은 자신의 견해가 다른 사람의 것과 상당한 차이가 있다 할지라도 그것을 진리, 가치로 간주한다. 5단계는 종족, 인종, 계층, 이념적 테두리를 넘어서는 일체감이 준비되어 있다(James W. Fowler & Keens, 1978).

(7) 6단계 : 보편화된 신앙

대개 생애 후기에 나타난다. 이 단계에 속한 사람은 이타적인 특징을 가진 집단이며 자신의 많은 것을 남을 위해 헌신하기도 한다. 그들은 신앙과 존재가 결합되어 모든 것들이 조화를 이루는 단계라고 볼 수 있다(National Society, 1991).

이상에서 살펴본 골드만과 파울러의 신앙발달 이론은 유아들의 신앙발달이란 그들의 지적 발달과 더불어 이루어지기 때문에 추상적인 것을 너무 일찍 가르치는 것은 효과적인 것이 아니라고 주장한다. 그러나 성경에서는 분명히 하나님을 알 만한 것을 우리 속에 넣어 주셨다고(로마서 1:19) 말씀하고 있다. 따라서 부모나 교사가 유아에게 신앙적인 내용을 가르칠 때 그들의 인지적인 수준을 고려하여 가르치는 일은 필요하나 너무 그것에 의존하는 것은 바람직하지 않다. 그렇다고 무조건 어려운 내용을 마구 가르치는 일도 바람직하지 않다. 되도록 유아들의 지적 발달수준을 고려하여 가르치되, 인지발달론에 근거하여 신앙발달을 전개시켜 나간 종교심리학자들의 주장처럼 하나님은 눈에 보이지 않는 추상적인 분이기 때문에 추상적인 개념을 이해할 수 없는 너무 어린 시기에 그 하나님에 대해 가르치는 것은 비효율적이라고 생각하는 한계를 뛰어넘어야 한다. 즉, 하나님은 눈에 보이지 않는 분이지만 추상적인 하나님이 아니라 매 순간 우리와 함께하시는 분이며 우리의 모든 것을 다 아시며 돌보는 분이라는 사실을 인지하고, 그 개념 아래 유아들이 그 하나님을 경험하며 관계를 가질 수 있도록 이끄는 것이 필요하다. 이것이 가능한 이유는 믿음이란 우리의 이성에 근거한 것이 아니라 하나님의 선물이며 유아의 인지능력을 뛰어넘어서 유아가 깨달을 수 없는 것도 성령을 통해 이해할 수 있기 때문이다.

2 신앙발달의 내용

1) 신앙발달의 범위

신앙발달을 일반적으로 하나님, 예수님, 성령, 교회, 성경, 기도, 찬양, 예배 등에만 관계된 것으로 생각하는 경향이 있다. 이러한 경향은 이원론적인 사고에서 영향을 받은 결과이다. 이원론적 사고란 성과 속을 구별하여 하나님, 예수님, 성령, 교회에 관련된 것은 성스러운 것이며 그 외의 것, 즉 일반적인 생활에 관한 것은 세상에 속한 것이기 때문에 거룩한 것이 아니며 신앙생활과는 무관한 것이라는 분열된 세계관을 말한다. 따라서 유아들의 신앙발달도 하나님, 성령님, 예수님, 교회에 관한 지식을 발달시켜 주는 것이라는 제한된 견해를 갖고 있는 것이 일반적인 상황이다. 그러나 신앙생활이란 이런 것과 더불어 세상의 모든 현상이나 사실이 하나님과의 관계 속에서 이루어지고 있으며 이것이 유아의 생활 속에서 행동으로 나타나는 것이라고 볼 수 있다. 이것을 세 영역으로 나누어 살펴보면 유아가 하나님과의 관계, 사람들과의 관계, 자연과의 관계를 성경의 사상에 근거하여 생각하고 행동하는 것이 신앙생활이며 이것을 잘하도록 돕는 것이 부모나 교사의 역할이라고 볼 수 있다. 따라서 유아의 신앙발달의 내용은 유아들이 이해할 수 있는 신학적 개념과 더불어 유아의 여러 영역에서의 발달을 다루게 된다.

유아가 이해하고 배워야 할 신학적 개념은 곧 유아의 신앙발달을 가늠할 수 있는 척도가 될 수 있다. 개념 속에는 사고가 포함되어 있기 때문에 유아들이 이해하는 언어를 통해 유아들은 그 언어의 개념이 내포하는 내용을 이해하게 된다. 따라서 유아가 이해하고 배울 수 있는 신학적 개념들을 유아가 연령에 따라 습득할 수 있도록 도와주는 일은 곧 유아의 신앙발달을 돕는 일이다.

베어스(Beers, 1986)는 유아가 이해하고 배워야 할 신학적 개념에 대하여 다음과 같이 언급하고 있다.

[표 3-1] 2~3세 유아가 배워야 할 신학적 개념

하나님에 대하여	• 하나님은 나를 사랑하신다. • 하나님은 나를 돌보신다. • 하나님은 우리 가정을 사랑하시고 돌보신다. • 하나님은 햇빛과 비를 주신다. • 하나님은 사람들에게 선을 행하신다. • 하나님은 나의 모든 것이다. • 하나님은 내가 하나님께 기도하기를 원하신다. • 하나님은 세상을 창조하셨다. • 하나님은 나를 만드셨다. • 찬양과 기도를 통해 하나님을 높일 수 있다. • 하나님께 용서를 구할 수 있다. • 하나님께 순종하고 하나님을 기쁘게 해야 한다.

예수님에 대하여	• 예수님은 나를 사랑하신다. • 예수님은 땅에 사셨고, 지금은 하늘에 계신다. • 예수님은 하나님의 아들이시다. • 예수님은 친구이시다. • 예수님은 성경에 있는 좋은 일들을 말씀하셨다. • 예수님도 나처럼 어린아이일 때가 있었다.
성경에 대하여	• 성경은 하나님에 대해 말한다. • 성경은 좋은 책이다. • 성경은 특별한 책이다. • 나는 성경을 사랑해야 한다.
가정과 부모에 대하여	• 하나님이 부모님을 주셨다. • 나는 부모님께 순종해야 한다.
교회와 주일학교에 대하여	• 교회는 하나님에 대해 배우는 장소이다. • 교회는 친구들을 만나는 장소이다. • 교회는 하나님의 집이다. • 나는 교회 가는 것을 좋아해야 한다. • 나는 물건 사는 일을 돕도록 하나님의 집에 헌금을 낼 수 있다.
다른 사람들에 대하여	• 하나님은 나를 돌보도록 어른들을 주셨다. • 사람들은 좋은 친구가 될 수 있다. • 사람들은 친절할 수 있다. • 예수님은 내가 다른 사람들에게 친절하게 대하며 그들과 나누기를 원하신다.
천사와 최후에 대하여	• 예수님이 태어나셨을 때 사람들에게 알려주기 위해 천사가 왔었다. • 천사는 하나님을 사랑하고 하나님을 찬양한다.

[표 3-2] 4~5세 유아가 배워야 할 신학적 개념

하나님에 대하여	• 하나님은 나와 다른 사람을 사랑하신다. • 하나님은 그를 사랑하는 모든 사람들을 돌보신다. • 하나님은 가정을 사랑하시고 돌보신다. • 하나님은 모든 것을 만드셨다. • 하나님은 신뢰하고 의지할 만한 분이시다. • 하나님은 모든 곳에 계신다. • 하나님은 언제나 기도하는 것을 들으신다. • 하나님은 예수님을 사람들의 죄를 위해 돌아가시도록 보내셨다. • 하나님은 내가 그가 만드신 모든 것에 감사하기를 원하신다. • 하나님은 내가 부모님께 순종함으로써 하나님께 순종하기를 원하신다. • 하나님은 나를 사랑하신다.
예수님에 대하여	• 예수님은 나를 사랑하시고 나의 가장 좋은 친구이다. • 예수님은 구원자로 오셨다. • 예수님은 지금 하늘나라에 계시다. • 예수님은 내가 순종하고 나누도록 도와주실 것이다. • 예수님은 모든 어린이들이 예수님을 사랑하기를 원하신다. • 예수님은 언제나 나와 함께 계신다. • 예수님은 나를 위해 돌아가셨다. • 예수님은 내가 어려운 일을 하도록 도우실 수 있다.
성경에 대하여	• 성경은 하나님에 대해 말한다. • 성경은 하나님의 말씀이다. • 하나님은 성경 속에서 내가 무엇을 행하기 원하시는지 말씀하신다. • 성경은 내가 무엇을 해야 할 것인지를 알도록 돕는다. • 성경은 진실한 이야기의 책이다.
가정과 부모에 대하여	• 하나님은 나를 가르치고 돌보도록 부모님을 주셨다. • 나는 부모님의 말씀에 순종해야 한다. • 하나님은 나를 위해 기도하도록 부모님을 주셨다. • 나는 나의 부모님을 사랑하고 기쁘게 해드리기를 원해야 한다. • 내가 부모님께 순종하지 않을 때 죄를 짓는 것이다.

이상에서 유아가 이해하는 신학적 개념을 자세히 상술하였다. 천(Chun II, 1996)은 기독교교육의 내용을 4세까지 배워야 할 신학적 개념으로 다음과 같이 간략하게 제시하고 있다. 이러한 내용을 고려하여 유아들의 신앙발달을 도울 수 있다.

[표 3-3] 출생~4세까지 배워야 할 내용

하나님	• 나를 사랑하신다. • 모든 것을 만드셨다. • 나를 돌보신다. • 나는 하나님께 말할 수 있다.
예수님	• 성탄절에 태어나셨다. • 나의 친구이시다. • 자라서 어른이 되셨다. • 하나님의 아들이시고 하나님께서 그를 보내셨다.
성 경	• 하나님의 말씀이 담긴 책이다. • 사랑해야 할 특별한 책이다. • 우리에게 하나님을 기쁘게 해드릴 방법을 알려준다. • 좋은 이야기들을 가지고 있다.
교 회	• 하나님의 집이다. • 하나님에 대해 배우는 집이다. • 친구를 만나는 곳이다. • 내가 속해 있는 내 교회이다. • 내가 행복한 시간을 보내는 곳이다.
나의 생활	• 하나님을 기쁘게 하기를 원하신다. • 다른 사람과 나누고 싶다.

3~4세 유아의 영적인 발달은 이전의 영아기에 발달된 부모와의 신뢰감 형성으로부터 이루어진다고 볼 수 있다. 영아가 부모와의 관계에서 신뢰감이 형성되었을 때 영아는 부모가 믿는 하나님은 믿을 만하며 좋은 하나님이라는 개념을 지니게 된다. 이러한 개념 위에 3~4세의 유아는 자신의 욕구와 감정을 표현하기 위해 말을 사용하며 창의성을 발달시켜 가면서 자신들의 행동과 환경을 통해서 영적인 발달을 한다. 따라서 부모들의 자녀에 대한 세심한 배려와 애정 어린 자녀양육을 통해 영아기에 신뢰감을 형성할 수 있으며 이것이 후에 정서적인 안정감을 가질 수 있도록 한다.

유아의 영적 발달은 하나님과의 관계에서 발달하므로 근본적으로 하나님은 사랑을 베푸시는 분임을 알려주고 하나님과의 관계를 불안해하지 않도록 인식시켜 주는 것이 중요하다. 하나님은 심판하시며 벌을 주시는 분이라기보다는 용서하시며 우리를 사랑하시는 분이라고 인식시키는 일은 유아의 건강한 영적 발달을 위해 매우 중요한 일이다(Cully, 1993).

3~4세는 상상력이 발달되는 시기이므로 성경 이야기나 종교의식을 통해 유아들의 영적 발달을 꾀할 수 있다. 따라서 성경과 관련된 좋은 문학 서적을 선택하여 유아들에게 읽어주고 신앙적인 것을 많이 생각할 수 있는 기회를 제공해준다.

3세부터는 유아의 언어발달이 완성하게 이루어지는 시기이므로 언어를 통해 유아의 신앙발달을 도와줄 수 있다. 이 시기에는 성경을 읽어주거나 예배를 통해 신앙이 무엇이며 우리에게 무엇을 요구하는지를 보여주는 것이 필요하다. 하나님을 향한 감사와 찬양, 기도의 모범은 유아들에게 평화와 하나님에 대한 좋은 생각을 가지게 하며 하나님을 만나게 하는 역할을 할 수 있다.

2) 신학적 개념에 영향을 주는 요인

유아들이 어떻게 신학적인 개념을 형성하는가를 아는 것은 기독교교육의 핵심적인 일이라고 볼 수 있다. 유아의 신학적인 개념에 결정적인 역할을 하는 것은 첫째는 가정의 분위기 즉, 부모의 생활과 양육태도이다. 가정의 분위기가 따뜻하고 신뢰할 만하면 유아는 그러한 분위기를 통해 하나님을 신뢰할 수 있는 기초적인 신뢰에 대한 감정과 태도를 배울 수 있다. 따라서 가정에서의 양육자 태도와 분위기는 유아로 하여금 하나님을 신뢰할 수 있는 기본적인 신뢰를 형성시켜 주는 역할을 한다. 부모와 어린 자녀와의 사랑스러운 감정적 관계는 후에 유아의 경험에 영향을 미치고, 이것은 유아가 세상과 어떤 관계를 가질 것인지를 결정짓게 하는 중요한 요인이 된다.

둘째는 유아의 인지적 발달 단계를 고려해야 한다. 유아의 인지적 발달단계를 뛰어넘는 신학적 개념은 유아들에게 성경을 배우거나 신앙생활에 대해 어려움을 느끼게 하는 요소가 될 수 있다. 따라서 유아의 인지적 발달단계에 맞는 내용을 제시함으로써 유아들이 이해하고 따를 수 있도록 하는 것이 필요하다. 물론, 성령의 강권적인 역사나 지혜로 인해 아주 어린 유아들도 어려운 신학적인 개념을 이해할 수 있으나 그것은 특별한 경우이고, 하나님께서 우리에게 진리를 알게 하는 일반적인 방법은 이성을 사용하시는 것이라는 점을 상기하여 유아의 인지적 발달단계를 고려하여 가르쳐야 한다.

셋째는 유아들의 언어발달 단계를 고려하여야 한다. 유아들이 알아들을 수 있는 언어를 사용할 때 유아들은 신학적 개념들을 이해할 수 있다. 하나님, 예수님, 구원과 관련하여 똑같은 내용을 가르친다고 하여도 기독교 가정의 유아와 비기독교 가정의 유아가 이해하는 내용은 다르다. 그 이유는 언어적 환경이 다르기 때문이다. 따라서 유아들이 알아들을 수 있도록 언어적 발달단계를 고려하는 것이 필요하다.

넷째는 부모의 자녀에 대한 신앙교육의 강조이다. 이미 일반학자들에 의해 부모는 첫 교사이자 가장 큰 영향력을 지닌 교사임이 주장되어 왔다(이연섭·강문희, 1988; 김숙자, 1996; 이원영, 1995). 부모가 얼마나 자녀의 신앙성장에 관심을 갖고 교육을 하는가는 자녀의 신학적 개념형성에 매우 중요한 영향을 미친다. 이에 대해 보이어(Boyer)는 "가정은 첫 번째 교실이며 부모는 첫 교사이면서 가장 영향력 있는 교사"라고 강조하였으며 페히트(Feucht)는 "가정이란 하나님에 대한 최초의 교육기관이고 인격의 요람이며, 잠재적인 가장 위대한 교사이고 선교기관이며 문화의 교환자이고 악에 대한 장벽이며 교회의 방파제이고 국가의 초석(Berger, 1995, 재인용)"이라고 주장하였다.

이처럼 교사로서 중요한 역할을 하는 부모가 자녀의 신앙교육에 대해 갖는 태도는 자녀의 신학적 개념에 지대한 영향을 미칠 것이라는 사실은 자명한 이치이다. 정희영(1996)의 '아동의 신 개념 발달과 부모의 영향에 관한 연구'에서 부모의 자녀에 대한 신앙교육에 대한 관심은 유아의 신학적 개념형성에 치명적인 영향을 미친다고 보고하고 있으며, 골드만(Goldman, 1964)의 연구에서도 부모가 교회를 다니는 유아가 그렇지 않은 유아보다 신학적 개념형성이 보다 유리함을 보고하고 있다. 또한 김성원(1999)의 '유아의 연령과 부모의 신앙교육 정도가 유아의 신학적 개념형성에 미치는 영향'에서 유아의 신학적 개념은 연령보다는 부모의 신앙교육 정도에 따라 큰 차이가 있음을 연구의 결과로 제시하고 있다.

따라서 유아의 신학적 개념을 보다 명확하고 효과적으로 형성시켜 주기 위해서 가정에서 가장 먼저 해야 할 일은 부모의 자녀에 대한 신앙교육의 강조이다. 이것은 유아가 누구와 그리고 어디에서 가장 많은 시간을 보내는가를 생각하면 알 수 있는 사항이다. 즉, 유아들이 주일학교에 와서 배우는 한두 시간보다는 가정에서 보다 많은 시간을 부모와 함께 보낸다는 사실을 생각한다면 유아에게 보다 효과적으로 신앙적인 영향을 미칠 수 있는 것은 부모라는 점이다. 부모가 유아들에게 무엇을 어떻게 가르쳐야 할 것인지에 대한 교육과 강조는 유아의 신학적 개념형성에 무엇보다도 효과적이다. 그러므로 유아들의 효과적인 신앙발달을 위해서는 자녀의 신앙교육은 무엇보다도 부모가 최고라는 인식과 어떻게 자녀의 신앙발달을 도와줄 수 있을 것인지에 대한 연구와 교육이 필요하다.

3 유아의 신앙발달 지도방법 및 부모의 역할

유아의 신앙발달을 지도하는 방법은 부모의 모범과 훈육을 통한 방법, 바람직한 대화를 통한 방법, 자녀의 자존감을 키워주는 방법, 가정예배를 통한 방법 등이 있다.

1) 부모의 신앙적 모범을 통한 지도방법

부모의 행동의 모든 것이 자녀들의 행동의 모범이 되는 것은 학습의 이론이나 심리학자들의 연구를 통해서도 이미 증명된 사실이다. 그러나 중요한 것은 부모들이 이것을 주의 깊게 인식하지 못한 채 자녀에게 정직과 도덕성, 그리고 여러 가지 품성의 본을 가르치고 있다는 사실이다. 대부분의 경우, 부모는 자녀들이 자신의 발자취를 따르고 있다는 사실을 알지 못한 가운데 생활하고 있다.

부모의 생활 모범은 자녀의 삶에 매우 중요한 영향을 미친다. 부모의 신앙적인 삶의 모범은 곧 자녀의 신앙발달과 밀접한 관계를 지니게 된다. 브쉬넬(Bushnell)은 부모의 신앙적인 삶의 모범에 대해 강조하면서 부모 자신이 신앙적으로 살아갈 때 진정한 교육이 일어나며 자녀들이 신앙적으로 살아가도록 강요하거나 가르치기 전에 부모 자신이 먼저 바른 신앙인이 되는 것이 가장 중요하다고 강조하고 있다(은준관 외, 1992). 부모가 사랑, 부드러움, 인내, 하나님 안에서 성실하게 행동하는 모습 등을 보일 때 자녀들은 그것을 통해 자연히 신앙적으로 발달하게 된다. 말의 전달이나 교훈도 중요하지만 그 말들이 참다운 사랑, 부드러움과 함께 동반될 때 비로소 그것은 산교육이 되는 것이다. 부모의 삶 자체, 신앙 그 자체의 성실성이 바로 자녀의 삶과 신앙이 되는 것이다.

부모가 모범이 되기 위해서는 무엇을 요구하는지, 그리고 어떻게 모범이 될 수 있는지에 대한 지혜가 필요하다. 이것들을 살펴보면 다음과 같다.

첫째, 모범이 된다는 것은 완전을 의미하는 것은 아니다. 부모가 모범이 되기 위해 완전을 추구하다 보면 비현실적인 자기의 모습을 만들어내는 위선을 범하기 쉽다. 이러한 모습은 자녀들에게 존경보다는 오히려 배척을 받는 요인이 될 수 있으며 자녀들에게 이중적인 인격의 모델을 제시하게 된다. 따라서 부모는 완전이 아닌 성숙한 모습을 보일 필요가 있다. 부모가 신앙적이며 겸손한 모습과 자백의 실제적이고 생동적인 모습을 보임으로써 자녀들은 불완전한 그리스도인들이 서로 사랑하고 존경하며 하나님과 용서의 관계를 가지며 살아가는 법을 배우게 된다.

둘째, 부모의 친밀하고 솔직한 모습을 통해 자녀들은 부모로부터 도덕과 규범을 배운다. 부모 자신의 생각과 감정을 감추기보다는 자녀에게 이야기할 때 자녀는 부모에 대한 이해와 신뢰가 생기게 되며 이것은 보다 효과적인 모델이 될 수 있다.

셋째, 모범을 보인다는 것은 무엇보다도 개인적인 발달을 요구한다. 따라서 부모는 모범이 되기 위해 부단히 자신을 개발하여야 한다. 실제 생활에서 그야말로 모범이 되기 위한 노력이 있어야 한다. 언어생활, 대인관계, 부지런한 모습, 하나님께 찬양과 순종하는 모습, 기도생활, 성경 및 책을 읽는 생활 등에서 모범이 되도록 자신을 개발하여야 한다.

2) 훈육을 통한 지도방법

자녀가 아주 어릴 때부터 해도 되는 것과 해서는 안 되는 것에 대한 명확한 기준을 제시해주는 것이 필요하다. 요즘 자녀의 기를 살려준다고 해서 혹은 자녀의 호기심을 길러준다고 하여 자녀가 원하는 것을 옳고 그름에 초점을 맞추지 않고 그대로 하게 내버려 두는 경향이 있다. 또는 일반 인지발달에 근거를 둔 도덕성발달 이론에 의해 너무 어릴 때는 도덕성이 발달되지 않으므로 옳고 그른 것에 대한 개념은 논리적 사고가 가능한 시기에 가르치는 것이 타당하다고 생각하여 해야 할 것과 그렇지 않은 것에 대한 기준을 매우 늦게 제시하는 경우가 있다. 그러나 분명한 것은 아주 연령이 어린 유아라 할지라도 하나님께서 그 마음에 하나님을 알 만한 지혜를 주셨기 때문에(로마서 1:20) 아주 어릴 때부터 옳고 그름에 대한 분명한 기준을 제시하는 것이 필요하다. 이러한 사실은 여러 학자들의 연구에서도 입증이 되고 있다.

훈육에 대하여 체이스(Chase, 1992)는 다음과 같이 3단계로 설명을 하고 있다.

- 1단계 : 가르치고 지시하는 것이 훈육의 제 1단계이다. 따라서 유아의 신앙발달을 위해 어릴 때부터 성경 말씀을 가르치고 말씀에 순종하는 법을 지시하는 것이 필요하다.
- 2단계 : 자녀들의 성장을 이끌고 방향을 제시할 수 있도록 훈련을 하는 것이 훈육의 제 2단계이다. 이 단계에서는 자녀가 신앙적인 습관을 형성하고 가르침을 받은 영역에 숙달될 수 있도록 돕는다. 자기 전에 기도하는 습관, 성경을 읽는 습관, 하나님께 감사하기, 하나님께 찬양하기, 헌금 드리기 등에 습관을 들이도록 훈련을 시키는 것이 필요하다.
- 3단계 : 제 2단계에서 훈련시킨 행동이 잘 이루어지지 않을 때 그것을 수정하거나 적응시켜서 이전의 지도방법을 따르도록 한다. 이 단계에서는 행동을 취하는 것이 무엇보다 중요하며, 징계가 필요하다. 필요하면 신체적인 체벌도 할 수 있다. 그러나 "초달을 차마 못하는 자는 그 자식을 미워함이나 자식을 사랑하는 자는 근실히 징계하느니라"고 하였다고 무조건 매를 들어서는 오히려 부작용이 일어날 수 있다. 따라서 부모가 자신을 통제할 수 있을 때 왜 맞아야 하는지에 대한 설명을 한 뒤 아무도 없는 곳에서 회초리로 징계하는 것이 좋다.

3) 바람직한 대화를 통한 지도방법

최상의 인간관계는 바람직한 대화를 통해 이루어진다. 부모와 자녀의 최상의 관계 또한 바람직한 대화를 통해 이루어지며 부모와 자녀와의 바람직한 관계를 통해 신앙발달을 꾀할 수 있다. 부모가 섬기는 하나님에 대한 좋은 이미지를 심어줘야 자녀의 신앙발달에 긍정적인 영향을 미칠 수 있으며 하나님에 대한 좋은 이미지는 부모에 대한 좋은 이미지로부터 가능하다. 이것은 부모와 자녀의 원만한 관계로부터 올 수 있으며 부모와 자녀의 바람직한 대화는 이것을 가장 잘 도와줄 수 있다.

원만한 대화를 이끌어내기 위한 기본적인 태도를 제시하면 다음과 같다.

첫째, 자녀를 한 개인으로 존중해야 한다. 이때 자녀가 어떤 가치 있는 일을 하거나 능력 면에서 무엇인가를 잘하기 때문에 존중을 하는 것이 아니라 하나님의 형상을 지닌 존재로서 하나님이 귀한 존재로 여기는 인격이기 때문에 무조건 존중해야 한다. 따라서 자녀의 하는 말에 귀를 기울여야 하며 자녀에게 진정한 관심과 신뢰, 사랑을 표현해야 한다. 이렇게 자녀를 대할 때 자녀와 대화의 문이 열린다.

둘째, 자녀를 성실한 마음으로 대하는 것이 필요하다. 자녀를 성실한 마음으로 대하기 위해서는 먼저 부모 자신에 대해 성실하고 진실한 마음을 갖는 것이 필요하다. 자녀를 성실한 마음으로 대할 때 대화가 긍정적이며 진지하게 된다. 이러한 대화 속에서 자녀들은 부모의 신실함을 배우게 되고 그 신실한 부모의 하나님을 신뢰하게 된다.

셋째, 자녀와 감정이입을 하는 것이 필요하다. 이를 위해서는 자녀가 하는 말에 주의 깊게 귀기울이고 자녀의 입장에서 이해하도록 노력해야 한다. 이때 자녀의 세계에 들어가 자녀와 같은 느낌을 가질 수 있게 되고 여기서 공감대가 형성되며 깊이 있는 대화를 할 수 있게 된다. 부모와의 깊이 있는 대화를 통해 하나님과 대화하는 법을 배우게 되며 이것은 유아로 하여금 하나님과의 교제, 기도하는 법을 배우게 한다.

넷째, 자녀의 말, 행동, 감정, 느낌을 수용해야 한다. 자녀를 있는 그대로 수용하게 될 때 자녀는 말문을 열어 숨김없이 모든 이야기를 하게 되며 이때 부모와의 관계가 솔직하며 아름답게 될 수 있다. 이러한 관계 속에서 부모는 자신이 신뢰하는 하나님을 자녀에게 효과적으로 전할 수 있으며 자녀는 그 하나님을 신뢰할 수 있게 된다. 또한 부모의 수용적인 태도를 통해 용납하시며 용서하시는 하나님을 경험할 수 있다.

4) 자존감을 세워주는 지도방법

성경적으로 자존감이란 자신을 사랑스럽고 소중한 능력 있는 하나님의 자녀로 받아들이는 것, 자신을 세계의 중심으로 생각하기를 기꺼이 포기하는 것, 하나님의 용서와 구속에 대한 필요를 깨닫는 것이라고 볼 수 있다(Carlson, 1995). 따라서 유아의 신앙발달을 위해서는 유아들이 자신에 대해 긍정적인 자존감을 갖는 것이 매우 중요하다.

유아들이 자존감을 갖기 위해서는 소속감이 있어야 하며 자기 자신에 대한 가치의식이 있어야 하며 무슨 일을 했을 때 성취감을 느낄 수 있을 때 자신에 대한 자존감을 가질 수 있다(Haystead, 1974).

자녀들이 자존감을 가질 수 있도록 부모들이 구체적으로 다음과 같은 방법을 사용할 수 있다.

첫째, 가정에서 부모가 자녀에게 "나는 너를 사랑한다. 그리고 하나님은 너를 더욱 사랑한단다"라고 말해준다. 유아가 자존감을 가질 수 있도록 도울 수 있는 첫걸음은 유아가 가정에서 사랑받고 있음을 느끼게 하는 것이다. 이것은 하나님에 대한 사랑의 밑바탕이 될 수 있다. 이를 위해 말로 사랑을 표현하는 것도 중요한 일이며, 또한 말에 따르는 신실한 행동이 수반되어야 한다. 자녀에게 긍정적인 태도와 스킨십을 통해 자녀가 가정에서 사랑받고 있음을 느낄 수 있도록 하는 것이 필요하다.

둘째, 자녀가 소속감을 갖는 것은 자녀의 자존감 형성을 위해 매우 중요한 요소이다. 따라서 자녀가 자신의 가족에 속해 있음을 느낄 수 있도록 해준다. "네가 우리 가족인 것이 매우 기쁘구나"라고 말하는 것은 자녀에게 소속감을 부여한다. 또한 가정의 여러 가지 일을 결정할 때 자녀의 견해를 반영하는 것도 중요하다. 예를 들어, 휴가지를 결정할 때 자녀의 생각을 묻거나 자신만의 공간이나 시간을 주는 것은 자녀가 소속감을 느끼게 만든다.

셋째, 자녀의 능력을 인정해주는 것은 자녀들의 자존감을 세워주는 일이다. 부모가 자녀들이 하는 말을 믿을 때, 그리고 자녀의 능력을 인정해줄 때 자녀는 긍정적인 자존감을 지니게 된다. 또한 무엇인가를 시도했을 때 그것을 실패했을지라도 다음에는 잘할 수 있을 것이라고 격려해주며 다시 시도해볼 수 있도록 배려해주는 것은 자녀가 자존감을 가질 수 있도록 돕는 일이다.

넷째, 유아의 자존감은 유아 자신이 자신에 대해 신뢰감을 갖는 것인데 이것은 부모의 유아에 대한 신뢰로부터 온다. 따라서 부모는 자녀를 신뢰해야 한다. "나는 너를 믿는다. 나는 네가 잘할 수 있을 것이라고 믿어. 너의 결정을 믿어"라고 말하는 것은 자녀의 자신감을 북돋워줄 수 있다. 자녀에게 수치감이나 모멸감, 상처를 주지 않도록 주의하여야 한다.

다섯째, 자녀들의 요구와 느낌을 진지하게 받아들이는 부모의 태도는 자녀의 자존감을 높여줄 수 있다. 따라서 부모는 자녀들의 느낌이나 감정에 민감하게 그리고 진지하게 반응해야 한다. 부모가 자녀의 느낌을 진지하게 받아들일 때 자녀는 자신이 소중한 존재임을 느끼게 되고 이것은 자존감 형성에 중요한 역할을 하게 된다. 부모와의 수용적인 관계를 통해 유아는 수용적인 하나님을 배우게 된다.

5) 가정예배를 통한 지도방법

자녀의 신앙발달을 위해서 필수적인 교육의 통로는 가정예배이다. 그리스도인의 생활 가운데 가정예배만큼 신앙발달을 위해 중요한 역할을 하는 것은 없다. 은혜의 보좌 앞에 모여 앉아 하나님의 말씀으로 양육받고, 하나님을 만나며 그 하나님으로부터 힘을 공급받으며 치유의 경험을 하게 되는 자리가 바로 가정예배이다. 유아들은 가정예배를 통하여 하나님을 찬양하며 경외하는 방법을 배우며 성경지식을 배우며 기도하는 법을 배우게 된다. 가정예배를 통하여 유아는 하나님의 임재와 축복을 경험하게 되며 이 세상에서 천국을 맛보게 되는 것이다. 따라서 부모들은 자녀들이 가정예배를 강제적으로보다는 자발적으로 드리고 싶어 하도록 지도하여야 한다.

가정예배를 의미 있고 풍성하게 하기 위한 지침을 제시하면 다음과 같다(설은주, 1997).

첫째, 가정예배 자료를 구입할 때 자녀와 함께 고른다.

둘째, 자녀가 인도자가 되도록 하여 자녀가 의미 있는 경험을 하도록 한다.

셋째, 예배를 드리는 방은 경건한 분위기로 꾸미도록 한다.

넷째, 기회가 되면 야외에서 가정예배를 드리도록 한다. 이러한 경험은 하나님이 어디서나 함께하시며 하나님이 창조하신 아름다운 세상을 경험하게 함으로써 그 분의 위대함을 깨닫게 할 수 있다.

다섯째, 가정예배에 다른 가정을 초청하여 함께 예배를 드리도록 한다. 이러한 경험은 유아가 가정예배를 이해하는 데 도움을 줄 수 있다.

여섯째, 가정예배에 다양한 변화를 갖도록 한다. 예를 들면, 다양한 기도의 형태들로써 예배의 형태에 변화를 가져본다. 즉, 기도를 서로 돌아가면서 한다든지, 서로 손을 잡고 서로를 위해 기도를 해보며 예배의 형태를 찬양예배로 해보는 등의 변화를 가질 수 있다.

4 유아의 신앙발달을 위한 활동

활동 1. 하나님 안에서 자라가요(이야기 나누기)

<table>
<tr><td>이런 것을 기대해요</td><td>• 유아 자신의 성장과정을 알 수 있다.
• 건강하게 자라게 하신 하나님께 감사할 수 있다.</td></tr>
<tr><td>필요한 것이 있어요</td><td>식물의 성장과정이 담긴 3~4장의 사진, 유아의 성장과정(탄생, 백일, 돌, 생일, 여행 등)이 담긴 사진</td></tr>
<tr><td>함께 해보아요</td><td>❶ 식물의 성장과정이 담긴 사진을 순서대로 보여준다.
❷ 하나님께서 모든 식물의 성장과정에 관여하심에 대해 이야기한다.
❸ 유아의 탄생부터 현재까지의 사진들을 본다.
❹ 종이에 유아의 사진을 어린시절부터 현재까지 차례대로 붙인다.
❺ 부모님과 함께 사진에 대한 설명을 적는다.
❻ 하나님께서는 유아가 태어나기 전부터 유아의 탄생을 계획하셨고 유아의 삶을 주관하시는 분이심에 대해 이야기 나눈다.
</td></tr>
</table>

활동 2. 공놀이(신체)

<table>
<tr><td>이런 것을 기대해요</td><td>• 공을 이용한 다양한 활동을 통해 자신의 몸을 탐색함으로써 건강한 몸을 주신 하나님께 감사할 수 있다.</td></tr>
<tr><td>필요한 것이 있어요</td><td>공, 음악</td></tr>
<tr><td>함께 해보아요</td><td>❶ 공의 모양을 탐색해본다.
❷ 공을 머리 위, 등 뒤에서 잡아본다.
❸ 공을 양 무릎에 끼고 뛰어본다(부모님과 함께 공을 양 무릎에 낀 채 시합을 해볼 수도 있다).
❹ 유아가 공을 가지고 창의적으로 활동할 수 있도록 돕는다.
❺ 건강한 신체를 주신 하나님께 감사할 수 있다.

</td></tr>
</table>

활동 3. 내 몸이 할 수 있는 것(게임)

이런 것을 기대해요	• 게임을 통해 신체 각 부분의 역할을 알 수 있다. • 건강한 신체와 기관을 주신 하나님께 감사할 수 있다.
필요한 것이 있어요	눈, 코, 입, 팔꿈치, 다리, 손, 눈 등이 그려진 카드, 음악 cd
함께 해보아요	❶ 몸의 기관이 그려져 있는 카드를 뒤집어 놓는다. ❷ 걸작품(파이디온) 찬양을 부르며 춤을 춘다. ❸ 부모님이 음악을 끄면 뒤집어져 있는 카드 중 한 개를 유아가 집는다. ❹ 유아는 카드에 나온 몸의 기관의 역할을 말해본다. ❺ 하나님이 우리에게 적절한 곳에 적절한 기관을 주심을 알고 유아와 부모가 함께 건강한 신체와 기관을 주신 하나님께 감사드린다.

활동 4. 사물에 대해 알기(퍼즐놀이)

이런 것을 기대해요	• 퍼즐을 완성함으로써 공간감각을 키우고 만족감을 얻을 수 있다. • 하나님께서 이 세상을 질서 있게 창조하심을 알 수 있다.
필요한 것이 있어요	다양한 모양의 퍼즐
함께 해보아요	❶ 유아와 함께 완성된 퍼즐을 탐색한다. ❷ 유아와 부모가 함께 퍼즐을 흩어 놓는다. ❸ 유아가 스스로 퍼즐을 완성할 수 있도록 격려한다. ❹ 유아가 퍼즐을 완성하면 칭찬을 해준다. ❺ 퍼즐의 모양대로 질서 있게 맞춰야 완성이 되듯이 이 세상을 창조하신 하나님께서도 자연을 질서 있게 창조하셨음에 대해 이야기한다.

활동 5. 사물에 대해 알기(콜라주)

이런 것을 기대해요	• 다양한 재료를 통하여 유아의 감각능력을 향상시킬 수 있다. • 하나님의 창조물을 경험함으로써 그 분의 선하심을 느낄 수 있다.
필요한 것이 있어요	조개껍질, 견과류, 나뭇잎, 돌, 깃털 등
함께 해보아요	❶ 유아와 함께 다양한 물질을 탐색해본다. ❷ 다양한 물질들이 어떻게 나올 수 있게 되었는지 생각해본다. ❸ 만물이 하나님을 통하여 나왔고 이러한 것들을 통해 유아와 부모가 기뻐할 수 있으며 우리의 기쁨이 하나님의 기쁨임을 이야기한다. ❹ 탐색한 물질들을 하나님이 주신 미적 감각과 지혜로 배열하여 작품을 만들어본다.

활동 6. 사물에 대해 알기(씨앗 재배)

이런 것을 기대해요	• 다양한 식물을 기르며 하나님의 창조물에 대해 알고 식물을 보호할 수 있다.
필요한 것이 있어요	콩, 무순 등 비교적 빨리 자라는 식물
함께 해보아요	❶ 유아와 함께 씨앗을 탐색한다. ❷ 씨앗이 어떻게 생겼는지 이야기한다. ❸ 씨앗은 하나님이 우리에게 키우고 보호하라고 주신 것임을 이야기한다. ❹ 씨앗에 물을 주고 태양빛을 받게 하여 식물로 기른다. ❺ 하나님은 매우 작은 씨앗도 자라게 하시는 분이심을 알고 이러한 식물을 보호할 책임은 유아를 비롯한 인간에게 있음을 이야기한다.

활동 7. 나를 도와주는 사람들

이런 것을 기대해요	• 유아 주변에 유아를 위하여 도와주시는 분이 많이 있음을 알 수 있다. • 신실하신 하나님께서 서로 돕고 섬기라고 이웃을 주심을 생각할 수 있다.
필요한 것이 있어요	수첩, 카메라
함께 해보아요	❶ 유아와 부모가 함께 주변 마트에 다녀온다. ❷ 마트에 다녀온 후 만약에 마트에서 물건을 파는 사람이 없다면 어떨지 생각해보도록 한다. ❸ 하나님께서는 우리가 필요한 곳에 사람을 보내주셔서 편안하게 물건을 사고 편지를 받으며 교제할 수 있도록 하셨음을 이야기한다. ❹ 유아와 함께 이웃 및 교회에서 만날 수 있는 사람들에게 무엇이 감사한지 구체적으로 이야기한다. ❺ 하나님께서는 이웃을 돕고 섬기길 원하심을 안다.
참고사항	• 마트뿐만 아니라 경찰서, 소방서, 교회 사무실을 다녀온 후 이야기 나누기를 할 수 있다. 

활동 8. 친구를 사랑해요

<table>
<tr><td>이런 것을 기대해요</td><td>• 하나님은 모든 인간을 귀하게 창조하셨음을 알 수 있다.
• 도움이 필요한 친구를 도와주는 것이 하나님이 원하시는 일임을 생각해 본다.</td></tr>
<tr><td>필요한 것이 있어요</td><td>유아가 다니고 있는 유치원, 어린이집, 교회 친구들의 사진</td></tr>
<tr><td>함께 해보아요</td><td>❶ 부모님과 함께 유아 친구들의 사진을 본다.
❷ 유아가 좋아하는 친구와 친구를 좋아하는 이유를 질문한다.
❸ 유아가 좋아하지 않는 친구가 있는지 질문한다.
❹ 그 친구를 좋아하지 않는 이유에 대해 묻는다.
❺ 마태복음 22:39, 요한복음 13:35 말씀을 들려준다.
❻ 하나님은 이웃을 내 몸과 같이 사랑하라고 하셨으며 특히 다른 친구들이 멀리하는(왕따, 장애 유아) 친구들을 더욱 소중하고 귀하게 여기는 것을 더욱 기뻐하심을 이야기한다.
</td></tr>
</table>

활동 9. 하나님이 기뻐하시는 예배

이런 것을 기대해요	• 예배에 빠지지 않고 참여하는 것의 중요성을 알 수 있다. • 하나님께 예배드리는 것을 우선순위로 하는 것이 가장 중요하다는 것을 깨달을 수 있다.
필요한 것이 있어요	종이, 색연필, 스티커
함께 해보아요	❶ 유아와 함께 주일예배에 가는 이유와 목적에 대해 이야기 나눈다. ❷ 하나님이 가장 기뻐하시는 것 중 하나는 우리가 예배하는 것임을 이야기한다. ❸ 주일에 아무리 중요한 일이 있어도 하나님을 향한 순종으로 예배를 드리는 것이 중요하다는 것을 이야기한다. ❹ 준비한 종이에 52개의 칸을 만들어 주일을 표시한다. ❺ 유아가 예배에 참석한 주일에 스티커를 직접 붙인다. 

활동 10. 교회에 대하여 알아보아요

이런 것을 기대해요	• 교회에는 하나님의 예배를 돕고 성도(유아)를 돕는 분들이 계심을 알 수 있다. • 교회에서 취해야 할 행동을 알고 교회는 하나님 나라의 백성을 위한 교제의 장소이므로 행복한 곳이라는 것을 알 수 있다.
필요한 것이 있어요	수첩, 카메라
함께 해보아요	❶ 교회의 물리적 환경(예배당, 성가대실, 사무실, 목양실, 강대상, 유아를 위한 예배당 등)을 살펴본다. ❷ 교회의 모든 처소는 하나님께 영광 드리기 위한 곳이므로 어떻게 행동해야 하는지 생각해본다. ❸ 교회는 하나님 나라의 백성을 위한 교제의 장소이므로 행복한 곳이라는 것으로 마무리한다. 

활동 11. 로켓은 왜 만들어졌을까?

<table>
<tr><td>이런 것을 기대해요</td><td>• 과학의 발전은 하나님이 하신 일을 더 잘 알게 하기 위함임을 알 수 있다.</td></tr>
<tr><td>필요한 것이 있어요</td><td>로켓, 우주탐험과 관련된 책, 성경</td></tr>
<tr><td>함께 해보아요</td><td>❶ 로켓을 타고 우주탐험을 할 수 있음을 이야기한다.
❷ 유아가 우주에서 가장 보고 싶은 것이 무엇인지 질문한다.
❸ 우주에서는 해, 달, 별 등을 가까이서 볼 수 있음을 이야기한다.
❹ 우주탐험을 할 수 있는 로켓은 하나님이 인간에게 주신 지혜로 만들어졌으며, 이러한 과학의 발전은 하나님의 창조를 더욱 잘 알게 하려 하신 하나님의 계획임을 이야기한다.
❺ 창세기의 창조말씀을 유아와 함께 읽어본다.
❻ 하나님이 하신 일을 더욱 깊이 깨달을 수 있는 과학 및 기계의 발전을 생각해본다.
</td></tr>
</table>

활동 12. 하나님도 화를 내실까?

이런 것을 기대해요	• 사랑과 공의의 하나님을 알 수 있다.
함께 해보아요	❶ 유아와 함께 '하나님도 화를 내실까?'에 대해 생각해본다. ❷ 유아의 생각을 들어본다. ❸ 하나님은 유아를 너무 사랑하고 그렇기 때문에 유아가 최선의 것을 시행하기를 항상 바라시고 계신다. 그러나 유아가 최선을 다하지 않으면 하나님은 속상해하실 것이라는 것을 이야기한다. ❹ 하나님이 기뻐하시는 삶을 살기 위해 노력해야 함을 이야기한다.

활동 13. 어디서나 함께하시는 하나님

이런 것을 기대해요	• 하나님은 언제나 유아와 함께 계심을 알 수 있다.
함께 해보아요	❶ 하나님이 어디에 계실지 생각해본다. ❷ 하나님은 하늘에만 계신 분이 아니라 유아의 마음, 유아가 경험하는 모든 곳에 계심을 생각한다. ❸ 잡지나 신문에서 하나님이 함께하고 계실 것 같은 곳을 오린다. ❹ 하나님이 그곳에서 어떻게 하고 계실지 생각하여 글로 표현한다.

Chapter 4

유아의 신체발달과 교육

하나님께서는 유아의 발달단계를 계획하고 계신다. 신체발달은 인간의 성장과 발달의 출발점이며 전인발달의 방향을 결정하는 중요한 역할을 한다.
본 장에서는 유아의 신체발달, 유아의 신체발달 내용, 유아의 신체발달 지도방법 및 부모의 역할을 살펴보고 하나님께 영광돌리는 자녀로서 유아의 신체발달을 도모한다.

1 유아의 신체발달

1) 신체발달의 중요성

"예수님은 그 지혜와(정신적) 그 키가(신체적) 자라가며 하나님과(영적) 사람에게(사회적) 더욱 사랑스러워(정서적) 가시더라" 누가복음 2:52 말씀은 예수님은 인간의 전인적 영역에서 성장하셨다는 것을 나타내고 있다. 각각의 유아는 예수님처럼 정신적·신체적·영적·사회적·정서적으로 발달이 진행된다. 신체적 발달과 정신적 발달은 밀접한 관계가 있다. 특히 발달과정에 있는 유아에게 신체적 건강과 발달은 인간의 성장과 발달의 출발점이며 이후 사회성발달, 정서발달, 창의성 등 전인발달의 방향을 결정하는 중요한 역할을 하므로 신체발달은 매우 중요한 의의를 갖는다(김선경, 2003; 김은순, 2001; 방현식, 2003; 주종은, 2004; 홍지원, 1994).

2) 신체발달의 원리

> 주께서 내 장부를 지으시며 나의 모태에서 나를 조직하셨나이다 내가 주께 감사하옴은 나를 지으심이 신묘막측하심이라 주의 행사가 기이함을 내 영혼이 잘 아나이다 내가 은밀한 데서 지음을 받고 땅의 깊은 곳에서 기이하게 지음을 받은 때에 나의 형체가 주의 앞에 숨기우지 못하였나이다 내 형질이 이루기 전에 주의 눈이 보셨으며 나를 위하여 정한 날이 하나도 되기 전에 주의 책에 다 기록이 되었나이다(시편 139:13-16)

하나님께서는 유아의 발달단계를 계획하고 계시고 모든 유아들은 하나님의 계획에 따른 유아의 신체발달 원리를 따르고 있다. 따라서 각각의 유아는 신체발달 단계마다 나이에 적합한 활동과 모델을 필요로 한다. 이러한 신체발달의 원리를 살펴보면 다음과 같다(조희숙 외, 1994).

❶ 신체발달은 일정한 순서와 방향으로 이루어지고 있다

상부에서 하부로 즉, 두미방향(head-to-tail)으로 발달한다. 태아의 머리, 뇌, 눈이 신체 하부보다 먼저 발달하고 다른 부분에 비해 불균형적으로 크다. 또 영아는 신체의 하부보다 신체의 상부를 사용하는 것을 먼저 배운다.

중심에서 말초방향으로 즉, 신체의 중심 가까운 데서 먼 곳(near-to-far)으로 발달한다. 태아의 머리와 몸체는 팔다리보다 먼저 발달하며 팔다리는 손가락, 발가락보다 먼저 발달한다. 중추에 가까운 팔꿈치에서 손목까지 즉, 전반과 허벅지를, 그 후에 손과 발, 마지막으로 손가락과 발가락을 사용하는 능력이 발달한다.

전체활동에서 특수활동(mass-to-specific)으로 나타난다. 유아가 어떤 사물을 잡으려고 할 때 처음에는 무작정 마구 잡다가 차츰 손목, 손가락을 사용하여 잡게 되며 걸음걸이도 처음에는 부자연스러운 운동을 수반하지만 점차적으로 보행에 필요한 근육과 팔다리만을 사용하게 된다. 이와 같이 신체발달에서 일정한 순서와 방향이 있다. 발달의 전 단계는 다음 단계의 기초가 되며 한 단계에서 다음 단계로 이행한다는 것은 보다 높은 차원의 발달이 이루어짐을 뜻한다.

❷ 신체발달은 연속성과 적기성을 갖는다

신체의 성장은 개체의 내적 충동에 의한 연속적 과정으로 앞 단계의 변화를 기초로 하여 다음 단계의 변화가 이루어지는 연속적 관계를 갖는다. 그러나 신체의 각 부위에 따라 발달단계에 따라 속도가 일정하지 않다. 신체 각 부위 발달에 있어서는 그 시기가 같지 않으나 급증기와 정체기가 반복 교체해서 나타난다. 이와 같이 특정한 시기에 어떤 기관이나 기능의 발달이 급격히 진행되는데 이러한 시기를 “결정적 시기”라 한다. 이러한 시기에 정상적인 발달이 장애를 받으면 영구적인 결함을 지니게 되는 수가 많다.

❸ 신체발달은 개인차와 상호 관련성을 갖는다

모든 유아는 보편적인 순서에 따라 성장, 발달한다. 그러나 발달상의 속도뿐만 아니라 발달유형에도 개인차가 있으며 남녀의 성차이도 있다. 개인 내에서도 발달영역에 따라 그 속도 및 유형이 다르게 나타나는데 이 같은 개인차는 훈련방법, 동기유발, 학습기회, 연습량, 신체변화 등 여러 가지 요인에 의해 일어난다. 넷째, 신체발달은 유전적 요인과 환경적 요인의 영향을 받는다.

연령이 증가함에 따라 나타나는 변화는 유전적 요인과 환경적 요인의 결과이다. 예를 들어, 신체의 성장이나 운동기능이 선천적으로 뛰어나다 하더라도 이를 촉진시킬 적절한 환경적 여건이 제공되지 못한다면 만족스러운 발달을 기대할 수가 없는 것이다.

3) 유아의 신체발달 및 운동능력 발달

유아는 신체적 성장과 더불어 근육운동이 점차 분화되므로 이 시기의 유아는 이전에 할 수 없었던 여러 가지 새롭고 복잡한 활동을 할 수 있게 된다. 유아의 양육을 효과적인 방향으로 계획하고 실행하기 위해서는 유아의 발달특성을 정확하게 파악해야 한다. 따라서 유아의 신체발달과 운동능력 발달을 살펴보는 것은 의의 있는 일로 연령별 유아의 신체발달 및 운동능력 발달을 제시하면 다음과 같다(이항재·최민수, 2004; 조복희, 1996; 최보가 외, 2005).

(1) 3세 유아의 신체발달 및 운동능력 발달(25~36개월)

❶ 신체발달

신 장

신장이 지난해에 비해 평균적으로 7~8cm 정도 성장하게 되며 남아의 경우 36개월 기준으로 93cm 정도이고 여아의 경우 남아보다 1cm 정도 작다. 유아마다 성숙의 차이가 있음을 감안할 때 7~8cm 정도 평균보다 크거나 작은 것은 정상으로 보아야 한다.

몸무게

몸무게는 지난해에 비하여 2kg 이상 증가하여 남아의 경우 14.5kg 정도이고 여아의 경우 남아보다 0.5kg 가벼운 것이 정상이다. 몸무게는 일년 내에 꾸준히 성장하나 계절에 따라 차이가 있어 가을에는 성장속도가 다른 계절에 비해 빠르고 연초나 여름에는 다소 느리다. 몸무게도 신장과 마찬가지로 개인 간 성숙의 차이가 있으므로 평균 몸무게보다 3kg 정도 상하로 차이가 있는 것은 정상으로 보아야 한다.

머리둘레

신체발달에 있어 머리의 발달은 다른 신체기관에 비해 다소 늦은 편이다. 3세 때 머리가 차지하는 비중은 1/5을 차지하게 된다. 3세 남아의 평균 머리둘레는 50cm이고 여아는 49cm로 평균보다 2cm 정도 넓거나 좁은 것은 정상으로 보아야 한다.

❷ 운동발달

대근육 발달

걷기와 달리기

- 좀더 리듬감 있게 걷는다.
- 발 간격을 넓게 하여 걷는다.
- 팔과 다리를 서로 반대로 흔들 수 있다.
- 서두르는 듯한 걸음걸이가 달리기로 바뀐다.
- 발을 교대해가며 계단을 올라간다.
- 한쪽 발을 끌며 계단을 내려간다.
- 속도를 줄이거나 내면서 달릴 수 있다.
- 깨금발로 뛸 수 있다.
- 발끝으로 중심을 잡을 수 있으며 발끝으로 달릴 수 있다.

도 약

- 계단에서 뛰어내린다.
- 제자리에서 팔을 움직이지 않고 두 발로 10cm 이상 뛰어오른다.
- 팔 동작을 협응하여 바닥에 뛰어오른다.
- 좀더 효과적으로 뛸 수 있다.

한 발로 뛰기

- 상체는 움직이지 않고 한 발로 1~3번 정도 뛴다.

공 던지기와 받기

- 발은 움직이지 않고 상박을 긴장시키면서 공을 던진다.
- 팔을 바깥쪽으로 곧게 펼쳐서 공을 받으려고 한다.

페달 밟기

- 바퀴 있는 장난감을 조종은 거의 하지 못하면서 발로 밀면서 탄다.

소근육 발달

옷 입고 벗기

- 단순한 옷을 입고 벗는다.
- 큰 지퍼가 있는 옷을 잠그고 연다.

먹 기

- 숟가락을 효과적으로 사용한다.
- 도움 없이도 혼자 음식을 먹는다.
- 쟁반에 접시 같은 것을 올려놓고 안전하게 이동할 수 있게 된다. 즉, 스스로 타인을 위하여 작은 일이지만 시중을 들고, 하고자 하는 일을 이행하는 데 별 문제가 없게 된다.

기 타

- 손잡이를 돌리고 문을 연다.
- 큰 구슬을 꿴다.
- 원을 따라 그린다.
- 미숙하게나마 사각형을 따라 그릴 수 있다.

- 이 시기 유아는 길을 걸을 때 천천히 걷는 것을 싫어해서 동행한 어른보다 앞서서 뛰어가거나 자기가 관심 있는 것을 발견했을 때는 어른이 아무리 빨리 오라고 불러도 그 자리에 머문 채 오지 않으려 한다.
- 유아의 손 사용을 살펴보면 태어나서 2세까지는 오른손과 왼손을 같은 정도로 사용하게 되며, 3세부터 5세 사이에 어느 손을 주로 사용할 것인가가 결정된다.

(2) 4세 유아의 신체발달 및 운동능력 발달(37~48개월)

❶ 신체발달

신 장

남자 유아의 경우 평균신장은 4세 초에는 100cm 정도이며 4세가 끝나갈 무렵에는 104cm 정도가 되는데, 평균신장보다 8cm 정도 크거나 작은 것은 성숙의 차이가 있으므로 정상으로 보아야 한다. 여아의 경우 평균신장이 남아보다 1cm 정도 작다. 4세 유아의 신장은 태어날 때 신장의 두 배에 이르게 된다.

몸무게

4세 유아의 몸무게는 남아의 경우 15~17kg에 해당되며 여아는 통상적으로 남아보다 0.5kg이 가볍다. 이 시기의 몸무게 증가는 성인과 달리 지방조직의 증가가 아니라 뼈와 근육조직의 증가를 의미한다. 유아를 돌보는 사람은 유아가 정상체중에서 최대한 2~4kg이 더 나가거나 혹은 덜 나가지 않도록 늘 유아의 체중관리에 주의를 해야 한다. 활발한 동작활동을 꾸준히 하는 4세 유아는 0~3세와 비교할 때 신체가 날씬하기 마련이므로 영양공급에 유의하여야 한다.

머리둘레

신체부위 중 머리는 이제까지 가장 많이 발달한 신체부위에 해당하며, 머리둘레는 더 이상 증가하지 않고 다만 머리길이만 길어지게 된다. 그러나 내장기관, 예를 들어 심장의 경우 유아가 태어나서 20년 동안 계속해서 자라고 있음을 알 수 있다.

❷ 운동발달

대근육 발달

걷기와 달리기

- 4세에 접어들면서 신체를 제어하는 능력이 점점 발달하여 동작을 빨리 할 수 있을 뿐만 아니라 섬세한 동작도 할 수 있게 된다.
- 발을 교대해가며 계단을 내려간다.
- 원 모양의 선을 따라 걸을 수 있다.
- 평균대 위에서 불안정하게 걷는다.
- 좀더 자연스럽게 달린다.
- 발만으로 제자리에서 뛴다.

도 약

- 팔 동작을 바닥에서 뛰어오른다.
- 약 한 걸음 정도 멀리뛰기를 할 수 있다.
- 좀더 효과적으로 위로, 앞으로 뛸 수 있다. 즉, 더 먼 거리를 뛸 수 있다.

한 발로 뛰기

- 상체를 움직이면서 한 발로 4~6번 정도 뛴다.
- 4~8초 동안 한 발로 균형을 잡을 수 있다.

공 던지기와 받기

- 약간 몸을 돌리면서 공을 던지지만 발에 실은 무게는 거의 이동하지 않는다.
- 팔꿈치를 구부려 공을 받지만 가슴으로 받는다.

페달 밟기

- 세발자전거의 페달을 밟고 조종하며 빨리 달릴 수 있고 부드럽게 조종할 수 있다.

소근육 발달

옷 입고 벗기

- 큰 단추를 끼우고 푼다.
- 앞 단추를 채울 수 있다.
- 옷을 입을 수 있다.

먹 기

- 포크를 효과적으로 사용한다.
- 젓가락을 미숙하게나마 사용할 수 있다.

기 타

- 종이를 자르기 위해 가위를 사용하며 수직선과 원을 보고 베낀다.
- 원이나 십자가를 그릴 수 있으며 사람의 모습도 표현할 수 있는데 이 시기에는 머리와 다리가 붙어 있는 그림을 그리는 것이 통상적인 표현 방식이다.
- 사각형을 그릴 수 있다.
- 삼각형은 알아볼 정도로 그릴 수 있다.
- 우유 같은 액체를 큰 컵에서 자기 컵으로 흘리지 않고 옮겨 부을 수 있다.
- 점토놀이에서 평평한 케이크나 기다란 소시지 모양 등을 만들 수 있다.
- 적목을 10개 정도 이용하여 높게 탑을 쌓거나 적목 3개를 이용하여 교량을 설치할 수도 있다.

(3) 5세 유아의 신체발달 및 운동능력 발달(49~60개월)

❶ 신체발달

신 장

5세가 시작되면 남아의 평균신장이 105cm 정도에 이르며, 5세 말에는 약 111cm 정도가 된다. 여아의 경우 5세 초의 평균신장은 104cm이며, 5세 말에는 110cm에 도달하게 된다. 신장은 통상적으로 평균에서 5~6cm 정도 차이가 상하로 나는 것은 성숙의 시기가 각 유아마다 상이하므로 정상으로 보아야 한다.

몸무게

몸무게는 남아의 경우 19kg 정도가 되며 여아의 경우 남아보다 평균적으로 1.3kg 정도 가벼운 것이 정상이다.

수면시간

5세 유아의 평균 수면시간은 10.5시간에서 12.5시간 사이인데 유아의 신체와 신경조직의 빠른 회복을 돕는 최선의 방법이 수면이기에 격렬한 운동이나 대근육 활동 후 낮잠을 1~2시간 정도 취하는 것은 신체 리듬상 필요하다. 또한 유아의 하루 신체 리듬의 흐름을 볼 때 활동능률이 최고조로 달할 때는 오전시간이므로 가능한 한 오전시간에 집중력 있는 활동이나 인지적인 활동을 하는 것이 효과적이다.

❷ 운동발달

소근육 발달

걷기와 달리기

- 바닥에 그려진 선을 따라 혹은 줄 위를 밟아가며 선 위를 정확하게 걸을 수 있다.
- 평균대 위에서 안정되게 걷는다.
- 달리는 속도가 증가한다.
- 더 부드럽고 빠른 속도로 깡충깡충 뛸 수 있다.
- 속도를 줄이기도 하고 빨리하기도 하면서 리듬감각을 가지고 신체활동을 할 수 있다.
- 계단을 달리다시피 오르내릴 수 있으며 몸무게 중심을 유지하기 위해 가능한 많이 신체를 균형 잡기 위한 연습을 스스로 많이 한다.

도 약

- 약 한 걸음 정도 위로 뛸 수 있다.

- 90cm 정도 멀리 뛴다.

한 발로 뛰기

- 줄넘기를 잘할 수 있다.

공 던지기와 받기

- 공을 튀기고 던질 수 있다. 몸을 많이 돌리고 발에 실은 무게를 이동시키면서 공을 던진다.
- 5세 말로 가서는 공을 던지고 받는 형태가 좀더 성숙해진다. 팔을 좀더 많이 움직이고 발을 앞으로 내딛으며 공을 던진다.
- 여유 있는 자세로 공이 날아오는 경로에 몸을 조절하면서 받으려고 한다.

페달 밟기

- 보조바퀴가 달린 두발자전거를 탄다.
- 신체적 활동을 원만히 촉진시키기 위해 넓은 공간과 놀이기구 등이 필요하다.

소근육 발달

옷 입고 벗기

- 작은 단추도 잘 채울 수 있다.
- 혼자서 옷을 벗고 지퍼를 열고 닫을 수 있다.

먹 기

- 음식을 자르기 위해 칼을 사용한다.
- 젓가락도 능숙하게 사용할 수 있다.

기 타

- 가위를 가지고 똑바로 직선거리를 자를 수 있다.

- 삼각형, 십자 모양, 몇 개의 글자를 보고 베낀다.
- 매듭을 맨다.
- 신발을 혼자 신는다.
- 사람을 그린다.
- 몇 개의 숫자와 간단한 단어를 쓴다.
- 운동신경의 발달로 컵에 담긴 물을 흘리지 않고 이동할 수 있으며, 자기 몸을 자신이 씻을 수 있고, 이도 스스로 닦을 수 있다.
- 만들기, 그리기, 스케치 등의 많은 활동을 가능케 하여 손의 근육을 발달시키게 되는데 이는 후에 초등학교에 가서 쓰기를 하는 데 중요한 준비요소가 된다.

2 유아의 신체발달 내용

1) 유아의 신체발달 목표

유아의 신체발달을 통해 유아들이 자신의 몸은 하나님의 거룩한 성전임을 깨닫고 청결하고 건강하게 잘 보존하도록 돕도록 하며(고린도전서 3:16-17) 예수님 안에서 새롭게 된 몸으로 하나님을 영화롭게 하도록(고린도전서 6:19-20) 도와주어야 한다.

가정에서 유아의 신체발달을 돕기 위한 교육목표를 살펴보면 다음과 같다.

- 하나님께서 주신 몸과 마음이 건강하게 자랄 수 있는 경험을 가진다.
- 하나님께서 주신 기본적인 오감각을 기르고 건강한 몸을 주신 하나님께 감사드린다.
- 하나님께서 주신 신체조절 능력을 발달시켜 다양한 활동에서 균형 잡힌 신체기술을 사용할 수 있다.
- 하나님께서 거하시는 우리의 몸과 마음을 청결하고 건강하게 유지하는 건강생활습관을 갖는다.

◎ 하나님께서 주신 몸을 안전하게 지키기 위해 안전한 생활에 필요한 지식을 익힌다.

2) 유아의 신체발달 내용

유아교육현장에서 유아들이 몸으로 여러 가지 감정과 상황을 표현해보도록 하는 것은 아주 중요하며 또한 몸을 통하여 하나님을 찬양하도록 교육하는 것은 필연적인 교육내용이 되는 것이다. 따라서 춤을 즐기는 유아들의 환경을 구성하는 일이 교사의 몫이다(총신대학교 부속유치원 편, 2004). 유아의 신체발달을 위한 교육내용을 현행 6차 유치원 교육과정에서 제시한 건강생활 내용 중에서 감각운동과 신체인식, 기본운동능력과 표현생활영역의 동작으로 표현하기, 통합적으로 2표현하기; 극놀이로 표현하기를 중심으로 살펴보고자 한다.

[표 4-1] 6차 유치원 교육과정의 건강생활 내용과 성경적으로 통합된 내용

구 분	교육부 건강생활·표현생활 내용	성경적으로 통합된 내용
감각운동 및 신체인식	• 감각기관을 활용하기	• 하나님이 주신 오감각과 신체기관을 활용하기
	• 신체를 인식하고 움직이기	• 하나님이 창조하신 우리 몸을 인식하고 움직이기
기본운동능력	• 이동운동 하기 • 비이동운동하기	• 하나님이 주신 신체조절 능력을 사용하고 발달시키기
	• 조작운동 하기 • 신체활동에 참여하기	• 신체활동에 즐겁게 참여하기
표 현	• 동작으로 표현하기	• 하나님이 주신 오감각과 신체기관을 활용하여 주변의 여러 가지 모양과 움직임을 따라해 보기
	• 통합적으로 표현하기	• 다양한 소재에 대한 생각과 느낌을 음악, 조형 동작으로 통합하여 표현하기
	• 극놀이로 표현하기	• 간단한 이야기나 상상한 것을 극화해보기

(1) 건강생활

❶ 감각운동 및 신체인식

"사람들이 예수의 만져주심을 바라고 자기 어린 아기를 데리고 오매 제자들이 보고 꾸짖거늘 예수께서 그 어린아이들을 불러 가까이하시고 이르시되 어린아이들이 내게 오는 것을 용납하고 금하지 말라 하나님의 나라가 이런 자의 것이니라(누가복음 18:15-16)" 예수님은 어린이들을 감각적으로 이해하셨음을 알 수 있다. 우리의 감각은 하나님이 우리에게 주신 능력으로 유아는 감각을 사용하여 하나님의 창조세계를 배워간다. 즉, 유아들은 보고 만지고, 듣고, 냄새 맡고, 맛보는 오감각을 사용하여 하나님이 창조하신 창조세계에 적극적으로 참여하고 창조세계에 대해 바르게 지각하고 좀더 구체적으로 배워간다. 그러므로 하나님이 주신 감각기능을 활용하여 유아가 주변환경을 바르게 알고 감각기능을 토대로 대·소근육이 발달하는 결정적 시기에 감각기관과 신체부분과의 협응력을 높이도록 환경 및 활동을 제공한다(총신대학교 부속유치원 편, 2004). 하나님이 주신 우리 몸은 계속 자라며(누가복음 2:52), 건강한 몸으로 자라기 위해서는 우리의 몸에 대한 지식이 필요하다. 하나님이 우리의 몸을 어떤 모습으로 만드셨는지 신체의 특징을 알아보고 우리 몸의 각 부분이 어떤 기능을 하는지 유아 자신의 신체에 관하여 긍정적인 인식을 형성한다.

가바드(Gabbard, 1988)는 신체활동의 원칙을 신체의 움직임 인식하기, 기본운동기능 익히기, 건강과 관련된 신체능력 기르기로 제시하였다. 이중에서 신체의 움직임을 인식하기는 운동기능을 수행하고 효율적으로 움직이는 지각운동 능력을 구성하는 신체인지, 공간인지, 방향인지, 균형감인지, 시간인지, 시각인지, 청각인지, 촉각인지를 통하여 움직임을 익혀나가도록 해야 한다. 신체인지는 신체개념이나 신체지식으로 자신의 신체부위의 위치와 신체부위 간의 관계에 대한 내면화된 지식이다. 공간인지는 신체인식에 기초하여 유아들이 자신의 물체의 위치, 물체 간의 위치, 공간 속에서의 신체위치를 인식하여 더 많은 정보를 얻게 하는 것이다. 방향인지는 신체의 양측성과 외적 공간의 차원을 이해하는 방향성에 대한 내면화된 지식으로 왼쪽/오른쪽, 위/아래, 안/밖, 앞/뒤/옆과 같은 공간차원을 이해하는 것이다. 균형감인지는 균형감과 관련된 신체위치에 대한 감각능력이다. 시간인지는 협응과 리듬을 요구하는 시간적인 메커니즘을 이해하는 능력이다. 모든 움직임은 시·공간적인 상호관계에 대한 이해가 있어야 하고 눈·손 협응, 눈·발 협응, 리듬인식이 필요하다. 청각인지는 모든 학습상황에 전제가 되는 청각적인 자극을 해석하고 변별하는 능력으로 신체활동 교육은 청각적인 분별, 소리위치, 청각장면의 지각을 위한 매체이다. 촉각인지는 신체표면을 통하여 감각을 해석하는 능력으로 물체를 조작하고 만져봄으로써 촉각적인 지식이 증가한다. 소근육과 대근육 운동과제가 촉감을 통하여 학습되어야 한다(황순각, 2000, 재인용). 따라서 하나님이 주신 감각기능을 활용하여 유아가 주변환경을 바르게 알고 감각기능을 토대로 대·소근육이 발달하는 결정적 시기에 감각기관과 신체부분과의 협응력을 높이도록 환경 및 활동을 제공해주어야 한다.

❷ 기본운동능력

기본운동능력이란 신체를 효율적으로 움직이는 데 필요한 운동능력이다. 기본운동 기술이 형성되지 않으면 다른 신체활동을 성공적으로 수행할 수 없을 뿐 아니라 인지, 정서, 사회성 등 발달의 모든 영역에 영향을 주게 된다. 유아기에 형성한 기본운동능력은 이후에 보다 정교하고 복합적인 운동능력을 발달시키는 기초가 된다. 기본운동능력은 저절로 획득되는 것이 아니라 충분한 경험을 통해 성숙되므로 유아의 신체운동 기능을 발달시켜 기본적인 운동능력을 향상시켜야 한다. 유아기 때 기본운동능력을 형성하기 위한 유아기 신체활동의 영향은 [그림 4-1]과 같다(Gallahue, 1996; 이순례·조인숙; 2002, 재인용).

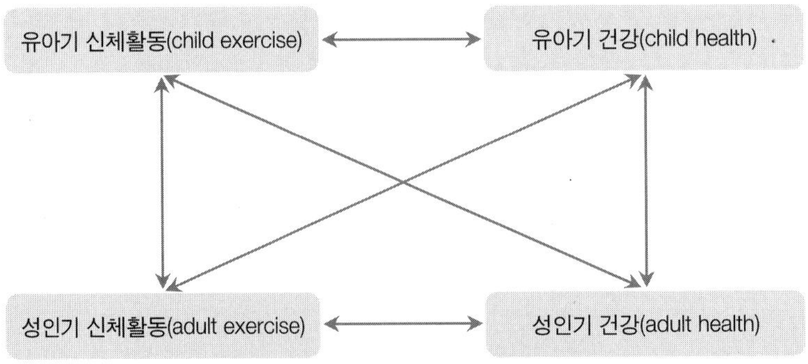

[그림 4-1] 유아기 신체활동의 영향

[그림 4-1]에 의하면 유아의 신체활동은 유아의 건강한 생활과 상호관련이 있으며, 유아의 신체활동과 건강은 성인이 된 후의 신체활동과 건강으로 이어진다는 것이다. 즉, 어려서부터의 활발한 신체활동은 건강한 아이로 자라게 하고 건강한 아이는 활발한 신체활동을 하며 성인이 된 후에도 지속적인 신체활동을 통해 건강을 유지한다는 것이다. 따라서 유아들이 신체활동에 대한 긍정적인 태도를 갖고 적절한 경험을 할 수 있도록 교육기회를 제공하는 것이 필요하다. 기본동작 활동에는 동작활동에 대한 이해와 흥미를 가지고 감각적인 틀을 형성하는 준비동작과 항상 한 곳에서 다른 곳으로 공간을 돌아다니는 이동동작, 그리고 한 장소에 머물러 움직이는 비이동동작, 신체와 물체와의 관계에서 일어나는 조작적 동작이 있다. 이중에서 준비 동작이란 다른 학습에서 유아의 준비가 필요한 것처럼 신체활동에서도 근육의 단련에 대한 유아의 이해와 흥미를 준비시켜 주는 동작들을 의미한다.

이 단계에서 신체활동을 통해 습득해야 할 기본 개념은 다음과 같다(류진희 외, 2001).

- 신체부위의 명칭을 알아야 한다.
- 공간개념을 이해할 수 있어야 한다.
- 자신의 신체를 조절할 수 있어야 한다.

유아기에서 아동기를 거치면서 운동기능은 주로 비이동성 혹은 안정성(stability), 이동성(locomotor), 조작적(manipulative) 능력을 다루게 된다.

첫째로 안정성이란 안정성 있는 대근육 운동을 통해 운동의 기초기능을 익히며, 공간 속에서 신체를 균형 있게 움직이게 되는 것을 말한다. 이것은 주로 혼자 하는 운동으로 굽히기, 돌기, 잡기, 비틀기, 흔들기 등의 비이동동작과 바닥에서 떨어져 있는 물체 위에서 균형 유지하기 등의 활동이 포함된다. 안정성 능력의 발달은 기초적인 이동능력을 증진시키며 신체를 효율적으로 움직일 수 있고 바른 자세를 형성하도록 돕는다.

둘째로 이동(locomotion)운동은 공간의 높이를 변화시키면서 몸을 자유롭게 조절할 수 있는 능력이다.이런 운동에는 걷기, 달리기, 한 발 교대로 앙감질하기, 뛰어오르기, 미끄러지기, 스키핑(skipping), 오르기, 말처럼 뛰기, 뛰어넘기 등의 활동이 있다. 이동운동은 자연스럽게 습득되는 것으로 이동성 운동을 통해 유아는 그들의 세계에서 효과적으로 움직일 수 있고 즐거움을 경험하게 된다.

셋째로 기본운동능력으로 대근육 조작운동이다. 활동의 예는 차기, 던지기, 잡기 등의 활동에 기초가 된다. 이런 운동을 통해 유아는 그들 세계에 있는 물체들과 접하고 조절하면서 더욱 활동적인 신체활동을 할 수 있게 된다. 그러므로 유아기에는 안정감, 이동성, 대근육 조작력이 상호작용하여 기본운동능력을 증진시킬 수 있는 적절한 활동이 제공되어야 할 것이다(이기숙, 2000).

Gallahue(1993)는 유아의 기본운동능력을 비이동능력, 이동운동, 조작운동으로 나누고, 이에 포함되는 활동들을 다음과 같이 제시하였다(황순각, 2000, 재인용).

[표 4-2] 기본운동능력

비이동운동	이동운동	조작운동
구부리기 뻗 기 꼬 기 회전하기 흔들거리기 서있기 거꾸로 서기 구르기 착지하기 멈추기 피하기	걷 기 달리기 두발 모아 뛰기 앙금질 스키핑 미끄러지기 뛰어넘기 오르기 말뛰기	던지기 받 기 차 기 튀긴 공 잡기 때리기 공이 땅에 닿기 전 되차기 튀기기 공 구르기

비이동운동은 인간 움직임의 가장 기본적인 형태로써 모든 효율적인 움직임의 기초이며 이동운동과 조작운동을 가능하게 하는 동작이다. 이동운동이 효율적으로 이루어지기 위해서는 비이동운동의 기본기능이 먼저 숙달되어야 한다. 조작운동은 대근육과 소근육 운동에 해당되는 것으로 대근육 조작기능이 우선적으로 습득된 다음 소근육 조작기능이 습득되도록 지도하는 것이 바람직하다(황순각, 2000).

이상에서 제시한 유아의 신체발달 내용을 바탕으로 기본운동능력을 성경적 접근으로 제시한다면 움직임은 하나님에 의해 고안, 창조되었고 유지되고 있다는 사실을 유아가 깨달아야 된다는 것이다. 움직임은 살아계신 하나님의 임재와 능력의 표시로 우리는 결코 하나님으로부터 멀리 떨어져 있지 않다. 우리는 하나님 안에서 살고 움직이고 존재한다(사도행전 17:28). 움직임은 우리에게나 비그리스도인에게나 동일하지만 그 의미는 전적으로 다르다. 지금 운동은 하나님의 계시와 그 분에게 반응할 수 있는 통로로써 하나님이 의도하신 기능을 되찾는 것이다. 사실 움직일 수 있는 자유는 주님으로부터 받은 큰 선물이다(총신대학교 부속유치원 편, 2004; Greene, 2000; 현은자 외 역, 재인용). 따라서 유아는 하나님의 선물인 다양한 신체활동을 일상생활 속에서 경험함으로써 즐거움과 성취감을 느끼며 궁극적으로는 이러한 능력을 주신 하나님께 영광을 돌려야 한다.

(2) 표현생활

하나님은 몸을 움직이면 더 즐겁고 그 즐거움으로 하나님을 찬양하고 영광을 돌릴 수 있도록 사람을 만드셨다(총신대학교 부속유치원 편, 2004). 표현생활영역에서는 신체를 이용하여 동작으로 표현하기, 통합적으로 표현하기, 극놀이로 표현하기 등 창의적인 생각과 느낌을 표현하는 능력을 포함한다.

3 유아의 신체발달 지도방법 및 부모의 역할

1) 유아의 신체발달 지도방법

예수님 안에서 새롭게 된 우리의 육과 영의 통합체인 몸을 귀하게 생각하고 소중하게 관리하며 우리의 몸으로 하나님께 영광을 돌리기 위한 신체발달을 위한 교육방법을 살펴보면 다음과 같다.

첫째, 하나님이 계획하신 유아의 발달단계를 민감하게 고려하여 유아의 발달수준에 적합하고 흥미를 만족시킬 수 있는 다양한 활동을 준비한다.

둘째, 예수님이 다양한 실물을 사용하여 가르치신 것처럼 주변에서 쉽게 구할 수 있는 교수학습 자료를 준비한다.

셋째, 유아의 신체발달에 필요한 지식이나 태도, 기술들을 유아에게 단순히 제공하는 것에 그치지 않고 상황을 적절히 활용하여 질문과 대답을 통한 대화를 많이 사용한다.

넷째, 유아가 실제 경험을 통해 직접 경험하여 스스로 배우도록 활동 중심, 경험중심으로 가르친다. 이것은 유아들에게 건강에 관련된 지식이나 기술, 태도를 가르칠 때 언어, 수, 과학, 미술활동 등 분리된 교과로 가르치는 것이 아니라 유아들이 항상 경험하는 일상생활의 다양한 학습상황을 학습경험으로 활용하는 방법으로 통합적 접근방법에 의한 교육이다(정미라 외, 1999).

교육현장에서 활용되는 다양한 신체활동의 접근방법은 움직임의 기본요소를 중심으로 기본 움직임을 탐색하고 실험해보는 신체적 접근방법과 체계적인 기본 움직임보다는 창의적 표현을 보다 강조하는 극적인 접근방법, 통합적 접근방법이 있다(서울특별시 교육청 유치원 에듀케어지원센터 편, 2005).

(1) 신체적 접근방법

신체적 접근방법이란 움직임의 기본요소를 중심으로 상상력 없이 기본동작과 신체능력을 탐색하고 실험해보는 방법이다. 이러한 접근방법은 개인이 신체를 활용하여 일생 동안 광범위하고 다양한 기본동작을 효율적으로 수행하기 위해 각각의 단계에서 운동능력을 증진시키는 환경을 마련하고 개별적으로 적합한 동작과제를 수행하는 것이다.

신체적 접근방법을 이용한 교수방법은 신체를 이용하여 스스로 자기 신체와 동작을 탐색하게 하는 방법으로 활동을 계획할 때 동작의 기본요소를 기초로 하여 문제상황이나 활동의 주제를 삼는다.

(2) 극적 접근방법

극적 접근방법은 유아가 가상적 상황이나 행동을 상상하여 극화하면서 움직여보게 하는 교수방법이다. 이러한 극적인 접근방법은 '~하는 척하기'나 '어떤 것이 되어보기' 등을 이용한 방법으로 유아가 자신의 신체능력을 충분히 탐색하여 움직임을 자유롭게 조작할 수 있는 능력이 얻어진 후에 활용하는 것이 바람직하다.

(3) 통합적 접근방법

통합적 접근방법이란 신체적 접근방법과 극적인 접근방법을 통합하여 교육하는 방법으로 동작교육이 통합적이고 융통성 있게 전개될 때 보다 효과적이라는 여러 연구결과를 바탕으로 최근에 많이 강조되고 있다.

이상에서 제시한 신체활동의 접근방법을 종합하여 효과적인 접근방법을 정리하면 다음과 같다(류진희 외, 2001).

- 신체의 각 부분을 탐색하고 운동능력을 실험해볼 수 있는 기회를 준다. 신체활동의 진행 시 반드시 신체의 부분을 탐색할 수 있는 활동을 계획하여 자신의 신체를 충분히 이해한 후 운동능력을 발휘하도록 한다.
- 유아의 자발적인 문제해결 능력에서 출발하여야 한다. 교사가 계획한 기술 위주의 신체활동 프로그램을 일방적으로 전달하기보다는 유아가 움직임의 방법을 찾아내고 자신의 운동능력을 적절히 전개하면서 문제를 해결하도록 계획되고 진행되어야 한다.
- 운동능력의 발달단계 및 개인차를 고려하여 지도한다. 교사는 신체활동의 계획 시 유아의 신체발달과 운동능력에 대한 전반적인 지식과 개인적인 차이를 충분히 이해하고 활동 중에도 계속하여 유아 각 개인의 운동능력이나 발달상태를 점검하고 이를 활동에 반영하여야 한다. 유아가 가능한 자신의 능력범위 내에서 다양하게 신체를 움직이도록 하고 이를 통하여 기본적인 운동능력이 충분히 습득되었을 때 단계적으로 수준 높은 활동을 진행하여야만 신체발달에 도움을 주고 유아 자신도 성취감과 만족감을 갖게 된다.
- 구체적인 운동기술을 명확하게 지도한다. 특정한 운동기술을 제시할 때는 유아

의 능력에 맞게 설정된 목표수준에 달성할 수 있도록 구체적이고 명확하게 제시해주어야 한다. 언어적으로 지시하거나 사진이나 그림자료의 사용, 또는 교사의 직접적인 활동제시를 통하여 유아들이 활동의 정확한 동작과 요령을 익힐 수 있도록 돕는다.

- 유아에게 적절한 기구를 활용하여 지도한다. 직접적인 신체활동 이전에 유아가 기구를 충분히 관찰하고 탐색할 기회를 줌으로써 기구의 성질을 이해하고 기구를 친숙하게 받아들이며 기구사용의 올바른 방법과 다양한 방법을 스스로 찾는데 도움을 주어야 한다.
- 유아의 신체는 어른에 비해 골격, 근육, 순환계 등이 미성숙 상태이므로 안전성을 고려하여 지도한다.

2) 부모의 역할

(1) 부모의 역할

성경적 신체발달 교육을 실시하기 위한 부모의 역할에서 부모가 잊지 않아야 할 점은 유아에게 일어나는 모든 교육적인 변화, 즉 교수-학습에 있어 그 활동과정을 주관하시는 분은 부모나 유아가 아니라 바로 온 우주의 중심이 되시는 하나님이시라는 것이다. 코메니우스(Comenius)는 그의 저서 어머니학교의 소식에서 사람들은 건강한 육체에서 건강한 정신을 갖도록 기도할 뿐 아니라 그것을 위해 수고해야만 한다고 하였다. 왜냐하면 하나님은 그 수고하는 자에게 축복을 내려주시기 때문이라고 하였다. 그러나 유아들은 그것에 대하여 스스로 수고할 수 없고 자기 자신에 대하여(특히 1세의 어린이는 말할 것도 없다) 기도할 수 없다. 그렇기 때문에 부모는 그들에게 세상에 대해 알려주고 건강하게 키우며 하나님을 경외하도록 부지런히 수고해야 할 책임이 있다고 하였다. 무엇보다도 아이가 발랄하고 건강하지 않다면 부모는 그들을 교육할 수 없으므로 부모는 우선 아이를 건강하게 키우도록 애써야 한다며 다음과 같은 권고를 하였다(정일웅 역, 2001).

생명은 불과 같기 때문에 공기나 끊임없는 움직임이 없다면 곧 꺼지고 만다. 그러므로 아이들도 매일 움직이는 것이 필요하다. 그리고 부모는 아이들이 매일 움직

> 일 수 있는 여건을 만들어주어야 한다. 아이들이 혼자 달리거나 유모차를 탈 수 있기 전에 요람이 있다. 조금 더 성장한 후에 발로 걷게 되었을 때는 달리고 뛰게 하거나 무엇인가를 하게 해야 한다. 아이들이 뛰고 무엇인가를 할수록 잘 자고 잘 일어나고 몸이나 정서가 활발하고 민첩하게 된다. 다만 그들에게 해가 되는 일이 없도록 주의하는 일이 필요하다. 그리고 그들이 뛰고 무엇인가를 연습할 수 있는 확실하고 안전한 장소를 제공해야 하며 다치지 않고 노는 법을 알려주고 그들을 감시할 수 있는 사람을 항상 대기시켜 놓아야 한다.

코메니우스의 견해를 토대로 유아의 신체발달을 도와주기 위한 부모의 역할을 정리하면 다음과 같다.

첫째, 부모들은 자녀들이 건강한 육체에서 건강한 정신을 갖도록 기도할 뿐 아니라 그것을 위해 수고해야만 한다.

둘째, 부모들은 성경적 관점에서 신체발달의 장·단기 목적, 목표와 계획을 수립하는 계획자로서의 역할을 수행하여야 한다.

셋째, 가정과 유아교육기관, 교회에서의 교육과 생활이 연계성을 가져야 한다.

넷째, 부모들은 자녀의 신체와 동작에 대해 이해하고 인식하는 연구자의 역할이다.

다섯째, 부모들은 유아들이 충분히 동작활동을 경험할 수 있는 다양한 기회를 주어야 한다.

여섯째, 부모들은 사전에 유아들이 충분한 신체활동을 할 수 있는 안전한 환경을 구성해주고 필요한 소품을 제공해주는 환경조성자의 역할이다.

일곱째, 부모들은 구체적인 신체활동이 계획되면 유아들이 효과적으로 경험할 수 있도록 시범자 및 참여자의 역할을 한다.

여덟째, 부모들은 활동 중에는 면밀히 관찰하고 활동 후에는 유아들과 함께 평가하는 관찰자 및 평가자의 역할을 실천한다.

(2) 부모가 신체활동 지도 시 가져야 할 태도

- 일상생활에서 자연스럽게 활동할 수 있도록 수용적이고 융통성 있는 활동계획을 수립한다.

- 신체활동 시 유아들의 능력과 발달의 개인차를 고려한다.
- 신체활동 시 유아가 가능한 한 공간을 모두 활용하도록 알려준다.
- 활동 시 부모들은 유아들의 활동을 쳐다보기보다는 유아와 함께 움직인다.
- 창의적인 신체활동을 이끌어내기 위하여 적절한 음악을 활용한다.
- 여러 가지 도구를 이용하여 신체표현 활동을 도와야 한다.
- 유아의 확산적 사고를 위하여 자유롭게 이야기하고 생각하게 한다.

(3) 신체활동 시 부모의 언어

- 신체활동에 대하여 간단하면서도 분명하게 지시한다.
- 신체활동에 대하여 구체적이고 논리적으로 설명한다.
- 유아의 창의적 표현과 움직임을 끌어낼 수 있도록 확산적 질문을 한다.
- 유아가 새로운 문제해결 방법을 생각하게 하는 질문을 한다.
- 활동주제에 대한 토의와 의견교환이 자유롭게 이루어지도록 격려한다.
- 유아에게 잘한 점을 구체적으로 표현해 칭찬해준다.

성경적 신체발달 교육을 실시하기 위한 부모의 역할에서 부모가 잊지 않아야 할 점은 성령 하나님의 개입을 절대적으로 인식하고 의지해야 한다. 유아에게 일어나는 모든 교육적인 변화, 즉 교수-학습에 있어 그 활동과정을 주관하시는 분은 부모나 유아가 아니라 바로 온 우주의 중심이 되시는 하나님이라는 것이다.

4 유아의 신체발달을 위한 활동

아빠, 엄마와 함께하는 여러 가지 신체활동들로 제시된 모든 신체활동을 통해 아빠, 엄마와의 친밀감과 사랑, 믿음을 키울 수 있다.

활동 1. 머리를 아래로 아래로(아빠와 함께해요)

이런 것을 기대해요	• 신체의 평형성을 기른다. • 머리를 거꾸로 하여 뇌를 자극하기 때문에 기억력과 사고력을 키운다. • 감기를 예방할 수 있도록 내장의 위치를 바로잡을 수 있다. • 하나님이 거하시는 장소인 우리 몸의 병을 예방하여 건강한 몸을 기른다.
필요한 것이 있어요	방 석
함께 해보아요	방석 위에서 유아의 머리가 바닥을 향하게 하고 아빠는 유아의 다리를 완전히 감싸 고정시켜 주어야 한다. ❶ 1단계 : 아빠가 유아의 두 다리를 잡은 상태에서 유아는 두 손을 바닥으로 향하게 한 후 균형을 잡아본다. ❷ 2단계 : 유아는 한 손은 바닥에 한 손은 허리에 대고 균형을 잡아본다. ❸ 3단계 : 유아는 두 손을 허리에 올리고, 머리를 바닥으로 향한 후 균형을 잡아본다(이때 아빠는 유아를 완전히 들어올려 주어야 한다).
참고사항	• 1, 2, 3단계 모두 아빠의 겨드랑이에 아이의 다리를 꽉 잡아 고정시켜 주어야 한다. • 어린 유아들은 엄마와 함께할 수 있지만 만 4, 5세 유아는 아빠와 함께할 수 있도록 한다. 

활동 2. 균형을 잡아보세요

이런 것을 기대해요	• 하나님이 주신 신체조절 능력을 사용하고 발달시킨다. • 신체의 평형성을 기른다.
필요한 것이 있어요	얇은 이불 또는 두꺼운 이불, CD 플레이어
함께 해보아요	❶ 1단계 - 아빠는 바닥에 양 팔꿈치를 대고 완전히 엎드린다. - 유아는 두 손으로 아빠의 등을 짚는다. - 다리는 뒤로 높이 올려 균형을 유지한다(이때 유아의 다리는 엄마가 잡아준다). ❷ 2단계 - 유아는 한 손으로 아빠의 등을 짚는다. - 다리는 뒤로 높이 올려 균형을 유지한다(한 번은 오른발, 한 번은 왼발을 들어 균형을 유지해본다. 이때 엄마의 도움 없이 한다).
참고사항	• 팔의 근력이 어느 정도 이루어졌을 때 2단계를 할 수 있도록 한다. 

활동 3. 고무줄 뛰어넘기

이런 것을 기대해요	• 하나님이 창조하신 우리 몸을 인식하고 움직일 수 있다. • 신체의 민첩성과 심폐지구력을 기른다. • 리듬에 맞추어 뛰어넘기를 할 수 있다.
필요한 것이 있어요	CD 플레이어(경쾌한 클래식), 긴 고무줄 또는 리본끈
함께 해보아요	미끄럽지 않은 곳에서 활동한다. ❶ 아빠와 엄마가 두 개의 고무줄(리본끈)을 평행이 되게 잡고 마주앉는다. ❷ 유아는 줄 사이에서 두 발을 모았다가 벌렸다가 하며 뛰어본다. ❸ 어느 정도 익숙해지면 아빠와 엄마와 손을 잡고 함께 뛰어본다. 옛날 고무줄놀이를 생각하면 훨씬 쉽게 이해되리라 생각한다. 고무줄을 의자에 연결시켜 놓고 유아와 엄마가 손을 잡고 노래를 부르거나 숫자를 세고 뛰면서 줄을 밟았다가 다시 밖으로 뛰어본다. 또한 유아와 함께 정한 다양한 방법으로 두 줄 사이를 뛰어본다. ❹ 엄마, 아빠와 함께 음악에 맞추어 즐거운 시간을 주신 하나님께 감사하는 마음을 갖도록 한다.
참고사항	• 줄을 너무 높게 잡지 않는다. • 유아의 상황에 따라 높이를 조절한다. • 고무줄로 할 경우 줄을 다리에 걸고 할 수도 있다. 

활동 4. 의자에 앉아서 공을 튕겨보아요

이런 것을 기대해요	• 하나님이 주신 몸을 움직이며 기쁨을 느낀다. • 신체의 평형성과 민첩성을 기른다. • 신체와 공과의 거리, 힘을 스스로 조절할 수 있다. • 아빠, 엄마와 함께 즐겁게 놀이할 수 있다.
필요한 것이 있어요	바퀴 달리지 않은 의자, 공, A4 종이
함께 해보아요	❶ 우선 의자에 앉기 전 아빠, 엄마와 함께 거실에서 공을 튀기고 받기를 해본다. ❷ 바닥에 선을 그려 놓고 선 위에 걸어가며 공을 튀기고 받기를 해본다. 의자에 공을 가지고 앉아본다. ❸ 허리를 곧게 펴 공을 두 손으로 잡은 후 공을 잡은 두 손을 높이 올린 후 바닥에 공을 살짝 떨어뜨린다. ❹ 유아는 의자에 앉고 의자 앞에 아빠(엄마)가 앉아 팔을 동그랗게 한 후 그 동그란 곳에 유아가 공을 넣어보도록 한다. ❺ 어느 정도 익숙해지면 의자 앞부분 바닥에 A4 종이에 큰 동그라미나 유아가 그리고 싶은 그림을 그린 후, 공을 튕겨 맞춰보는 활동도 함께 해보도록 한다. ❻ 아빠, 엄마와 함께 운동하면서 친밀감을 형성할 수 있는 마음을 주신 하나님께 감사하는 마음을 표현하도록 한다.

<table>
<tr><td>참고사항</td><td>• 의자가 너무 높지 않으면 의자 위에 서서 활동을 해볼 수 있다.

</td></tr>
</table>

활동 5. 발에 묶인 풍선을 잡아보아요

이런 것을 기대해요	• 하나님이 주신 몸의 각 기능을 발달시킨다. • 집중력과 자신감을 기른다. • 신체적성 능력을 기른다. • 지각운동 능력을 기른다.
필요한 것이 있어요	리본끈 또는 고무줄, 풍선, 동전
함께 해보아요	❶ 리본끈에 풍선을 연결하여 아빠(엄마) 발목에 고정시켜 준다. ❷ 풍선 안에 무게를 어느 정도 잡을 수 있도록 동전 1개를 넣어 풍선을 분다. ❸ 아빠(엄마)의 발이 유아에게 밟히지 않도록 주의하면서 유아가 아빠(엄마) 발에 묶인 풍선을 잡아보도록 한다. ❹ '즐겁게 춤을 추다가 그대로 멈춰라'의 노래를 부르면서 즐겁게 춤을 추면서 유아가 활동할 수 있도록 한다. ❺ 아빠(엄마)와 함께 놀이함으로써 신체의 기능을 발달시키고, 건강을 주신 하나님께 찬양하도록 한다.
참고사항	• 유아가 미끄러져 넘어지지 않도록 양말을 벗고 활동할 수 있도록 한다. 

활동 6. 베개를 이용한 샌드백 치기(아빠와 함께해요)

이런 것을 기대해요	• 다양한 신체능력을 주신 하나님께 감사드린다. • 신체의 민첩성과 유연성, 협응력을 기른다. • 팔의 근력을 기른다.
필요한 것이 있어요	어른용 베개(2개), 고무줄, 유아용 장갑
함께 해보아요	❶ 어른용 베개 2개를 고무줄을 이용하여 베개가 겹치도록 묶는다. ❷ 유아는 양손에 장갑을 낀다. ❸ 아빠가 권투의 기본 팔 동작을 시범 보인다. ❹ 아빠는 베개를 가슴 쪽으로 가져와 양손으로 베개 끝부분을 잡아 고정시켜 준다. ❺ 아빠가 들고 있는 베개에 유아는 팔의 힘을 조절하여 쳐본다. ❻ 아빠의 구령에 맞춰 쳐볼 수 있도록 한다. ❼ 아빠는 유아가 자신감을 가지고 즐거운 마음으로 할 수 있도록 긍정적인 말을 한다. ❽ 엄마, 아빠와 함께 즐겁고 행복한 시간을 갖는 일은 하나님께서도 기뻐하신 일임을 알도록 한다.
참고사항	• 베개에 줄을 연결시켜 길게 늘려 천장에 매달아 정말 샌드백을 치는 것처럼 만들 수도 있다. 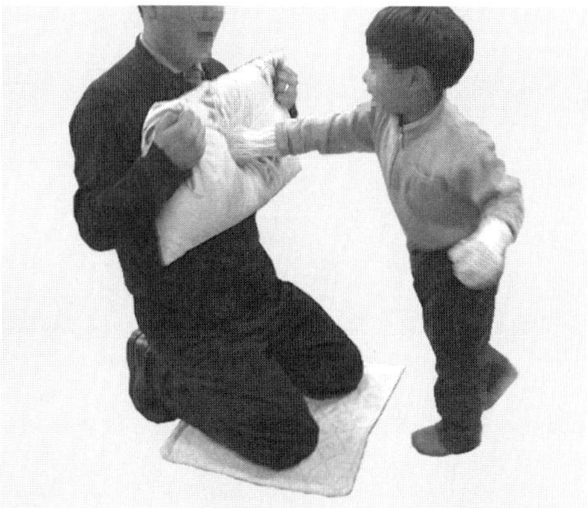

활동 7. 발을 이용하여 옮겨보아요

이런 것을 기대해요	• 하나님이 주신 신체기관을 활용하여 민첩성을 기른다. • 조작운동 및 눈과 발의 협응력을 기른다. • 협동심을 기른다.
필요한 것이 있어요	신문지, 스카치테이프, 큰 장난감통
함께 해보아요	❶ 신문지를 뭉쳐 아주 큰 공을 만들어본다. ❷ 뭉친 신문지를 스카치테이프로 고정시킨다. ❸ 뭉친 신문지공을 바닥에 놓은 후 유아는 발을 사용해서 신문지공을 장난감통에 넣어보도록 한다. ❹ 어느 정도 익숙해지면 아빠, 엄마, 동생, 누나 등과 함께 동그랗게 앉은 후, 신눈지공을 발로 집어 옆에 앉아 있는 아빠나 엄마에세 전달하여 장난감통에 넣어보는 활동도 할 수 있도록 한다. ❺ 하나님께서 우리 가족에게 건강한 몸을 주셔서 함께 운동할 수 있게 해주심을 감사드릴 수 있도록 한다.
참고사항	• 신문지를 뭉쳐 공을 만드는 것도 유아와 아빠(엄마)와 함께할 수 있도록 한다. 

활동 8. 신문지를 찢으면서 통과해 보세요(아빠, 엄마와 함께해 보세요)

이런 것을 기대해요	• 하나님이 주신 팔과 다리의 힘 조절능력을 기른다. • 이동운동 능력과 시간지각 능력을 기른다.
필요한 것이 있어요	신문지
함께 해보아요	❶ 유아와 함께 신문을 이용해 마음껏 구겨도 보고 찢어보기도 한다. ❷ 아빠와 엄마가 양쪽에서 잡고 있는 펼쳐진 신문지에 손을 이용하여 통과할 수 있도록 한다. ❸ 다리만 이용하여 펼쳐진 신문지를 통과할 수 있도록 한다. ❹ 온 몸을 이용하여 유아가 뛰어오면서 펼쳐진 신문지를 통과할 수 있도록 한다. ❺ 하나님이 주신 팔과 다리를 이용하여 여러 가지 활동을 할 수 있도록 해주심에 감사드린다.
참고사항	• 유아가 잡아보고 아빠(엄마)가 손과 발을 이용하여 펼쳐진 신문지를 통과할 수 있다. 

활동 9. 아빠의 옷을 입고 뛰어보아요

<table>
<tr><td>이런 것을 기대해요</td><td>• 공간을 이동하면서 하나님이 주신 신체를 다양하게 움직일 수 있다.
• 신체의 평형성과 민첩성, 순발력, 협응력을 기른다.
• 신체의 움직임을 제한하면서 모둠발로 뛸 수 있다.</td></tr>
<tr><td>필요한 것이 있어요</td><td>아빠의 와이셔츠 또는 아빠의 긴팔 T셔츠, 고무줄 또는 유아용 허리띠, 풍선</td></tr>
<tr><td>함께 해보아요</td><td>❶ 유아와 아빠(엄마)와 함께 풍선을 분다(5개 정도).
❷ 유아는 아빠의 와이셔츠 옷을 입고 그 속에 유아와 아빠(엄마)가 분 풍선을 집어넣고 무릎 정도에서 허리띠나 고무줄로 풍선이 빠지지 않도록 고정시킨다.
❸ 유아는 음악소리에 맞추어 신체의 움직임을 제한하면서 두 발을 모아 토끼처럼 깡충깡충 뛰어도 보고, 어느 정도 익숙해지면 한 발로 뛰어 볼 수 있도록 한다.
❹ 하나님이 주신 우리의 몸은 공간을 이동하면서 멋진 모습을 나타낼 수 있음을 알고 감사하는 마음을 표현하도록 한다.</td></tr>
<tr><td>참고사항</td><td>• 처음에는 걸어보기, 좀더 빠르게 걷기, 느리게 걸어보기, 그 다음 익숙해지면 두 발을 모아 뛰어볼 수 있도록 한다.
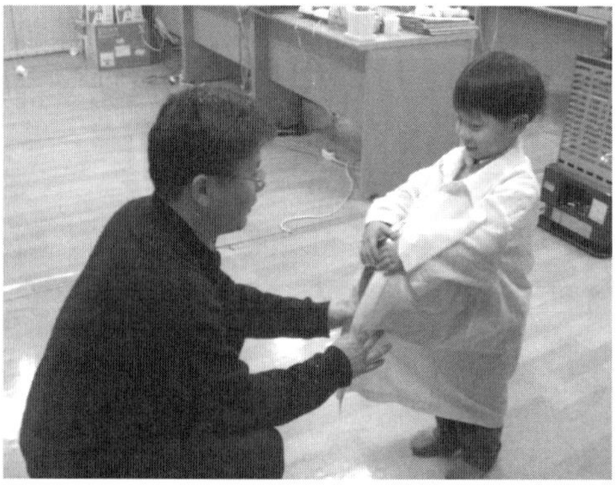</td></tr>
</table>

활동 10. 보자기를 이용하여 공을 통 속에 집어넣어 보아요

이런 것을 기대해요	• 신체활동을 통하여 하나님이 주신 신체 균형감각을 기른다. • 보자기 위에서 공이 떨어지지 않도록 함으로써 눈과 손의 협응력 및 균형감각을 익힌다.
필요한 것이 있어요	보자기, 중간 크기의 공 또는 작은 공, 큰 장난감통
함께 해보아요	❶ 유아와 엄마는 보자기를 잡고 흔들어본다. ❷ 보자기 끝을 잡고 줄다리기도 해본다. ❸ 유아는 엄마와 함께 보자기 끝을 잡고 왼쪽, 오른쪽, 위, 아래로 똑같이 움직여본다. ❹ 어느 정도 활동이 익숙해지게 되면 보자기 위에 공을 올려놓고 위로 튕겨본다. ❺ 보자기 위에 있는 공을 위, 아래로 움직여 유아, 엄마와 함께 호흡을 맞춰본다. ❻ 앞부분에 큰 통을 갖다 놓고 유아와 엄마는 보자기 위에 있는 공을 처음에는 천천히 걸어서, 그 다음에는 빨리 뛰어가며 통에 공을 골인시켜 본다. ❼ 흥겨운 노래를 부르며 그 노래에 맞추어 움직이며 활동할 수도 있다. ❽ 하나님이 주신 신체는 여러 가지 운동을 통하여 발달하므로 다양한 신체 움직임에 대하여 관심을 갖고 활동에 참여하도록 한다.
참고사항	• 유아가 미끄러지지 않게 양발을 벗고 활동한다. 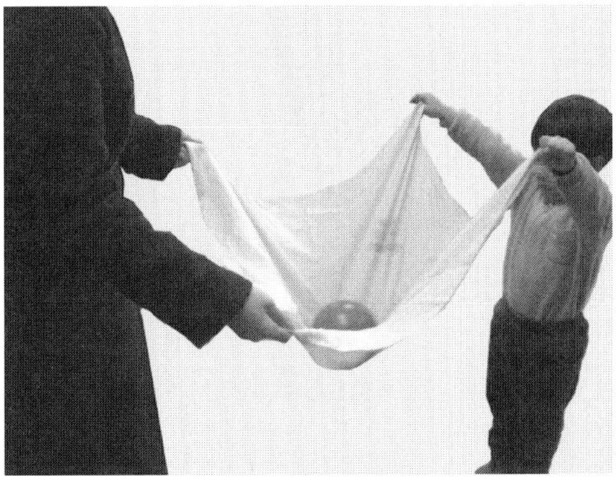

Chapter 5

유아의 사회성발달과 교육

자녀의 바람직한 사회성발달로 키우기에 있어서 부모들이 가져야 할 마음의 자세는
겸허한 마음으로 하나님의 은혜를 구하는 것이다. 우리의 부족함을 잘 아시는 하나님은
완벽한 부모를 기대하시는 것이 아니라 매사에 하나님의 세심한 은혜를 구하는 부모가 되기를 원하실 것이다.
하나님의 말씀은 교훈과 책망과 바르게 함과 의로 교육하기에 유익하며
하나님의 사람으로 온전하게 한다고 하셨으니(디모데후서 3:16-17) 말씀을 중심으로
유아의 사회성발달을 도모한다.

1 유아의 사회성발달

하나님은 이 세상을 창조하실 때부터 아담을 만드시고 난 후 "사람의 독처하는 것이 좋지 못하니 내가 그를 위하여 돕는 배필을 지으리라 하시니라(창세기 2:18)" 하시며 하와를 만드시고 돕는 배필로 주셨다. 하나님은 살아가는 데 혼자가 아닌 둘을 만드시고 연합하도록 만드셨다. 이렇듯 세상은 하나님의 뜻에 따라 혼자서는 살아갈 수 없으며 가족, 친구, 이웃과 어울려 살아가야 진정한 사회인으로서 성장할 수 있다.

사회인으로 성장하려면 어려서부터의 사회성발달이 잘 형성되어야 한다. 유아가 사회성발달이 잘 형성되었다는 말은 다시 말하면 사회성이 좋다는 말과도 같은데, 이는 남과 쉽게 사귀고, 집단생활이나 사회적인 활동을 즐기며 이웃과 잘 협동하고 인정이 많아 타인의 의견에 잘 동의하고 기질이 까다롭지 않고 원만하여 충돌하지 않고 우호적이며 비교적 많은 친구들을 갖는 특성을 보일 때 사용한다.

이정환(1993)은 유아기 사회성발달의 일반적 특징으로 여러 친구와 어울리기 시작하고, 잘 싸우고, 자기중심적이고, 성역할에 대해 인식하기 시작하고, 극놀이를 즐기며, 소집단의 놀이를 즐긴다고 이야기하고 있다.

교육학 대백과사전(1999)에서도 사회성발달(Social Development)에 대한 정의를 타인에 대한 의식이나 나의 머릿속에 존재하고, 나의 행동이 타인에 대한 의식을 전제로 하여 고려되고 통제될 수 있는 경우를 '사회성이 발달되어 있다'라고 한다. 그러므로 엄밀하게 말해 영아에게는 사회성이 없으나, 성장하면서 차츰 남을 의식하는 행동을 배우게 되는 것으로 밝히고 있다.

이런 사회성은 사회생활에 적응하는 성질로써 수많은 사회적 경험과 환경에서 이루어지는 사회화의 과정을 통해서 습득되는 인간성이라고 할 수 있다. 이러한 사회성의 발달을 바탕으로 유아의 사회화는 이루어진다고 볼 수 있다.

지글러(Zigler)는 사회화를 "개인이 타인과의 관계를 맺음으로써 사회적으로 적절한 행동 및 경험의 특유한 형식을 발달시켜 나가는 과정"이라 하였고, 맥넬(Mcnell)은 "사회적 자극에 대한 감수성을 획득하고 사회집단 내에서 다른 사람과 함께 행동하고 공존하는 것을 학습하는 과정"이라고 하였다. 사회화란 한 인간이 그 사회집단에서 인정되는 가치에 어울리는 사고방식과 행동방식을 습득해가는 과정이라고 할 수 있으며, 이런 과정은 유아의 연령이 증가함에 따라 복잡하고 다양한 형태로 이루어지게 되며, 일생 동안 계속적으로 진행된다(김수영 외, 1997).

그러므로 유아의 사회성발달은 사회의 한 구성원으로서 역할을 수행할 수 있도록 하는 것을 의미하며, 이는 사회적 존재로서 유아가 그 사회의 가치, 규범을 준수하고 문화에 적응하고 나아가 미래사회에 능동적으로 대처할 수 있는 능력을 기르는 것을 의미한다.

본 장에서는 사회성발달에 관한 제 이론들 가운데서 유아의 사회화를 성숙주의 이론, 사회학습 이론, 정신분석학적 이론에서 살펴보고, 유아기의 사회적 행동발달, 유아기 사회성발달의 단계별 특징, 유아의 사회성에 미치는 영향에 대해서 살펴보고자 한다.

1) 사회성발달 이론

(1) 성숙주의 이론

성숙주의 이론은 유아의 사회화를 생득적 요인에 의해서 설명하는 것이다. 게젤(Gesell)은 인간의 성장과 발달은 거의 전적으로 생득적인 요인에 의해 좌우된다는 결정적 입장을 취하고 있으며, 모든 성장은 사전에 결정된 유전적 요소로 구성된 성숙틀을 갖고 있으며 환경적 요인은 단지 이를 지지해주거나 수정을 할 뿐 발달의 영향을 미치지 못한다고 보았다. 따라서 성숙주의 이론에서는 각 연령별 행동규준을 만들어놓고 이 규준에 맞추어서 유아의 사회화를 평가하고 있다. 이러한 행동 규준을 부모들에게 알려주고 양육의 방법을 자문해주는 것을 주된 임무로도 삼는다.

(2) 사회학습 이론

사회학습 이론은 인간의 행동이 다른 사람들의 행동을 관찰하고 이를 모방함으로써 학습한다고 설명한다. 즉, 사회적 상황에서 유아가 다른 사람의 행동을 단순히 모방하고 관찰하는 것만으로도 행동을 학습할 수 있다는 것이다.

사회학습 이론의 대표적 학자인 반두라(Bandura)는 유아는 타인의 행동을 관찰하고 모방함으로써 많은 것을 학습한다고 보았다. 사회학습 이론을 설명하는 데 모방과 관찰학습이 강조되고 있다.

부모는 유아의 모델이 되며, 유아는 모델인 부모의 행동을 관찰함으로써 많은 지식을 획득한다. 자녀의 사회성발달에 있어서 직접적인 교육보다는 부모와 함께 생활함으로써 은연중에 무의식적으로 배우는 관찰학습의 중요성을 무시할 수 없으며, 부모는 유아를 가르치려고 노력하기보다는 교육적인 모습을 실제로 보여주는 것이 더 중요한 교육방법이다. '말보다는 실천'의 중요성이 자녀의 사회성발달에도 그대로 영향을 미치게 된다.

(3) 정신분석학적 이론

유아의 사회화 과정을 프로이드(Freud)와 에릭슨(Erikson)의 정신분석 이론으로 살펴보기로 한다.

❶ 프로이드(Freud)

정신분석학에는 유아의 사회화는 동일시 과정을 통해 유아가 일반적으로 생각하는 도덕성을 내면화하고 타인의 행동을 모방함으로써 이루어진다고 본다.

정신분석학의 대표 학자인 프로이드는 인간 유기체의 영아기부터 성인기에 이르는 발달을 중요시하였으며 이 발달을 사회화 과정으로 보았다. 이 이론의 행동발달의 전제조건으로서는 첫째는 부모와 유아의 관계를 정의적인 측면에 초점을 두고 있으며, 둘째는 인간 유기체의 영아기에서부터 성인에 이르기까지의 발달을 중요시하여 이를 사회화 과정으로 보았다.

프로이드는 인간의 정신구조를 원본능(Id), 자아(Ego), 초자아(Superego)로 구성되어 있다고 보고, 이들이 상호작용을 하여 인간행동의 대부분이 결정된다고 본다.

원본능(Id)은 생물학적인 충동과 욕구를 의미하고, 자아(Ego)는 유아가 성장함에 따라 생물학적인 충동과 욕구를 통제하는 것을 의미한다. 즉, 장기적인 만족을 위해

지금 당장의 즐거움을 포기해야 하는 것을 조정, 통합하는 역할을 하는 것이다. 초자아(Superego)는 받아들일 수 없는 욕망의 존재를 자아에 통제하도록 명령함으로써 부끄러움, 두려움, 혐오감과 같은 반응을 한다. 초자아의 발달은 유아가 도덕성을 발달시키고 타인의 가치관이나 태도를 내면화하는 즉, 유아의 사회화를 이해하는 데 있어 필수적인 개념이다(이경영, 1998).

프로이드는 인간행동에 있어서 본능역할을 강조하고 있는데, 특히 성적 본능의 에너지를 리비도(libido)라고 하였다. 이는 신체의 감각기관을 통해 나타나는데, 이것이 집중적으로 모이는 신체부위를 성감대라 한다. 이러한 리비도의 집중부위에 따라 발달단계를 5가지로 나누어 설명하고 있으며, 발달의 각 단계마다 유아가 추구하는 만족을 충분히 얻어야 다음 단계로의 이행이 순조롭게 진행된다.

프로이드의 심리성적 발달 5단계에서 유아기에 해당되는 구강기, 항문기, 남근기 단계를 살펴보면 다음과 같다.

구강기(oral stage : 0~1세)

이 시기의 본능적 욕구는 '입으로 빠는 행동'으로써 먹는 행동을 통해 만족과 쾌감을 얻는다. 구강으로 만족하지 못하면 다음의 발달단계로 넘어가지 못하고 손가락을 빠는 등의 행동에 집착하는 행동이 지속될 수 있다.

항문기(anal stage : 1~3세)

이 시기의 주된 본능적 욕구는 배뇨와 배변으로, 유아는 배설물에 관심과 흥미를 갖게 되고 배설을 위해 자신의 신체근육을 통제하고 조정하는 것에 매력을 느낀다. 그러나 이 시기에 배변훈련을 너무 조급하게 혹은 강제적으로 하면 그 부작용으로 지나치게 깨끗한 것을 추구하는 결벽증 또는 무엇이나 아끼고 보유하려는 인색한 행동이 나타난다.

남근기(phallic stage : 3~6세)

이 시기는 성기가 주된 관심의 대상이며 쾌락의 근거가 된다. 남아들은 자신의 성기를 힘과 우월성의 상징으로 보고, 여아들은 자신에게 없는 남근이 없다는 것에 대해 남근 선망을 갖게 된다. 이 시기의 유아들은 부모의 성적 차이에 대해 인식하며, 남아들은 오이디푸스 콤플렉스(oedipus complex)라는 아빠에 대한 적대감과 더불어 없애버리고 싶다는 욕구를 갖게 된다. 여아들은 엘렉트라 콤플렉스(electra complex)라는 아빠에 대해 이성애를 느끼며 엄마를 적대시하는 행동을 보이게 된다. 그러나 이러한 성적 감정들은 엄마, 아빠와 같은 사람이 되고자 하는 동일시 현상이 일어나면서 해소하게 되는 시기이다.

❷ 에릭슨(Erikson)

에릭슨은 발달이란 내적 본능과 사회문화적 요구가 서로 상호작용한 결과로 보았으며 특히 자아를 중시하였다. 에릭슨은 인간발달이 일련의 공통적인 단계를 따라 이루어진다고 보며, 8단계의 발달단계를 제시하고, 각 단계는 그 발달의 결정적 시기가 있다고 보았다. 에릭슨의 심리사회적 발달단계의 특성 중 유아기에 해당되는 3단계를 살펴본다.

신뢰감 대 불신감(0~2세)

이 시기의 신뢰감은 자신과 타인과 세상에 대한 신뢰감으로 그것의 형성은 어머니의 양육의 질에 달려 있다. 어머니가 아이를 친밀하게 대하고 지속적이고 일관성 있게 대하면 아이들은 신뢰감을 형성해간다. 그러나 만일 부모가 부모역할에 대한 자신감이 부족해서 아이를 대하는 방식에 혼란을 일으키거나 일관성 없는 양육을 하게 되면 아이들은 불신감을 형성하게 된다.

자율성 대 수치감(3~4세)

이 시기 유아의 두드러진 특징은 자율성이다. 유아는 모든 일을 스스로 처리하려고 애쓰며, 자기를 주장하고 숙달하려는 강한 욕구를 나타낸다.

"내가 할 거야" "나 혼자서 할 수 있어" 하면서 외부세계를 탐색, 선택하고 조작하려는 욕구가 강하게 나타난다. 이때 부모가 아이들을 한 인간으로 존중해주고, 아이들이 자신의 삶에 영향을 미치는 활동들을 자유롭게 조절하고 통제할 수 있도록 허용할 때 자율성은 발달된다. 그러나 자율성을 발달시키기 위해 아이에게 무제한의 자유를 주라는 것은 아니며, 아이 자신에게 해롭고 타인에게도 파괴적일 수 있는 어떤 부분에 대해서는 합리적이고 엄격한 제한을 가해야 한다는 것을 유의할 필요가 있다. 이때 자유롭게 환경을 탐색하고 조절할 수 있는 기회를 잘 제공해주지 않으면 아이들은 의심과 수치심에 사로잡힐 수 있다.

예를 들면, 유아가 혼자 할 수 있는 일인데도 어머니가 늘 해주면 아이는 "내가 능력이 없나보다" 하고 자신의 능력에 대해 의심하고, 또 부모가 아이 스스로 할 수 없는 일을 아이가 하기를 기대하고 강요한다면 아이는 자신의 무능함에 대해 수치심을 느끼게 되는 것이다.

자율성의 획득을 위해서는 부모의 인내와 지원이 필요하다. 부모는 가르치고 격려하며 칭찬해주어야 한다. 때때로 유아 스스로 할 수 없을지 모르는 일을 하도록 허용하여만 하고, 새로운 과제에 전념하도록 격려해주어야 한다. 그렇다고 해서 유아의 모든 행동을 허용하라는 뜻은 아니다. 유아의 자율성 획득을 위한 가장 바람직한 양육방법은 유아가 일상생활의 경험들 중에서 약 70% 정도는 성공할 수 있게 해주는 동시에, 나머지 30%는 좌절을 경험하도록 배려하는 것이다(장휘숙, 1992).

자발성 대 죄책감(5~6세)

이 시기의 자발성이란 유아가 자신과 자기 세계를 구성하는 것에 대해 책임의식을 갖는 것을 말한다. 이 시기의 아이들은 새로운 것을 해보려는 호기심이 많으며, 내 가방, 내 장난감, 내 동생 등 무언가를 내가 책임지는 데 관심을 갖는다. 또한 유아는 새로운 인지기술을 사용해보고자 자신을 둘러싼 주변세계를 정복하고자 시도하기도 한다. 이때 부모가 자녀의 호기심을 인식하고, 자녀의 환상적 행동을 우스꽝스럽게 여기거나 금지하지 않아야 자발성은 더욱 발달된다.

그러나 만일 아이 스스로 어떤 일을 완수할 수 있도록 하는 기회를 주지 않거나 이성 부모와 애정을 주고받고자 하는 욕구에 대해서 과도하게 벌을 줄 경우에 아이는 죄의식에 사로잡히게 된다. 죄의식이 전혀 없다면 양심이나 자아통제력이 발달되지 않을 수 있기 때문에 어느 정도의 죄의식이 필요하다. 그러나 죄의식이 지나칠 정도로 많이 갖게 될 때 유아의 창의성과 자율성이 손상되고 타인과의 자유로운 상호작용에서 어려움을 초래할 수 있다(박성연 외, 2003). 이러한 발달적 위기가 적절히 해결되지 않으면 유아는 억제행동, 성교불능 등으로 고통받거나, 과시를 통해 과잉보상을 받으려 하거나, 혹은 독선적이거나, 참을성 없고 자발성보다는 충동을 억제하는 등의 행동을 보이는 어른으로 성장할 수도 있다.

2) 유아기의 사회적 행동발달

유아기에 나타나는 대표적인 사회적 행동, 즉 애착, 성역할, 자아개념, 친사회적 행동, 도덕성 등을 중심으로 사회성발달 양상에 대해 살펴보기로 한다.

(1) 애 착

유아기 사회성발달은 최초의 애착형성에서부터 시작되며, 애착은 유아와 양육자 간에 형성되는 애정적 유대관계로서 유아 - 엄마, 유아 - 아빠 간에는 물론, 유아를 돌봐주는 사람이나 유아에게 애정을 주는 어떤 사람과의 사이에서도 형성될 수 있다. 특정 대상에게 애착을 형성한 유아들은 그 대상을 응시하고 미소 짓는다. 또한 애착대상과 접촉을 유지하려고 노력하고, 애착대상이 눈에 보이지 않으면 슬퍼하고 침울해하거나 불안한 행동을 보인다.

에인스워스(Aninsworth)는 애착은 모든 유아에게 관찰되는 보편적인 것이라고 하고 "애착이란 한 사람을 다른 특정 개인에게 공간적으로나 시간적으로 묶어주는 애정적 유대"로 정의하였다. 유아가 사회생활에 대해 나타내는 최초의 표현인 애착은 더욱 큰 의미를 갖는다(최국남 외, 1999).

동물학자인 보울비(Bowlby)는 "애착이란 다른 사람에게 근접을 유지하려는 행동 혹은 그 근접이 손상되었을 때 그것을 회복시키려는 행동에 해당된다"고 정의하였다(이경영, 1998).

에인스워즈(Aninsworth), 브레어(Blehar), 워터스(Waters), 월(Wall)의 애착형성 발달과정을 보면(김정희 외, 1998) 출생에서 3개월까지는 사회적인 반응을 변별하지 못하는 단계로 유아는 울음, 미소, 눈맞춤 등으로 애착행동을 나타냄으로써 성인의 관심을 자극하여 어머니와의 애착행동을 유지시킨다.

생후 3개월에서 6개월까지는 사회적인 반응을 변별하는 단계로 유아의 애착행동은 좀더 세분화된다. 낯익은 사람과 그렇지 않은 사람을 명확히 변별할 수 있으며 반응도 달리한다. 그리고 처음 낯익은 사람을 보고 미소를 지으며, 옹알이도 대상에 따라 선택적으로 이루어진다. 그 다음 6개월에서 만 3세까지는 능동적 접근추구의 단계로 유아가 자신의 필요와 욕구에 가장 잘 응해주는 사람에게 강한 애착을 형성한다. 유아가 처음으로 한 명의 대상에게 애착을 형성한 것이라고 할 수 있다. 이때 애착의 대상인 어머니와 떨어질 때 심하게 우는 것은 격리불안이 표출되기 때문이다.

만 3세 말기는 목표수정 조합의 단계로 이 시기에는 양육자가 없어도 비교적 안정된 상태로 잘 지낼 수 있다. 이는 부모와 안정된 애착관계를 형성하여 눈앞에 보이지 않아도 양육자가 무엇을 하러 갔고 언제쯤 돌아올 것인지를 어느 정도 예측할 수 있게 되었기 때문이다. 또한 양육자가 반드시 돌아올 것이라고 믿기 때문에 잠시 동안의 이별을 편안하게 받아들인다(박찬옥 외, 2003).

유아들의 애착으로 보이는 행동은 미소, 쳐다보는 것, 따라가는 것, 접근하는 것, 매달리기, 기어오르기, 포옹 등으로 볼 수 있다.

(2) 자아개념

어떤 사람이 자신을 어떻게 평가하느냐 하는 것은 그 사람이 삶을 살아가는 태도에 큰 영향을 준다. 자아개념이라는 말은 심리학에서 사용하는 말인데 어떤 사람이 자기 자신에 대해 어떻게 인식, 혹은 평가하는가를 많이 아는 것이라고 말하고 있다. 일반적으로 부모에게 사랑을 받고 자란 유아들은 긍정적인 자아개념이 형성되며, 자기 자신을 긍정적으로 수용하게 된다. 심리학자 로저스(Rogers)에 의하면 인간의 자아개념은 타인의 긍정적 관심이나 인정에 의해 강한 영향을 받기 때문에 다른 사람으로부터 가치 있는 사람으로 대우받고 인정받을 때 긍정적인 자아개념이 형성된다고 한다.

교육학용어사전(1985)에서의 정의는 자아개념이란 한 개인이 가지고 있는 자신에 대한 견해를 의미하며, 이를 긍정적인 개념과 부정적인 개념으로 대별하고 있다.

자아개념(self-concept)은 자기(self), 자아(ego), 자기지식(self-knowledge), 자아동일성(self-identity), 자기이해(self-understanding), 자아상(self-image) 등으로 혼용하여 사용하기도 한다.

에릭슨은 유아기에 자아개념으로 볼 수 있는 행동으로는 독립심과 자발성, 자기주장, 소유개념의 형성이 늘어나는 것으로 이 시기 유아들은 독립심에 대한 강력한 주장을 하고, 이는 자기 자신에 대한 유아의 탐색과정으로 나타난다. 즉 "내가 무엇을 할 수 있을 것이다" "내가 어디에 갈 수 있을 것이다" "만약 내가 새라면 어떻게 될까?"라는 생각을 하면서 자신의 능력이나 한계를 확인하고자 하는 행동이다(김성희 외, 1999).

이와 같은 변화와 함께 애착발달 과정을 보면, 3~4세의 유아는 주위 물건이나 사람에 대해서도 내 자동차, 내 가방, 우리 아빠 등 소유개념을 표현함으로써 소유물에 대한 강한 집착과 고집을 나타낸다. 이러한 소유개념 표현은 자아에 대한 개념이 발달하여 '나'에 속한 물건이나 사람에게까지 확대되어 간 것이다.

4~5세에 이르러서는 자신을 탐색하고 능력이나 한계를 확인하려는 의도는 주변의 일을 주도하고 시도하게 한다. 결국 이는 자신감으로 연결되고 활발한 상상력과 탐구력이 동반되어 성취감으로 발전하게 된다.

또한 이 시기 유아들의 자아는 성숙한 수준으로 발달하게 된다. 유아는 자신을 여러 가지 다양한 차원에서 설명할 수 있고, 같은 차원 안에서 자신과 타인을 비교할 수도 있다.

자아개념은 유아기에 형성되어 일생 동안 인간행동에 지속적으로 영향을 미치게 된다. 인생초기에 어떠한 사회적 경험을 하느냐가 자아개념 형성에 지속적인 영향을 주므로 긍정적인 자아개념을 갖도록 도와주는 것은 매우 중요하다.

(3) 성역할

성역할이란 남성이든 여성이든 각 성의 특성을 나타내는 사회적 역할 또는 행위를 말한다. 성역할은 어떤 한 사회에서 또는 남성으로서 역할의 일부인 일련의 행동, 태도, 권리, 의무, 그리고 책임이다(Bee, 1989; 김성희 외, 1999, 재인용).

이처럼 성역할은 남성과 여성에 따라 각기 달리 기대되는 행동양식을 의미한다. 유아가 자신에게 기대되는 성역할을 이해하기 위해서는 먼저 자신의 성에 대한 정확한 이해가 선행되어야 하는데, 다음의 단계과정을 통해서 성개념을 갖게 된다(최순영 외, 1997).

복잡한 현대사회에서는 전통적인 남성의 성역할이나 여성의 성역할만으론 실제적으로 적응하기 어렵기 때문에 한 개인에게 남성적 특성과 여성적 특성이 통합된 유형이 가장 바람직하다고 보는 개념으로 바뀌고 있다.

유아는 자신이 남성인지 여성인지를 인식하는 성에 대한 이해는 성 동일시, 성 안정성, 성 항상성의 단계로 발전해 나간다(이숙재 외, 1999).

3세는 기본적 성 정체감의 단계로 유아는 자신이 남성이거나 여성임을 인식한다. 그러나 아직 성이 불변속성임을 알지 못하므로 경우에 따라 바뀔 수 있다고 생각하기도 하는 시기이다. 4세경의 유아는 성 안정성의 단계로 시간이 아무리 지나도 성은 변할 수 없다는 것을 안다. 즉, 유아는 장차 크면 남자 아이는 남자 어른이 되고, 여자아이는 여자 어른이 된다는 것을 알게 되는 것이다.

6~7세는 성 일관성의 단계로 유아는 성인과 다름없는 성 개념을 갖게 된다. 즉, 시간과 상황이 아무리 변해도 성은 안정된 속성이라는 것을 알게 된다. 예를 들면 여자 아이들이 머리를 짧게 깎거나 남자 옷을 입는다고 해도 남자 아이가 되지 않는다는 것을 아는 것이다.

(4) 친사회적 행동

친사회적 행동이란 타인을 돕거나 도우려는 행동으로 보상을 기대하지 않고 자발적으로 행해지며, 행동의 결과가 타인에게 이로움을 주는 행동이다. 타인에 대해 관심을 갖는 건설적인 사회적 행동인 친사회적 행동의 구체적인 유형으로는 관용, 나누어주기, 자선, 돕기, 동정심, 위안 등이 있다(이경영, 1998). 한국행동과학연구소(1984)에서는 친사회적 행동을 협동, 관용, 동정, 공감적 이해, 우정, 이타심으로 분류하였다.

콜보그(Kohlberg)는 도덕성발달 이론을 토대로 친사회적 행동의 7단계를 조력행동 중심으로 설명하고 있다(이경영, 1998). 친사회적 행동의 7단계 중 유아기에 해당하는 1단계에서 3단계까지 살펴보면, 제 1단계는 물리적인 강화에 의한 주종단계로 남을 돕는 행동의 최초단계는 구체적인 상벌의 약속을 수반한 타인으로부터의 명령에 대한 복종으로 나타난다. 이 단계에서는 부모나 교사로부터 "도와주어라"라는 말을 들었을 때, 그리고 그것에 대하여 구체적인 상이 약속되었거나 "말을 듣지 않으면 벌을 받는다"라는 말을 들었을 때 남을 돕는 행동을 말한다.

제 2단계는 심리적 강화에 의한 복종단계로 '남을 도우면 칭찬을 받겠지' '하지 않으면 벌 받을지 몰라'와 같은 심리사회적인 상벌을 예측해 남을 돕는 행동이 나온다. 이 단계에서는 권위자로부터의 명령에 의한 복종으로 남을 돕는 행동이 일어나지만 물리적인 강화가 반드시 필요하지는 않다.

제 3단계는 자발성의 시작단계로 유아는 어른들로부터 말을 듣지 않아도 자기가 자발적으로 남을 돕는 행동을 나타내게 된다. 그러나 그것은 구체적인 상벌을 예측할 수 있을 때에만 한정된다. 예를 들면, 정리시간에 스티커를 받을 수 있다는 생각에 열심히 정리하는 행동이 이 단계에 적합하다고 볼 수 있다.

(5) 도덕성발달

유아는 사회집단에 의한 사회화를 통하여 사회규범을 받아들이고, 이 규범에 따라 자신의 행동을 통제할 수 있는 도덕성(morality)을 발달시킨다.

도덕성은 선악을 구별하고 옳고 그름을 바르게 판단하며, 인간관계의 규범을 준수하는 것이다. 사람들이 한 사회에서 살아가기 위해서는 그 사회가 요구하는 여러 가지 행동규준을 따라야 할 필요가 있으며, 사람들은 자기 나름대로 선하고 옳은 것에 대한 가치판단 기준을 갖고 있다.

하버드 대학(Harvard University) 사회교육 심리학 교수인 콜보그(Kohlberg, 1964)는 도덕성을 개인에 의해 내면화된 사회적 행위의 문화적 규범이라고 정의했는데 결국 도덕성이란 옳고 그른 것에 대한 사회적 규범을 자신의 것으로 받아들여 그에 따라 행동하게 하는 기준이라고 정의할 수 있다(박찬옥 외, 2003).

콜보그가 도덕성발달을 알아보기 위해 고안한 '하인즈 딜레마'라는 이야기를 들려준 후 그 반응을 분석한 결과, 연령에 따라 도덕기준이 다르다는 사실을 발견하고 이러한 도덕성발달을 3수준 6단계로 제시하였다. 유아기에 해당되는 제 1수준의 전 인습적 도덕기 1단계와 2단계를 보면(정희영, 2004), 1단계는 3~7세에서 나타나며 벌과 순종을 향하여 있다. 따라서 하인즈가 약을 훔치는 것은 벌을 받게 되기 때문에 잘못이라고 판단한다. 유아들은 처벌을 피하기 위해 권위와 규칙에 복종하게 된다. 2단계는 8~11세의 아동에게 나타나며 자신의 욕구충족이 도덕판단의 기준이 된다.

따라서 하인즈는 약을 훔쳐서라도 자기 아내의 생명을 구해야 한다고 판단한다. 다시 말하면, 유아들은 다른 사람의 이익이나 필요를 충족시키는 것이 옳은 행동이라고 생각하는 시기이다.

이와 같이 콜보그는 10살까지의 어린이는 거의 대부분의 어른들이 "순수한" 도덕판단이라고 간주하는 것을 행할 능력을 갖고 있지 않다고 말한다. 적어도 그 나이까지는 어린이의 "도덕관"의 관념은 옳고 그름이 절대적인 개념에서 오는 것이 아니라, 자기에게 어떤 일이 생길 것인가에 대한 자기감정으로부터 온다고 보는 것이다. 그는 벌을 받지 않으려고 혹은 자기와 다른 사람들에게 "잘해 줌"으로써 그들도 자기에게 "잘해 주도록" 하기 위해서 규칙에 순종한다는 것이다(양은순 역, 2001).

3) 유아기 사회성발달의 특징

유아의 사회성을 발달시키는 데 도움을 주기 위해서는 유아기의 발달적 특징에 대한 이해가 우선되어야 한다. 그 이유는 유아의 사회적 행동특성을 아는 것은 그들이 속한 사회에서 원만한 생활을 할 수 있도록 돕기 위해서 중요하기 때문이다. 유아기의 사회성발달의 일반적인 특징을 성인과의 관계와 또래들과의 관계 중심으로 살펴보고자 한다.

(1) 어른과의 관계

유아기의 발달적 특성을 고려하여 부모가 지켜보아야 할 특성과 이 특성에 따른 발달적 상호작용의 주의사항을 보면 대개 3~4세경의 유아들은 자신의 일을 방해하거나 못하게 하면 반발과 반항을 하게 되며, 7세경에는 언어적으로 말대꾸를 한다든지 항의하는 등의 반항을 하게 되는 특성이 있다. 이 기간은 '반항기'의 특성을 지닌 발달적 단계라 볼 수 있다.

그리고 유아는 나이가 많아질수록 어른들과 보내는 시간은 점점 적어지며 그들과 함께하면서 얻는 즐거움도 적어진다. 그러나 같은 연령에 있는 놀이친구들에 대한 관심은 점차 커지며 또 그들과 어울리면서 얻는 즐거움도 점점 강해진다. 이때부터 독립성을 가지려는 욕구로 인해 유아들은 어른들의 권위에 저항하면서도 한편으로는 어른들의 관심을 끌고 인정을 받으려고 한다. 만일 영아기에 애정을 만족스럽게 받아왔다면 유아들은 계속해서 어른들, 특히 가족들과 따뜻하고 친근한 관계를 맺으려고 노력한다. 따라서 부모는 유아들이 바람직한 사회적 태도를 가지도록 하기 위하여 좋은 본보기의 역할을 계속해야 한다. 예컨대, 유아들로 하여금 무엇이 착한 행동이고 친절하며 협동적인 태도이고, 또 무엇이 편협하고 참을성 없는 태도인가를 구분할 수 있도록 도와주어야 한다.

(2) 또래들과의 관계

어린 유아는 아직 사회성이 발달되지 않았기 때문에 또래들과의 놀이보다는 혼자 노는 것을 좋아한다. 점차 성숙해감에 따라 혼자놀이에서 벗어나 또래 관계를 형성하게 된다. 이러한 유아의 사회적 놀이의 형태를 연령별로 제시하면 다음과 같다.

보통 혼자놀이는 2세에서 2세 반, 병행놀이는 2세 반에서 3세 반, 연합놀이는 3세에서 4세, 그리고 협동놀이는 4세 반 이후부터 나타난다(김미경 외, 2003). 예를 들면, 2세 전의 영아들은 독자적 또는 병행적인 놀이를 한다. 다시 말해서, 2~3명의 영아들이 비록 한방에서 비슷한 장난감을 가지고 놀더라도 이들 사이에 사회적 접촉은 일어나지 않는다. 이들 사이에 발생하는 접촉이란 기본적으로 서로를 바라보거나 모방하거나, 또는 남의 장난감을 가지려는 정도이다. 3~4세 때부터 유아들은 함께 모여서 놀기 시작하며, 여러 유아들 중에서 좋아하는 유아들을 선택하게 된다.

이들에게서 발견할 수 있는 공통적인 행동은 서로 바라보고 이야기를 나누며, 말로 어떤 제안을 한다는 것이다. 유아교육기관에 다니고 있는 유아들에 대한 연구에 의하면 연령이 증가함에 따라 다른 유아들과 친해지려는 경향이 높아지고 적대적 상호작용은 적어진다. 그런데 남자 유아들의 경우, 여자 유아들에 비하여 다른 유아들과 보다 더 친근한 관계를 맺는 동시에 보다 더 적대적 관계도 맺는다고 한다.

4) 유아의 사회성에 미치는 영향

유아의 사회성발달은 여러 가지 요인에 의해서 영향을 받는다. 영향을 주는 요인으로는 부모, 또래, 유아교육기관, 대중매체 등을 들 수 있다.

여러 가지 요인 가운데 부모의 영향이 가장 큰 요인 중 하나라고 볼 수 있다. 부모의 자녀에 대한 자율성 인정과 자녀에게 적합한 규칙과 합리적이고 일관성 있는 태도를 지닌 양육태도는 유아의 사회성발달에 긍정적인 영향을 미칠 수 있다. 부모의 지속적인 관심과 조절, 한계가 분명히 제시된 합리적인 제한, 개인활동에 대한 범위 선정과 독립성에 대한 보상의 적절한 수준은 유아로 하여금 사회적 책임감과 긍정적인 자아개념, 독립심, 그리고 인지적 능력들을 소유할 수 있도록 한다(총신대학교 부속유치원 편, 2004).

또 다른 사회성에 영향을 미치는 중요한 요인으로는 또래 관계이다. 여기에서는 자율적인 협동을 발달시킬 수 있고, 자기가 하고 싶은 것을 주장함으로써 자기중심성을 극복하도록 도와줄 수 있으므로 사회성발달에 큰 영향을 미친다.

유아기의 집단생활을 최초로 경험하게 하는 유아교육기관에서는 유아에게 기본적 사회기술과 대인관계를 배울 수 있는 교육적인 환경을 제공해 줌오로써 유아의 사회성발달에 영향을 주는 또 하나의 요인이 된다.

유아에게 사회성발달에 영향을 주는 것 가운데 매우 중요한 요인 중의 하나로 대중매체를 들 수 있다. 유아에게 영향을 미치는 대중매체로는 텔레비전, 비디오, 그림책, 컴퓨터게임 등으로 직접 경험에서 얻지 못하는 것을 간접적으로 경험할 수 있고 새로운 지식도 얻을 수 있다. 그리고 사회적인 지식, 즐거움, 다양한 모델상을 접하는 장점이 있으나, 유아에게 부정적인 영향도 미칠 수 있다. 프리드리히(Friedrich)와 스테인(Stein)의 연구에서는 폭력적인 TV 프로그램이 유아의 공격성을 증가시킨다는 결과가 나왔다.

또한 대중매체는 여성과 남성의 성역할을 강조하기도 한다. TV와 매스컴은 유아의 사회성발달에 영향을 미치는 중요한 요인 중의 하나이므로 프로그램 선정에 있어서 부모의 적절한 중재와 상호작용이 반드시 필요하다.

2 유아의 사회성발달 내용

많은 사회성발달론자들은 사회적 기술, 태도 등이 민주시민 육성에 기초가 된다고 주장하면서, 기본생활습관을 비롯하여 친구 사귀기, 친구와 갈등문제 해결하기, 양보하기, 공유하기, 분배하기, 협동하기, 돕기, 물건 사기, 길 찾아가기 등 실제적인 기술이 있을 때 사회적으로 유능한 민주시민이 된다고 본다(박찬옥, 2003).

본 장은 유아기에 익혀야 할 사회성발달 내용으로 기본생활습관, 개인에 대한 이해, 친구 사귀기, 가족에 대한 이해, 이웃과의 관계이해, 사회현상과 환경이해 등에 관한 내용을 살펴보고자 한다.

1) 기본생활습관

하나님은 창조의 질서를 따라 만물을 다스리시고 섭리하신다. 따라서 하나님의 형상을 따라 지음 받은 유아는 질서를 지켜야 하며 아름다운 인간관계와 질서를 위해 예절 바르게 생활해야 한다.

"세살 버릇 여든까지 간다"는 우리 속담이나 "마땅히 행할 길을 아이에게 가르치라 그리하면 늙어서도 그것을 떠나지 아니하리라(잠언 22:6)"는 말씀은 같은 내용의 가르침이다. 현대 교육학적 연구에서도 만 5세까지 대부분의 인격과 습관이 형성된다고 하니 유아기 기본생활습관의 중요성을 알 수 있다(박진경, 2000).

유아기에 형성되는 기본생활습관은 인격의 형성과 사회성발달에 중요한 역할을 하므로 일상적인 인간관계에서 비롯되는 식사, 옷차림, 인사, 언어 등의 기본예절을 익음으로써 집단의 규범을 수용할 수 있도록 해야 한다.

또한 정직과 질서는 자율적인 도덕성발달에 토대가 되는 기본적인 덕목이며, 특히 질서는 유아로 하여금 사물의 차례나 순서를 익히게 하는 것이다. 아껴 쓰고 절제하는 생활은 결국 질서, 예절 등 다른 기본생활습관의 덕목과 연결되며(교육부, 2000),

이와 같은 기본생활습관은 일상생활에 필요한 사회적 규범과 문화를 따를 수 있도록 하기 위한 것이다.

유아시기의 생활습관 지도는 제 2의 천성처럼 굳어지기 때문에 이 시기 자녀에 대한 생활습관을 부모가 제대로 지도하는 일은 무척 중요하다고 볼 수 있다.

생활습관 형성내용은 사실 가정에서 “일어나서 양치질하고 옷을 입고 유치원에 갔다가 집으로 돌아가는 일, 그리고 친구들과 놀고 자기 물건을 정리하는 것, 외출시 손발 씻기, 잠자기 전후와 외출 전후에 어른에게 인사하기, 자신의 물건 잘 간수하기, 어른에게 존대어 사용하기, 질서 지키기, 내 물건과 남의 물건 구별하기” 등의 일상적인 내용이라고 볼 수 있다(최국남 외, 1999).

훈련시키는 데 있어서는 그 시기가 아주 중요하다. 유아들의 습관이나 가치관이 형성되는 시기에 훈련을 해야 효과를 얻을 수 있다. 이때를 놓치면 더 많은 수고와 노력이 필요하다. 왜냐하면 이미 형성된 습관이나 태도를 고치는 것은 그만큼 어렵기 때문이다. 이러한 면에 있어서 기본생활습관은 어려서부터의 좋은 습관을 형성시키는 것이 중요하다.

2) 개인에 대한 이해

유아의 사회성의 기초가 되는 기본이 자신으로부터 출발한다고 볼 때, 나는 ‘하나님 형상’대로 지음을 받은 존재로서 자신을 소중한 존재로 느낄 수 있도록 도와주어야 한다. 또한 하나님께서는 모든 사람을 독특한 존재로 만드셨음을 알고, 다른 사람과 같은 점이나 다른 점을 알아봄으로써 서로에 대한 존중을 가질 수 있도록 돕는다. 여기서 나와 다른 점이 있는 사람 가운데는 장애인에 대한 이해도 포함되어야 할 것이다. 내가 할 수 있는 일이 많이 있음을 알고, 자신의 일은 스스로 찾아서 하도록 격려한다. 이때 긍정적인 자아개념이 매우 중요한 역할을 하는데, 긍정적인 자아개념은 유아 자신의 능력에 있는 것이 아니라 하나님이 귀하게 여기시며 유아가 하나님의 형상을 지니고 있다는 사실에 근거함을 알려주도록 하는 것이 중요하다(총신대학교 부속유치원 편, 2004). 이러한 사실로 인하여 자신은 하나님의 형상을 받은 존재임을 알고 자신에 대한 존중심과 안정감을 가지고 다른 사람과 원만한 생활을 유지할 수 있게 되며, 유아는 자신에 대한 긍정적 자아개념을 바탕으로 인정받고 있다고 느낄 때 자주성, 자율성, 책임감이 길러지며 생각과 요구를 상황에 맞게 조절함으로써 스스로의 일을 계획하고 실천한다.

그러므로 하나님의 형상을 따라 지음 받은 유아는 하나님께서 귀히 여기는 존재이기에 자아존중감을 가질 수 있으며, 하나님이 주신 자유의지를 가지고 자신의 일을 계획하고 실천할 수 있다.

3) 친구 사귀기

성경에는 "사람이 친구를 위하여 자기 목숨을 버리면 이에서 더 큰 사랑이 없나니(요한복음 15:13)"라고 친구에 대한 소중함과 사랑에 대하여 말씀하신다. 유아들에게도 소중한 친구 사귀기는 너무도 소중한 일이라고 볼 수 있다.

사람이 태어나면서부터 1~2년간은 부모, 형제자매, 친척과 주로 사회적인 관계를 맺으며 살아간다. 하지만 그 이후로부터 사회적인 관계를 맺는 상대가 많아지고 유아교육기관에 가면서부터는 또래 친구와의 사회적인 상호작용을 하게 된다. 이때부터 엄마보다는 친구들과 함께하는 것을 더 원하게 된다. 셀만과 셀만(R. Selman & A. Selman)에 따르면 유아들의 우정에 대한 발달은 5단계를 통해 사춘기까지 발달시켜 나간다고 하였다(차경수 외, 1998). 제 1단계는 순간적 놀이친구의 단계(3~7세)로 보며, 이시기에 유아들에게 '친구'란 그들이 종종 함께 놀거나 주어진 시간에 유사한 활동에 참여하는 유아를 말한다. 또한 친구를 정할 때는 그들이 가지고 있는 소유물에 따라서나 아니면 신체적 특징에 따라 의미를 부여한다. 어떤 놀이활동을 하고 있을 때 다른 유아가 놀이에 참여하기를 원해도 무시하는 경향을 보인다. 제 2단계는 일반적인 우정의 단계(4~9세)로 보며, 이 시기의 친구란 일반적으로 자신을 즐겁게 해주는 행동을 하는 또래이지만 많은 유아들은 혼자 놀이하기보다는 마음이 맞지 않는 상대일지라도 함께 노는 것을 거부하지 않는다. 그러나 친구들과 놀이를 통해 많은 사회적 역할을 경험하지만 한 번에 한 사람 이상이 친밀한 친구관계를 유지하는 데 어려움이 있으며, 서로 친구인지 아닌지를 말하는 데 상당히 많은 시간이 소요된다.

유아가 친구를 사귀고 또래로부터 인정받는 것은 그들의 긍정적 자아개념과 친사회적 기술획득에 중요한 요소이다. 그러므로 친구들에게 환영받는 유아의 특징과 친구들에게 환영받지 못하는 유아의 특징을 살펴본다(이은화 외, 1999).

(1) 친구들에게 환영받는 유아의 특징

- 또래들과 놀이를 잘한다.
- 다른 유아들과의 놀이에 적극적으로 참여하고 친구의 놀잇감을 가지고 싶을 때는 미리 승낙을 받는다.
- 창의적이어서 새로운 놀이를 많이 창안해내고 재미있는 놀이도 많이 알고 있다.
- 정서적으로 안정되어 있다.
- 항상 즐거워 보이고 말을 즐겁게 하고 잘 웃으며 행복해 보인다.
- 사회성이 발달되어 사교적이며 인사성이 밝고 다른 유아들과 무슨 일을 할 때 협동적이다.
- 다른 유아를 배려할 수 있고, 다른 유아의 요구에 적극적으로 반응한다.
- 자아개념과 인지적 수준이 높다.
- 용모가 단정하다.

(2) 친구들에게 환영받지 못하는 유아의 특징

- 자기중심적이고 성인의존적이다.
- 다른 사람을 배려하는 태도가 결여되어 있으며 반항적이다. 또한 정서적 통제는 잘하지 못하고 자아개념과 인지능력이 비교적 낮다.
- 공격적이다.
- 남을 놀려주기를 좋아하며 심술궂고 행동이 거칠다.
- 대부분의 일에 소극적이며 성취욕이 부족하고 잘 웃지 않고 말을 잘 하지 않는다.
- 물건을 나누어 쓰려 하지 않고 의견교환에 관심이 없다.

많은 학자들의 연구에 의하면, 또래 친구들과 무난히 지내고 친구들 사이에서 환영받는 유아들이 학업성적도 우수한 것은 물론 커서도 사회생활의 모든 면에서 잘 적응한다(김현주 외, 2004). 그러나 또래와 어울리지 못하고 또래친구들에게 배척받는 유아들은 자신을 못난 존재라고 생각하고, 학업성적도 좋지 못하며, 학교를 중도에 포기하거나 여러 가지 문제행동을 일으키게 되기도 한다. 유아들에게 좋은 친구들을 사귀고 서로 우정과 사랑을 키워나가는 일에 부모는 관심을 가져야 한다.

4) 가정에 대한 이해

성경에서는 가정은 하나님의 창조섭리에 따라 만드신 제도임을 명확하게 제시하고 있다(창세기 2:18-24). 하나님은 첫 사람인 아담과 하와를 통하여 가정을 이루게 하시고 생육하고 번성하여 세상을 다스리고 이를 통해 피조물들의 주인 되신 하나님께 영광 돌리기를 원하고 계신다(정희영 외, 2000).

하나님이 만드신 가정은 인간을 가정에 대한 욕구를 지닌 존재로 창조하셨다. 하나님께서는 가정을 통해서 그의 백성과의 특별한 관계를 수행하시고자 하셨다. 구약에 보면 부모가 자녀들의 영적·도덕적 성장에 대한 책임이 가정에 있다고 하였다(김희자 역, 2000).

유아는 가족의 소중함과 고마움을 느끼는 가운데 가족구성원의 요구나 선호도, 그리고 느낌을 수용하며 협력하고 화합하는 것은 서로 만족감을 가져다주는 사회생활의 기본이 된다. 여기서 유아는 자신의 가족과 화목하게 지내는 방법, 가족과 협력하는 일에 대하여 배울 수 있는 내용으로 구성되어야 하며, 다른 가족의 모습이나 구조를 알아보는 내용도 알 수 있는 기회를 주는 것이 필요하다. 이때 유아들에게 편부모가정, 급증하는 이혼가정에 대한 이해를 도울 수 있을 뿐만 아니라 비정상적인 가정의 모습인 동성애자의 가정, 결혼하지 않은 동거가정에 대하여 알게 하여 사회의 가장 기본단위가 되는 가정에 대한 성경적 의미를 유아들에게 철저하게 가르침으로써 건강한 가정생활을 할 수 있도록 돕고, 나아가 건강한 사회를 형성할 수 있는 기초를 제공해준다(총신대학교 부속유치원 편, 2004).

그러므로 가정은 하나님이 창조섭리에 따라 만드신 제도로써 남자와 여자가 부모로부터 독립하여 인격적·육체적 연합으로 이루어지는 신성한 공동체이다. 따라서 가정의 성경적 의미를 이해하는 것을 기초로 가정에 대한 내용과 가족과 화목하게 지내기, 가족과 협력하기 등을 다루도록 한다.

5) 집단생활에 대한 이해

집단생활은 타인에 대한 이해와 존중으로부터 출발한다. 그러므로 다른 사람의 감정과 생각, 의도, 관점을 이해하는 감정조망 수용능력, 감정이입, 공감 등의 개념을 기초로 유아에게는 다른 사람과 의견을 교환하며 서로 절충하고 합의해보는 경험이 필수적이다.

이는 하나님께서 인간을 창조하실 때 서로 다른 존재로 다양하게 창조하셨음을 성경을 통해 알 수 있다. 고린도전서 7:7 하반부에 보면 "각각 하나님께 받은 자기의 은사가 있으니 하나는 이러하고 하나는 저러하니라"고 말씀하시며, 로마서 12:4~8에서는 인간의 여러 가지 재능에 대해 언급하고 있다. 또한 마태복음 25:25의 달란트 비유에서는 "각자의 능력에 따라 일할 것을 말씀하신다. 이처럼 인간은 독특성과 다양성을 가진 존재이다.

그러므로 각기 다른 특성, 모습, 형편의 사람들에 대하여 편견을 가지지 않고 사고의 틀을 넓혀보는 경험은 유아에게도 필요하다. 편견이란 공정하지 못하고 한쪽으로 기울어지거나 치우친 생각이며, 어떤 사물에 대한 편애, 싫어함, 두려움을 통해 나타나는 견해나 경향으로써 능력, 나이, 외모, 신앙, 계층, 문화, 가족구성, 성, 인종 등에 걸쳐 다양하게 표출된다. 유아기부터 이러한 편견으로 인한 고정관념이 생기지 않도록 해야 할 것이다(최국남 외, 1999).

그리스도인의 집단생활은 신앙공동체의 연장으로 하나님의 창조원리에 따라 운영되어야 한다. 창조의 원리 가운데는 다양성과 독특성, 질서 등이 있다. 이를 중심으로 다른 사람에 대한 이해와 공공질서 지키기가 이루어질 수 있으며 공동체의 소중함을 알 수 있다.

유아들이 그리스도 안에서 집단생활을 아름답게 하기 위해서는 질서를 지키며 서로에 대한 이해와 받아들임이 필요하다. 이를 위해 다른 사람을 이해하고 존중하기, 공공규칙을 이해하고 지키기, 두레의 소중함을 알고 협력하기 등에 대한 내용이 다루어져야 한다.

6) 사회현상과 환경에 대한 이해

현대사회는 다양한 생활양식이 공존하기 때문에 유아 자신이 속한 사회의 여러 가지 현상과 환경에 관심을 가지는 것이 중요하다.

하나님께서 세상을 만드시고 그것들을 다스리도록 인간에게 위임하신 문화적 명령(창세기 1:28)을 이행하기 위해서는 사회에서 일어나는 여러 가지 현상을 잘 알아야 한다. 하나님께서 만드신 세상의 현상에 대한 이해는 그것들을 잘 다스릴 수 있는 기초가 된다(총신대학교 부속유치원 편, 2004).

또한 사회의 여러 현상뿐만 아니라 자연에 대한 이해가 필요하다. 자연의 법칙과 자연의 본질에 대한 이해가 있어야 자연을 잘 다스리고 번성케 할 수 있다. 이런 맥락에서 사회현상과 환경을 다루도록 한다. 따라서 유아들에게 어릴 때부터 하나님께서 우리에게 맡기신 문화적 사명을 감당하기 위해 사회현상과 환경에 대한 지식을 가르쳐야 한다.

사회현상과 환경에 대한 지식으로는 유아가 자신의 세계를 확대해감에 따라 관심을 가지게 되는 지역사회, 국가, 역사, 경제, 직업, 환경, 세계화, 정보화에 대한 이해와 지식 등에 대한 사회성발달은 결국 시민적 자질을 배양하는 데 기초가 되며, 이러한 사고과정을 보다 정교화하는 데 태도, 가치, 기술을 포함한 사회학습 능력이 요구된다.

3 유아의 사회성발달 지도방법 및 부모의 역할

기독교 가정의 부모역할은 부모는 자녀에 대해서 하나님의 대리자의 자세로 나아가야 한다. 이는 부모가 하나님의 힘을 대신 행사하는 역할을 부여받은 것을 말한다. 유아의 사회성발달에 있어서도 부모들은 하나님께서 자녀들을 일정한 시간 동안 유아시절을 내게 맡겼다는 의식을 가지고 부모의 역할을 다해야 한다. 그 역할을 잘 감당하기 위한 방법에 대해서도 알아야 한다. 즉, 유아의 친사회적 행동이나 도덕적인 행동을 촉진하고 반사회적인 행동을 통제하여 사회성발달에 도움이 되는 지도방법과 부모의 역할을 알아보기로 한다.

1) 지도방법

부모가 유아의 사회성발달을 기대하기 위한 자녀에 대한 지도방법으로는 기대되는 행동을 상기시키기, 적절하게 거부하기, 자신의 부적절한 행동에 대한 모니터하기, 보상과 벌주기, 모방학습, 가족 간의 토의, 역할놀이 등을 살펴보기로 한다.

(1) 기대되는 행동을 상기시키기

부모는 유아의 행동에 대해 짜증내지 않고 사회적으로 기대되는 행동을 자주 상기시킨다. 유아가 집안에서는 뛰지 않고 걸어다닐 것을 약속했지만 이를 자주 잊어버리고 집안을 이리저리 뛰어다닐 때, 부모는 "집에서 뛰어다니면 안 된다고 몇 번을 약속하였니!"라고 짜증을 내기보다는 "집안에서는 걸어다니라고 한 것을 기억하렴" 하고 말함으로써 뛰어다니는 순간에 유아에게 사회적으로 기대되는 것에 관해 상기시킨다.

(2) 적절하게 거부하기

부모는 한 유아가 다른 유아의 생각을 거부할 때 또래의 제안을 왜 거부했는지 그 이유를 말하도록 지도하고 상대 유아가 수용할 수 있는 대안을 제시함으로써 또래와의 관계를 원만하게 유지하도록 도울 수 있다(총신대학교 부속유치원 편, 2004).

(3) 자신의 부적절한 행동에 대한 모니터하기

유아가 어떤 상황에서 적절한 사회적 행동을 하기 위해서는 언제, 누구에게 어떤 사회적 기술을 사용해야 하는가를 알아야 한다. 또한 자신의 행동 결과에 따른 결과를 인식해야 한다. 예를 들어, 공격적인 행동은 다른 유아들에게 거부감을 일으키나, 다른 유아와의 협상은 갈등상황을 원만하게 해결할 수 있다는 것을 알아야 한다.

따라서 부모는 이러한 능력을 키워주기 위해 유아 자신의 행동에 대한 결과를 예측할 수 있도록 한다. 유아는 또래와의 상호작용 시 그 행동결과에 대해 질문하고 지적함으로써 자신의 행동으로 인한 결과를 알게 하고, 그것을 해결할 수 있는 기술을 사용하도록 한다.

(4) 보상 또는 벌주기

유아의 사회성발달을 지도할 수 있는 방안으로 보상과 벌이라는 방법도 효과적이다.

❶ 보상 주기

부모들은 자녀의 행동에 있어서 바람직한 행동측면보다는 부정적인 면을 많이 보게 되는데, 성경에는 "무엇에든지 사랑할 만하며 무엇에든지 칭찬할 만하며 무슨 덕이 있든지 기림이 있든지 이것들을 생각하라(빌립보서 4:8)" "대저 그 마음의 생각이 어떠하면 그 위인도 그러한즉… (잠언 23:7상)" 말씀하고 있듯이 부모가 자녀의 행동에 있어서 사랑할 만하고, 옳고, 칭찬할 만한 것 등의 바람직한 행동을 찾아내어 보상을 한다면 자녀는 자신에 대한 좋은 감정과 더불어 성취감과 자신의 행동에 대한 자족감을 갖게 되어 사회성이 발달하게 된다.

보상이란 유아가 바람직한 행동을 했을 때 그것에 대한 사회적 보상이다. 즉, 칭찬이나 감사의 말, 껴안는 등의 사랑의 표현, 미소, 입맞춤, 만족한 표정으로 격려해주는 방법이다(주순희 역, 1992).

부모는 다음의 원칙을 지켜 보상할 때 비로소 자녀의 사회성발달을 효과적으로 이룰 수 있다.

첫째, 보상을 줄 때는 사회적 보상(칭잔, 미소 등)과 함께 주어야 한다.

둘째, 장기간 너무 많은 보상을 주지 않는다. 유아들이 잘하려고 애쓸 때, 바람직한 행동을 발전시켜 나가는 데 격려가 필요할 때만 사용한다.

셋째, 유아의 관심에 근거하여 보상을 선택한다. 한 유아에게 보상이 되었다고 해서 다른 유아에게 반드시 효과가 있는 것은 아니다.

넷째, 작은 과제에 큰 보상은 주지 않는다. 유아의 노력에 합당한 보상을 한다.

다섯째, 어떤 특정한 바른 행동에 대해 보상을 주기 시작했을 때는 특별히 일관성 있게 매번 그 행동에 대한 보상을 준다. 유아가 하루에 세 번 '이 닦기' 약속을 하였을 경우, 이를 잘 지킬 경우에는 이에 대해 일관성 있게 매번 보상을 주는 것이다.

부모가 줄 수 있는 가장 중요하고 오래 지속되는 것이 사회적 보상이며, 이중 가장 효과적인 방법은 칭찬이다. 그렇다고 무조건 칭찬을 한다고 효과적인 것은 아니며, 칭찬도 다음과 같은 점을 유의해야 한다(이숙재 외, 1999).

첫째, 칭찬은 효과적, 구체적이고 서술적이어야 한다. 즉, 유아가 보고, 듣고, 느끼고, 행동한 것에 기울여 구체적으로 이야기해야 한다. 엄마가 "정리를 잘하는 구나" 대신에 "퍼즐과 레고블록을 나누어 잘 정리하였구나"라고 말한다면 유아는 자신의 어떠한 행동에 대하여 칭찬을 받고 있는지 알고 기쁜 마음을 가지게 된다.

둘째, 칭찬은 행동 직후에 주어야 한다. 바람직한 행동을 한 5~10초 이내에 칭찬할 때 가장 효과적이다.

셋째, 자기가 놀이한 장난감을 정리하고 싶지가 않았는데, 놀이 후 정리를 다했을 때는 "장난감을 제자리에 잘 정리하였구나"라고 엄마가 바로 언어적인 칭찬으로 보상을 해주어야 효과적이다.

넷째, 칭찬은 사회적 보상과 병행하는 것이 좋다. 즉, 말로만 하는 칭찬보다 유아의 머리를 쓰다듬거나 웃으며 안아주면서 칭찬을 할 때 더욱 효과적이다.

❷ 벌주기

바람직한 행동을 긍정적으로 강화시키는 칭찬과는 반대로, 바람직하지 못한 행동에 대해 즉각적인 어떤 반응을 보여 그 행동을 약화시키는 통제방법이 벌이다. 벌에는 매, 무시, 꾸짖음, 특권박탈 등이 포함되며 벌의 효과를 극대화하고 벌의 부작용을 최소화시켜야 한다. 성경에도 자녀에게 매에 대하여 "아이의 마음에는 미련한 것이 얽혔으나 징계하는 채찍이 이를 멀리 쫓아내리라(잠언 22:15)" "초달을 차마 못하는 자는 그 자식을 미워함이라 자식을 사랑하는 자는 근실히 징계하느니라(잠언 13:24)"라고 말씀하였듯이 매는 바람직한 사회성발달을 위해 필요하다.

매는 7단계의 순서로 적용하였을 때 효과적이다(주순희 역, 1992).

- 1단계 : 여러 사람이 있을 때가 아닌, 유아가 혼자 있을 때 매를 든다.
- 2단계 : "우리의 규칙이 뭐지?" "엄마(아빠)가 뭐라고 하셨지?" "왜 지금 회초리로 5대를 맞게 되었는지 이유를 이야기해 봐라"라고 묻는다. 이는 왜 벌을 받는지에 대해 설명함으로써 유아의 상황판단을 도울 수 있도록 해야 한다.
- 3단계 : "네가 어떻게 했니?"라고 유아에게 묻는다. 자녀로 하여금 자신의 행동에 대한 책임을 지게 하기 위함이다.
- 4단계 : 부모는 유아를 사랑하고 있고, 훈육을 하고 있는 그 순간에도 똑같이 사랑한다는 것을 설명한다. "나는 널 사랑하고 또 다음에는 네가 바르게 행동할 수 있도록 가르쳐주고 싶구나"라고 말한다.
- 5단계 : 그런 다음에 매를 든다. 재빠르게 엉덩이를 아프게 때린다. 이때 유아의 분노와 격한 울음은 차분하고 자신의 잘못을 인정하는 것으로 바뀌게 된다.
- 6단계 : 매를 때린 후에는 즉시 유아를 위로한다. 안아주고 부모의 사랑을 확인해준다.
- 7단계 : 필요하다면 유아로 하여금 잘못한 행동에 대한 뒤처리를 스스로 하게 한다.

이렇듯 매를 드는 방법은 유아의 바람직한 사회성발달을 내면화시키고, 보다 효과적인 훈육방법을 제시하기 위해서이다. 그 밖에 부모가 벌을 사용함에 있어 유념해야 할 점은 반사회적인 행동 직후에 주어져야 하며, 동일한 상황에 대해 일관성 있게 주어져야 한다. 즉각적으로 벌을 주어야 하며, 물건을 던지는 버릇이 있다면 그런 행동이 있을 때마다 일관성 있게 벌을 주어야 한다.

(5) 모방학습

모방학습은 친사회적 행동의 학습뿐만 아니라 금지된 행동을 하지 않는 자제력을 배우는 데 효과적이다. 모방학습을 유아의 사회성발달에 활용하기 위한 몇 가지 유의점은 다음과 같다(이숙재 외, 1999).

첫째, 유아는 자신에게 중요한 의미를 주는 부모 등의 행동을 모방한다. 유아를 양육하는 부모의 예의 바른 언행은 유아들에게 영향력 있는 모델로 작용하게 된다.

둘째, 부모가 자신이 한 행동에 대하여 언어적으로 진술하면 유아들은 그 행동을 명확하게 인지하고 모방하게 된다. 예를 들어, 어떤 사람을 돕는 행동을 보인 후 어떤 사람이 어떻게 도왔는지를 실제로 이야기하는 것이다.

셋째, 부모의 말과 행동은 일치되어야 한다. 다른 사람을 도와주라고 말은 하지만 그것을 행동으로 나타내지 않는 비일관적인 부모라면 유아의 친사회적 행동에 대한 모델로서 신뢰성을 잃게 된다. 친사회적 행동을 향상시키기 위해서는 말과 행동이 일관성 있는 부모의 태도가 필요하다.

넷째, 다른 사람에게 도움을 준 부모가 자신의 행동에 대하여 기뻐하거나 행복해한다면 유아의 모방학습은 더 잘 이루어진다.

남을 도와주는 부모의 행동을 지켜보면서 남을 도우는 방법을 배우고, 이타적인 행동에 수반되는 좋은 감정을 배우게 된다. 이러한 감정대리 경험은 유아가 이타적인 행동을 모방할 가능성을 증가시켜 준다.

(6) 가족 간의 토의

가정 내에서의 토의는 유아가 자신의 느낌을 이해하고 말로 표현하도록 하며, 가족들의 생각을 인식하는 데 도움이 되며, 토의 시 부모는 토의지도자의 역할을 하며 유아 자신의 생각을 자유로이 표현할 수 있는 기회를 제공해야 한다.

또한 가족이 이야기할 때는 방해하지 않고 토의가 끝날 때까지 자리에 머물러 있어야 함을 이야기하고, 토의 시 다른 사람을 비난하거나 다른 사람의 일에 간섭하는 말은 삼가도록 유의를 시킨다.

(7) 역할놀이

역할놀이는 유아에게 흥미로운 일, 상황, 역할, 대상 등을 모방하고 가상하면서 놀이로 재현해보는 것을 말한다. 이러한 놀이를 통하여 유아는 친구 사귀는 방법을 배우고, 서로 협력하는 방법을 배우면서 자기중심성에서 벗어나 사회적인 존재로 성장하게 된다.

2) 부모의 역할

자녀의 사회성을 성공적으로 발달시키기 위해서는 부모의 역할 또한 중요하다. 그러므로 자녀의 사회성발달을 성공적으로 달성할 수 있도록 하기 위하여 부모의 역할을 살펴보면 다음과 같다.

첫째, 부모는 훈육자로서의 역할이다. 자녀의 성격과 행동을 훈육할 때 상과 벌을 사용함으로써 훈육을 한다는 뜻이다. 즉, 부모는 자녀의 바람직하지 못한 사회적 행동에는 무시나 벌을 주고, 바람직한 사회적 행동에는 칭찬, 관심, 상을 줌으로써 자녀를 올바른 방향으로 지도하는 것이다.

둘째, 모델링으로서의 역할이다. 모델링은 사회적으로 가치 있는 행동을 자녀에게 제시하고 학습하도록 돕는 효율적인 방법 중의 하나이다. 모델링을 사용할 수 있는 상황을 살펴보면, 먼저 새로운 행동양식을 처음으로 익히게 할 때 도움이 된다. 예를 들면, 같은 내용의 말을 친구에게 할 때와 어른에게 할 때의 차이를 알게 하고 싶을 때가 이 경우에 속한다. 식사시간이면 또래에게는 "밥 먹자"라고 하다면, 어른에게는 "식사 하세요"라는 표현을 하게 한다. 그 다음은 바람직한 행동양식을 강화하고자 할 때이다. 마지막으로는 기존의 행동양식을 촉진시키고자 할 때이다. 즉, 쉸중 난 블록을 엄마와 언니가 함께 구성하는 것을 보면 유아도 참여하고자 하는 행동을 보일 것이다(박찬옥 외, 2003).

사회학습 이론에서도 학습은 모방과 관찰을 통하여 얻어질 수 있다고 하였다. 그러나 적절한 행동을 단순히 관찰하는 것만으로는 유아에게 적절한 행동을 수행하도록 하는 지도법으로 충분하지 않다. 다시 말하면, 단순히 관찰함으로써 유아가 이해할 것이라고 바라거나 직접적인 설명 없이 유아에게 절차만 보여주는 방법은 정확한 모방을 이끌어내기 힘들다. 무엇보다도 부모가 자신의 언어와 일관되게 행동할 때 가장 효과가 있다.

기독교 가정의 부모도 하나님께서 우리에게 주신 자녀를 잘 양육하기 위해서는 좋은 모델링을 보여야 할 의무가 주어지게 된다. 즉, 부모는 예수 그리스도께 전적으로 순복하고 그들이 하는 말이 행동과 모순되지 않을 때, 우리 자녀들이 훌륭하고 준법정신이 강한 시민으로, 또한 무엇보다도 주 예수 그리스도께 헌신하는 사람으로 성숙해갈 것이다.

셋째, 격려자로서의 역할이다. 부모는 자녀로 하여금 자신의 장점을 자발적으로 활용하도록 용기를 줌으로써 유아 스스로 가치 있다고 느끼도록 하는 역할을 뜻한다. 이때 부모는 자녀들을 서로 비교해서는 안 되며, 어려운 문제에 직면해 있거나 자신감이 없는 자녀들에게 늘 용기를 갖도록 격려해주어야 한다.

이상과 같이 사회성발달을 성장시킬 수 있는 일반적인 부모의 역할에 대하여 살펴보았다. 이러한 부모의 역할 토대 위에 유아기에 나타나는 사회적 행동들 중에서 친사회적 행동, 성역할, 자아개념, 도덕성, 친구 사귀기, 기본습관 형성 등에 대한 부모의 역할에 대해 알아보기로 한다.

(1) 친사회적 행동을 증진시키기 위한 부모역할

한국행동과학연구소(1984)는 친사회적 행동을 협동, 관용, 동정, 공감적 이해, 우정, 이타심으로 분류하였다. 이러한 친사회적 행동들에 대하여 성경은 말씀하고 계신다.

동정에 관해서는 "모두 한마음을 품고 서로 동정하고 서로 형제처럼 사랑하며(베드로전서 3:8)" "착한 사람은 동정하고 후하게 준다(시편 37:21)", 관용에 관해서는 "구타하지 아니 하며 오직 관용하며 다투지 아니 하며(디모데전서 3:3)" "바울은 이제 그리스도의 온유와 관용으로 친히 너희를 권하고(고린도후서 10:1)", 우정에 대하여는 "우리는 함께 두터운 우정을 나누며, 사람들과 어울려 하나님의 집을 드나들곤 하였다(시편 55:14)", 이타심에 대하여는 "오직 선을 행함과 서로 나눠주기를 잊지 말라 이 같은 제사는 하나님이 기뻐하시느니라(히브리서 13:16)"라고 나타내시며, 친사회적인 행동은 하나님께서 기뻐하시는 일임을 드러내고 있다. 그러므로 부모는 유아에게 친사회적인 행동을 증진시키기 위한 일에 역할을 다해야 한다.

부모가 집에서 자녀를 훈육할 때 친사회적 행동과 관련된 말이나 행동을 함으로써 유아들의 친사회적 행동을 훨씬 더 향상시킬 수 있다(차경수 외, 1998).

부모가 자녀의 이타성을 격려하는 중요한 방법 가운데 한 가지는 자녀를 사랑하고 존중하는 것이다. 친사회적 유아의 부모는 자녀에게 본보기를 보여주고 자녀가 다른 아동의 감정에 공감할 수 있도록 격려한다. 또한 친사회적 유아의 부모는 자녀에 대해 높은 기대수준을 가지는 한편, 자녀는 자신이 정직하고 이타적으로 행동할 것을 부모가 기대하리라는 것을 잘 알고 있다. 부모는 이야기나 TV에 나오는 모델들을 통해 협조적이고 서로 나눠주고 남의 입장을 생각하는 모습을 일깨워준다.

(2) 성역할에 대한 부모의 역할

성경은 "여자가 남자에게서 난 것 같이 남자도 여자로 말미암아 났으나 모든 것이 하나님에게서 났느니라(고린도전서 11:12)"라고 말씀하듯이 남자나 여자 모두 하나님께서 지음을 받은 존재로 서로 존중해야 함을 알 수 있다.

성역할에 있어서 부모의 태도는 유아에게 지대한 영향을 미치게 되므로 부모가 먼저 성역할 고정관념을 탈피하고 평등한 성역할을 수용하여야 한다. 마이클(Michel)은 유아들의 성역할은 같은 성의 부모를 흉내 내거나 성에 맞는 일을 하는 것을 강화함으로써 발달된다고 하였으므로 부모는 유아의 성역할에 영향을 미치는 부모의 태도 즉, 남성은 여성의 성을, 여성은 남성의 성을 존중하며 돕는 태도와 TV 선택에 주의를 기울이고, 유아용 그림책의 내용들을 사전에 살펴 고정된 성역할 개념형성을 최소화하도록 노력해야 한다.

(3) 자아개념에 대한 부모의 역할

긍정적인 자아개념은 기독교 가정의 자녀양육에도 매우 중요한 의미가 있다. 긍정적인 자아개념이 형성된 사람은 다른 사람으로부터 사랑을 받을 때 그 사랑을 받아들일 준비가 되어 있다. 반면에 부정적인 자아 개념이 심어진 사람은 사랑을 받아도 그 사랑을 의심하거나 거부한다. 그러므로 긍정적인 자아개념은 복음을 받아들이는 데도 중요한 역할을 한다. 부정적인 자아개념이 형성된 사람은 하나님께서 자기를 사랑하셔서 독생자를 보내셨다는 사실을 실감하고 인정하는 데 어려움을 겪기도 한다(박진경, 2000).

이처럼 자녀들에게 긍정적인 자아개념을 심어주는 것은 자녀들을 신앙으로 양육하는 일과 더불어 기독교 가정 부모들이 적극적으로 관심을 가져야 할 측면이라고 생각한다.

신앙적으로는 확실한 믿음을 가지고 있는 데도 자신에 대하여 긍정적인 자아개념을 가지고 있지 못하면 이웃과 하나님 나라를 위하여 기여할 수 있는 사람으로 성장할 수가 없다.

(4) 도덕성발달을 위한 부모의 역할

콜버그의 도덕성발달 단계에서 유아기는 전인습적 단계로 유아들의 관심사는 도덕성이나 권위를 존중하는 것이 아니라 처벌을 피하기 위해 규칙에 순종하고, 옳고 그른 것, 좋고 나쁜 것에 대한 의미를 권위적인 인물들이 가르쳐주는 대로 이해한다.

그러므로 우리 자녀에게 도덕성을 개발할 수 있도록 돕기 위해서는 하나님께서는 "도둑질하지 말라(신명기 5:19)"고 한 것처럼 도둑질은 나쁜 일이며, 해서는 안 되는 일임을 이해하도록 하는 것이 중요하다. 자녀는 도덕적 덕목이나 원리를 이해할 수 없으므로 부모는 말보다는 행동을 통해 지도하고, 도덕적 실천을 해나갈 수 있는 환경 즉, 아이들은 자신들이 매일의 도덕적 딜레마를 자유롭게 이야기할 수 있는 분위기를 마련해주어 아이들은 부모를 도덕적 선택과 원칙을 가려내는 일에 신뢰할 수 있도록 해야 한다.

(5) 친구 사귈 때 부모의 역할

유아는 친구를 사귈 때 친구의 이름, 성, 연령, 외모 등에 의해 영향을 받는다. 친구를 사귀는 데 있어서 외모는 영향을 많이 미치는데 특히 친구의 비만, 정신지체,

장애, 단정하지 못하거나 신체적으로 끌리지 않은 친구의 외향적인 면을 보고 덜 선호하게 된다(차경수 외, 1998).

성경에서 사람의 외모에 대하여 말씀하고 계시는데 "사람은 외모를 보거니와 나 여호와는 중심을 보느니라(사무엘상 16:7)" "만일 너희가 외모로 사람을 취하면 죄를 짓는 것이니 율법이 너희를 범죄자로 정하리라(야고보서 2:9)"고 하였듯이, 부모는 유아가 친구를 사귀는 데 외모적으로 판단하지 않도록 해야 하며, 나와 다른 점이 있는 친구로 생각하도록 도와주어야 한다.

또한, 부모는 유아의 친구 사귀기를 도와주기 위해서는 다른 태도나 행동을 익힐 때처럼 또래 간 활동을 할 수 있도록 기회를 제공하며, 자녀가 친구에 관해 이야기할 때 관심을 보여준다면 친구 사귀기 활동을 충분히 고무시킬 것이다. 그리고 유아가 친구에게 거부당했을 때가 중요한데, 이때는 자녀를 격려하고 이해하여 친구에게 거부당한 감정이 오래 가지 않도록 자녀의 슬픔을 공감하고 분노를 해소하도록 도와주어야 한다.

또한 부모는 자녀가 친구를 사귈 수 있는 사회적 기술을 배우도록 격려해주어야 하는데 즉, 자녀가 친구의 기분을 읽는 방법, 자신의 감정을 전하는 방법, 질문에 답하는 방법 등과 같은 기술을 익힐 기회를 주는 것과 더불어 격려가 필요하다. 갈등상황이 벌어지면 "내가 먼저 하고 네가 하면 어떠니?"와 같이 타협할 수 있는 표현력을 길러주는 것도 필요하다.

(6) 기본생활습관에 대한 부모의 역할

하나님은 이 세상을 창조의 질서를 따라 만물을 다스리시고 섭리하시고, 따라서 하나님의 형상을 따라 지음 받은 유아는 질서를 지켜야 하며 아름다운 인간관계와 질서를 위해 예절 바르게 생활해야 한다(총신대학교 부속유치원 편, 2004). 유아의 기본생활습관 형성에 필요한 덕목으로는 예절, 질서, 절제, 청결이다(교육부, 2000). 이러한 덕목은 하나님께서 사람을 만드실 때 주신 성품이다. 그와 같은 근거를 성경에서 찾아보면, 예절에 대하여는 "너희가 주 안에서 성도들의 합당한 예절로 그를 영접하고(로마서 16:2)", 질서에 대하여는 "모든 것을 적당하게 하고 질서대로 하라(고린도전서 14:40)" "하늘을 다스리는 질서가 무엇인지 아느냐? (욥기 38:33)", 청결에 대하여는 "비록 아이라도 그 동작으로 자기의 품행의 청결하며 정직한 여부를 나타내니라(잠언 20:11)" "마음이 청결한 자는 복이 있나니 저희가 하나님을 볼 것임이요(마태복음 5:8)", 절제에 대하여는 "하나님은 우리에게 주신 마음은... 오직 힘과 사랑과 절제하는 마음이니(디모데후서 1:7)"라고 보여 주듯이 하나님이 유아에게 주신 성품을 잘 발달시킬 수 있도록 하는 것은 부모의 역할이라 할 수 있다.

그러므로 부모는 자녀가 멋진 아이로 성장하도록 유아기 때부터 예절, 질서, 절제, 청결에 대하여 바른 생활습관을 형성시키는 역할을 해야 한다. 그러기 위해서는 부모는 유아 스스로 자신의 처리하는 습관을 갖도록 지도해야 하며, 또한 이 시기는 남을 돕는 것을 좋아하기 때문에 심부름 같은 일을 시켜 남을 돕는 습관도 길러줄 필요가 있다. 그리고 자기의 것과 남의 물건을 구별하는 습관, 혼자서도 옷을 갈아입고 혼자서 자는 습관, 그리고 식사 시에 바르게 앉아 먹는 습관 등의 일상적인 예절과 사람이 많이 있는 곳에서 남에게 방해가 되는 행동을 삼가는 것 등의 행동을 습관화 시켜야 한다.

이상과 같이 자녀의 바람직한 사회성발달로 키우기에 있어서 부모들이 가져야 할 마음의 자세는 겸허한 마음으로 하나님의 은혜를 구하는 것이다. 우리의 부족함을 잘 아시는 하나님은 완벽한 부모를 기대하시는 것이 아니라 매사에 하나님의 세심한 은혜를 구하는 부모가 되기를 원하실 것이다. 하나님의 말씀은 교훈과 책망과 바르게 함과 의로 교육하기에 유익하며 하나님의 사람으로 온전하게 한다고 하셨으니(디모데후서 3:16-17), 우리에게 맡겨진 자녀에게 사회성발달 양육이라는 소중한 직분을 다하면 하나님께서 우리와 우리의 자녀들에게 은혜를 베푸시리라 믿는다.

4 유아의 사회성발달을 위한 활동

활동 1. 무지개 물고기

이런 것을 기대해요	• 타인에 대한 조망수용 능력을 기른다. • 친구를 이해하고, 존중해 주는 모습은 하나님께서 기뻐하시는 일임을 안다.
필요한 것이 있어요	『무지개 물고기』 그림책
함께 해보아요	❶ 무지개 물고기를 들려준다.  ❷ 무지개 물고기를 들려준 후 유아와 이야기 나눈다. - 무지개 물고기의 비늘을 보고 다른 물고기들이 몰려왔을 때 무지개 물고기의 기분이 어땠을까? - 무지개 물고기는 왜 자신의 비늘을 친구들에게 주기 싫어했을까? - 무지개 물고기가 비늘을 주지 않자 친구들은 어떻게 했니? - 다른 물고기들이 다 떠났을 때의 기분은 어땠을까? - 친구들이 다 떠나자 무지개 물고기는 누구에게 도와달라고 했을까? - 무지개 물고기가 친구들에게 비늘을 나눠주자 친구들의 마음은 어땠니? - 무지개 물고기도 비늘을 친구에게 주자 마음이 어땠니? ❸ 하나님은 무지개 물고기가 친구들에게 비늘을 나누어주는 모습을 기뻐하신다는 것을 이야기 나눈다. - 무지개 물고기는 자신이 가장 귀히 여기는 것을 친구에게 나누어주는 것처럼 하나님께서도 귀하신 아들 예수님을 우리에게 보내셨단다. - 하나님은 왜 귀하신 예수님을 우리에게 보내셨을까? (우리를 사랑하시기 때문에) - 우리도 하나님의 사랑을 친구들에게 전하면 누가 기뻐하실까? (하나님)

활동 2. 전화를 바르게 받아요

이런 것을 기대해요	• 전화통화 시 사용하는 언어와 전화예절을 배운다. • 하나님이 주신 언어능력을 바르게 사용할 수 있다.
필요한 것이 있어요	장난감 전화기 2개
함께 해보아요	❶ 유아와 함께 장난감 전화로 전화놀이를 한다. ❷ 전화 올 때 벨이 울리는 것을 흉내 내며 유아가 전화를 받도록 한다. - 이때 전화벨이 여러 번 울리지 않게 빨리 받도록 한다. - 전화를 받으면서 "여보세요"라고 말하도록 한다. ❸ 전화를 받고 상대방의 신원을 밝히면 전화 받는 사람이 누구인지를 말하도록 한다. - 누군가 나오면 자기이름을 확실히 말하도록 한다. "저는 ○○ 입니다. 잠깐만 기다려 주세요." ❹ 전화를 바꿔줄 때는 수화기 쪽은 막고 가족이나 형제를 부르도록 한다. ❺ 전화를 끊게 될 때는 수화기는 소리 나지 않게 놓고, 상대가 끊은 것을 확인하고 나서 내려놓도록 한다. ❻ 전화놀이를 한 후에는 실제로 전화가 오면 받도록 하여 놀이하였던 방법대로 하였는지 이야기 나눈다. ❼ 하나님은 우리에게 지혜를 주셔서 전화기를 발명하게 하시고, 전화를 통하여 서로 이야기를 나누도록 하셨음을 알도록 한다.  전화벨이 울리면 가능한 빨리 전화를 받으면서 "여보세요"라고 말한다.

<table>
<tr><td rowspan="3">함께 해보아요</td><td></td><td>누군가 나오면서 이름을 확실히 말한다.</td></tr>
<tr><td></td><td>전화를 바꿔줄 때는 수호기 쪽은 막은 상태로 바꿔 드린다.</td></tr>
<tr><td></td><td>수화기는 소리 나지 않게 놓고, 상대가 끊은 다음 끊는다.</td></tr>
</table>

활동 3. 스스로 할 수 있어요

<table>
<tr><td>이런 것을 기대해요</td><td>• 스스로 할 수 있는 일에 대하여 목표를 세우고 실천할 수 있다.
• 하나님이 주신 자유의지를 가지고 자신의 일을 계획하고 실천할 수 있다.</td></tr>
<tr><td>필요한 것이 있어요</td><td>약속표, 색연필</td></tr>
<tr><td>함께 해보아요</td><td>❶ 자녀의 행동 중 수정해주어야 할 것 중에서 한 가지 또는 두세 가지를 지킬 수 있는 범위 내에서 정하도록 한다.
- 네가 고치고 싶은 행동 중에서 무엇을 약속하고 싶니?
· 매일 밤 시키지 않아도 양치질 하기
· 동생하고 사이좋게 지내기
· 놀잇감 정리하기
· 정해진 시간에 식사하기 등
❷ 유아에게 '내가 정한 약속'을 벽에 붙여놓고 날짜에 따라 잘 지키면, 동그라미 안에 웃는 얼굴, 잘 지키지 못하였으면 찡그린 얼굴을 그리게 하게 하여 진행사항을 기록하게 한다.
❸ 일정기간(일주일 정도) 동안 웃는 얼굴 표시가 많아지면 보상을 줌으로써 유아가 더 잘 해나갈 수 있도록 촉진시켜 준다.
❹ 잘 지켜지지 않을 경우에는 무엇이 문제인지 함께 이야기한다.
- 약속한 것이 왜 안 지켜질까?
- 어떻게 해야 네가 잘 지킬 수 있겠니?
❺ 하나님께서도 우리에게 주신 약속(십계명)이 있으며, 그것을 잘 지키도록 하셨음을 알도록 한다.
- 하나님이 주신 약속(십계명)을 들려준다.
- 하나님이 주신 약속(십계명)을 왜 지켜야 하는지에 대한 이야기도 들려준다.
- 하나님이 주신 약속(십계명)을 잘 지킬 때 하나님께서 복을 주심을 알도록 한다.</td></tr>
</table>

함께 해보아요

내가 정한 약속

1. 이를 이쪽저쪽 바르게 닦아요.
2. 하루 세 번 닦아요.
3. 3분씩 닦아요.

월(　　)	화(　　)	수(　　)

목(　　)	금(　　)	

- 동그란 얼굴 속에 표정을 그려주세요.
- 잘 지키면 기분이 좋아요 : 웃는 얼굴
- 안 지키면 기분이 나빠요 : 찡그린 얼굴

활동 4. 가족의 가계도

이런 것을 기대해요	• 하나님이 사랑하시는 우리 가족관계에 대하여 관심을 갖는다. • 자신과 가족의 관계를 알고, 가족에 대한 소속감을 느낀다. • 가족의 역사를 알 수 있다.
필요한 것이 있어요	가족사진(아빠, 엄마의 가족 결혼사진)
함께 해보아요	❶ 유아와 가족구성원 간의 관계를 알아본다. – 엄마의 가계도에 대하여 이야기한다. · 엄마의 엄마와 아빠를 뭐라고 부를까? (외할머니, 외할아버지) · 엄마의 남자 형제를 뭐라고 부를까? (외삼촌) · 엄마의 여자 형제를 뭐라고 부를까? (이모) · 이모의 아들, 딸과 나는 어떤 관계일까? (이종사촌) – 아빠의 가계도에 대하여 이야기한다. · 아빠의 엄마와 아빠를 뭐라고 부를까? (친할머니, 친할아버지 또는 할머니, 할아버지) · 아빠의 형을 뭐라고 부를까? (큰삼촌, 큰아버지) · 아빠의 여자 형제를 뭐라고 부를까? (고모) · 고모의 아들, 딸과 나는 어떤 관계일까? (고종사촌) ❷ 가계도의 맨 위에는 네 분의 조부모, 가운데는 엄마·아빠와 엄마·아빠의 형제들, 맨 밑에는 유아와 그 형제들을 둔다는 것을 이야기한다. ❸ 부모의 설명을 듣고 유아는 가계도의 빈칸에 그림을 오려붙이거나 글씨로 써놓도록 한다. ❹ 하나님이 우리의 가족을 사랑하시듯 우리도 가족 간에 서로 사랑하며 살아갈 때 하나님께서 축복해주심을 알도록 한다. – 성경에 나오는 하나님이 기뻐하시는 가정에 대하여 알려준다. · 배를 만들며 하나님께 순종한 노아 가족(창세기 6~7장) · 하나님께 아들을 바치기까지 순종한 아브라함 가족(창세기 22:1-19) · 형제, 자매끼리 서로 사랑한 나사로와 마리아, 마르다 가족(요한복음 11:1-44) · 하나님께 기도하며 이웃을 돕는 백부장 고넬료의 가족(사도행전 10:1-23)

함께 해보아요	 
참고사항	• 유아들마다 부모님의 형제수와 유아의 형제수가 차이가 있을 수 있기 때문에 가계도의 모양은 달라질 수 있습니다. 가족의 명칭을 말할 때 실제 우리 가족에서는 누구인지를 이야기하면 더 쉽게 이해할 수 있습니다.

활동 5. 물건을 제자리에 정돈하기

이런 것을 기대해요	• 하나님의 형상을 따라 지음을 받은 유아는 질서를 지켜야 하며 예절 바른 생활을 할 수 있다. • 물건을 제자리에 정리하는 습관을 기른다. • 분류능력을 기른다.
필요한 것이 있어요	자신이 가지고 놀던 장난감
함께 해보아요	❶ 유아가 놀이가 끝나면 장난감 정리에 대하여 이야기 나눈다. - 놀이가 끝났구나. 장난감을 어떻게 하면 좋겠니? - 만약 네가 정리를 하지 않는다면 어떻게 되겠니? ❷ 너무 많이 꺼내놓고 놀이를 하였을 경우, 유아가 모든 것을 정리하기는 어려우므로 그중 한 가지 또는 두 가지를 정리하도록 약속한다. - 네가 정리하고 싶은 것은 무엇이니? - 한꺼번에 정리하려니까 어떠니? - 앞으로 놀이를 할 때는 어떻게 놀이를 해야 할까? ❸ 놀이하다가 필요가 없어진 장난감은 정리를 해놓고 다른 장난감을 꺼내서 놀이하는 습관을 갖도록 한다. ❹ 깨끗이 정리를 하고 났을 때 격려를 해준다. ❺ 하나님께서도 이 세상을 창조하셨을 때 혼돈된 세상을 순서대로 차례차례 지으신 질서의 하나님을 알도록 한다. - 하나님의 마음을 받은 우리들도 어질러놓은 것을 잘 정리하는 습관을 가질 때 하나님께서 기뻐하시는 일임을 안다.

참고사항	• 이 활동을 하기 전에 부모님은 정리하는 유아와 미리 약속을 정해놓습니다(레고는 빨간 통에, 자동차는 노란 통에, 인형들은 파랑 바구니에, 그림책은 책꽂이에 꽂는다 등). • 주위환경을 깨끗이 하기 위해서는 우선 자신의 물건을 잘 정리 정돈하는 습관을 길러주어야 합니다. 이렇게 할 때 어려서부터 한 일을 자기가 끝맺게 하면 책임감을 배우게 되며, 자신이 갖고 놀고 싶은 것을 쉽게 찾아서 놀이할 수 있으며, 정리하는 데도 분류하는 능력을 갖게 됩니다.  

활동 6. 옷 입고 옷 벗기

<table>
<tr><td>이런 것을 기대해요</td><td>• 옷 입고 벗는 방법을 알고 스스로 옷 입고 벗을 수 있다.
• 옷을 바르게 입는 습관으로 하나님의 멋진 어린이로 성장할 수 있다.</td></tr>
<tr><td>필요한 것이 있어요</td><td>유아의 옷</td></tr>
<tr><td>함께 해보아요</td><td>❶ 혼자서 옷을 입고 벗는 것을 스스로 하기가 어려우므로 처음에는 옷에 있는 단추 풀기, 벨트 풀기 등은 엄마가 도와주고 소매에서 팔 빼기, 바지에서 다리 빼기와 같은 동작은 유아 스스로 할 수 있도록 한다.
❷ 바지를 입을 때는 바지를 부모님께서 벌려 주어 유아들이 다리를 끼고 위로 잡아당겨서 쉽게 입을 수 있게 한다.
❸ 셔츠와 스웨터 등은 목을 집어넣어 주거나 팔을 벌려 주어 쉽게 입을 수 있게 한다.
❹ 유아들이 익숙해지면 부모의 도움을 조금씩 줄이고 유아가 스스로 할 때마다 격려한다.
- ○○야, 스웨터를 혼자 입어볼 수 있겠니? 엄마가 보다가 네가 어려워하는 부분을 도와줄게.
❺ 스스로 옷을 입고 벗을 수 있게 되면 단추 끼우기, 지퍼 올리고 내리기, 벨트 매기 등도 자발적으로 할 수 있도록 방법을 알려준다.
❻ 옷을 바르게 입고 다니는 모습이 멋진 모습이므로 하나님을 믿는 어린이는 항상 단정하게 하고 다녀 하나님의 이름을 높이도록 한다.</td></tr>
<tr><td>참고사항</td><td>• 낮잠 자기 전이나 소변을 보러 갈 때 등 옷을 입고 벗는 기회가 있을 때 자연스럽게 익히도록 합니다. 엄마는 유아에게 옷 입고 벗는 시간을 충분히 주어 서두르지 않고 제대로 할 수 있도록 도와주어야 합니다. 혼자서 옷을 입으려고 하지만 부모님의 도움이 필요할 때도 있습니다. 그럴 때는 조금씩 도와주시면서 혼자 입을 수 있도록 지켜봐 주세요.
</td></tr>
</table>

활동 7. 식사를 바르게 해요

이런 것을 기대해요	• 바른 식생활습관 태도를 형성시킬 수 있다. • 바른 식생활습관으로 하나님이 주신 몸을 건강하게 유지할 수 있다.
필요한 것이 있어요	식사시간
함께 해보아요	❶ 식사시간 전에 유아들이 지켜야 할 식사예절에 대하여 이야기한다. 〈유아들에게 가르쳐야 할 식사예절 10가지〉 - 밥을 먹기 전에는 반드시 손을 씻도록 해야 한다. - 어른이 자리에 앉아서 수저를 든 후 수저를 들게 한다. - 일정하게 정해진 시간에 식사를 하도록 준비한다. - 식사 중에는 TV나 책을 보지 않는다. - 음식을 먹을 때는 쩝쩝거리는 소리가 나지 않도록 한다. - 자기가 좋아하는 음식만 먹지 않고 음식을 골고루 먹는다. - 음식은 흘리지 않고 찌꺼기가 남지 않도록 깨끗이 먹는다. - 입 안에 음식을 넣고 이야기하면 상대방에게 불쾌감을 주므로 주의하도록 한다. - 어른이 음식을 드실 때 옆에서 큰소리로 떠들거나 드러눕지 않는다. - 젓가락을 바르게 사용하도록 한다. ❷ 식사를 먹을 때 나의 모습은 어떤지 이야기한다. - ○○ 야, 엄마랑 식사예절에 대하여 이야기한 것 중에 어떤 것을 잘 지키고 있니? - ○○ 야, 엄마랑 식사예절에 대하여 이야기한 것 중에 어떤 것은 잘 지켜지지 않고 있니? ❸ 왜 바른 태도로 먹어야 하는지 이야기 나눈다. - 입 안에 음식이 있을 때 이야기하면 입 안의 음식물이 어떻게 될까? - 음식을 먹을 때 이야기하고 싶으면 어떻게 해야 할까? - 음식을 돌아다니며 먹으면 왜 좋지 않을까? - 음식을 먹고 싶은 것만 골라 먹으면 나중에 어떻게 될까? - 흘린 음식을 치우지 않으면 어떻게 될까?

<table>
<tr><td>함께 해보아요</td><td>❹ 식사시간에 예절을 잘 지킬 수 있는 방법에 대하여 유아와 약속한다.
❺ 하나님이 주신 음식을 골고루 먹고, 바르게 먹어, 몸을 건강하게 할 때 하나님이 좋아하시는 일들도 할 수 있고 건강을 유지할 수 있음을 알도록 한다.
</td></tr>
<tr><td>참고사항</td><td>• 식사시간에 지켜야 할 약속 중 강조해야 할 부분들이 유아들마다 다를 수 있으나, 어려서부터 기본적 식사예절이 습관이 되도록 해야 합니다. 바른 식사태도는 한두 번 이야기를 한다고 형성되는 것이 아니기 때문에 부모는 유아가 바른 식사태도를 보일 때는 격려로 강화해주고, 바르지 못한 식사태도가 있을 때는 단호한 태도를 보일 필요가 있습니다.
• 예를 들어, 바르지 못한 식사태도에서 정해진 시간 안에 밥을 먹도록 약속을 하였는데 계속 딴 짓을 한다면, 식사를 치워버리는 모습이 필요합니다. 그리고 이야기로만 하는 것보다는 식사예절에 관해 교훈을 주는 그림책 등을 이용한다면 효과적일 수 있습니다. 또한 부모는 유아들과 함께 식사를 하면서 올바른 모범을 보여주는 것이 가장 중요합니다.</td></tr>
</table>

활동 8. 친구에 대해 알아보아요

<table>
<tr><td>이런 것을 기대해요</td><td>• 하나님은 나와 친구를 다르게 만드셨음을 알고 존중할 수 있다.
• 친구와 나의 같은 점과 다른 점을 비교해보고, 친구에 대한 친근감 및 존중함을 갖는다.</td></tr>
<tr><td>필요한 것이 있어요</td><td>종이, 연필</td></tr>
<tr><td>함께 해보아요</td><td>❶ 자기가 좋아하는 친구를 생각하게 한다.
- 네가 좋아하는 친구가 있니?
- 친구의 이름은 무엇이니?
❷ 친구에 대하여 알고 싶은 것을 이야기 나눈다.
- 친구에 대해서 무엇이 알고 싶니?
· 친구가 좋아하는 장난감, 가고 싶어 하는 곳, 좋아하는 음식, 색깔, 모양, 장래희망 등
· 친구가 잘하는 것이 무엇일까?
- 친구가 좋아하는 것을 그물망에 적어가면서 한다.
❸ 친구와 같은 점과 다른 점이 무엇인지 이야기 나눈다.
- 너와 친구가 좋아하는 것 중에서 같은 것이 무엇이 있니?
- 너와 친구가 서로 다르게 좋아하는 것은 무엇이니?
❹ 친구와 앞으로도 잘 지내는 방법에 대하여 이야기 나눈다.
- 친구에게 어떻게 해주면 친구가 좋아할까?
- 친구와 사이좋게 놀려면 어떻게 해야 할까?
- 친구가 좋아하는 장난감은 어떤 것이니?
- 친구가 울고 있으면 어떻게 해줄까?
- 친구가 너에게 어떻게 해주면 기분이 좋니?
❺ 하나님께서는 사람들을 만드시고 보시기에 좋으셨다고 하셨음을 성경책을 읽어주며 이야기 나눈다.
- 성경에서 창세기 1:28을 읽어주고 난 후 "하나님께서 사람을 만드시고 무엇이라고 말씀하셨을까?"
- 하나님은 우리 모두의 모습을 서로 다르고(얼굴 생김새, 생각, 피부 색깔, 신체의 크기 등), 독특하게 만드셨음을 알도록 한다.
- 그러므로 하나님은 우리가 어떠한 모습이든지 간에 우리 모두를 사랑하듯이 우리도 서로 존중하고 사랑해야 함을 알도록 한다.</td></tr>
</table>

참고사항	• 유아들은 친구 사귀기를 원합니다. 그러나 친구를 어떻게 사귀어야 할지, 친구가 좋아하는 것이 무엇인지, 친구에게 어떻게 해주어야 친구가 좋아할지를 잘 알지 못합니다. 유아와 친구가 좋아하는 장난감이 무엇인지, 장난감을 가지고 어떻게 놀아야 친구가 좋아할지, 친구의 기분을 좋게 해주려면 어떻게 해야 할지에 대해서 이야기해 주세요. • 위 활동은 좋아하는 친구에 대하여 활동을 해야 유아가 관심과 흥미를 보이게 됩니다. 이 활동을 할 때 친구에 대한 정보가 별로 없다면 친구와 이야기를 나누게 한 다음에 합니다. 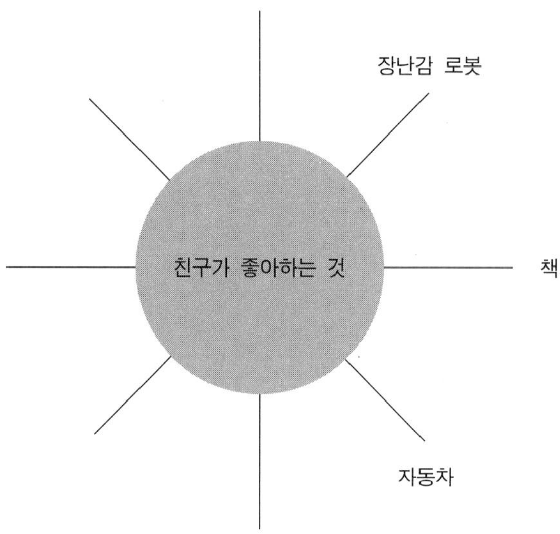

활동 9. 바르게 인사해요

이런 것을 기대해요	• 대상과 상황에 맞는 바른 인사법을 알고 표현할 수 있다. • 하나님께서는 바르게 인사하는 어린이의 모습을 기뻐하심을 안다.
필요한 것이 있어요	그림책
함께 해보아요	❶ 바르게 인사하는 하는 것이 어떤 것인지 이야기한다. - 바르게 인사하는 것은 어떻게 인사하는 걸까? - 바르게 인사한 적이 있니? ❷ '바르게 인사해요' 동화를 들려준다. 바르게 인사해요 1. 따르릉~~ 시계가 소리치면 아기공룡이 눈을 비비며 일어나요. 2. 아기공룡이 부엌에서 아침을 준비하시는 엄마공룡을 만났어요. 어떻게 인사했을까요? 3. 마루에서는 아빠가 동생을 돌보고 계셨어요. 아빠께 어떻게 인사했을까요? 동생에게는? 4. 운동을 하러 마당에 나갔어요. 강아지가 아기공룡을 보고 왈왈 짖으며 달려 와요. 아기공룡이 뭐라고 인사했을까요? 5. 밥 먹자~ 엄마, 아빠, 나는 둘러앉아 아침을 먹으려고 해요. 준비하느라 애쓰신 엄마께 뭐라고 인사할까요? 6. 옷을 입고, 가방 메고 유치원에 가려고 해요. 아기공룡이 엄마, 아빠께 어떻게 인사했을까요? 7. 벌써 유치원 활동이 끝나고 집에 돌아왔어요. 어떻게 인사할까? 8. 일터에 가신 아빠께서 저녁이 되자 돌아오셨어요. 아기공룡이 어떻게 인사했을까요? 9. 하루가 다 가고 이제 자야 할 시간이 되었어요. 엄마, 아빠께 어떻게 인사할까요? ❸ 상황에 나와 있는 인사말을 유아에게 물어본다. - 아침에 일어난 아기공룡은 엄마공룡에게 무엇이라고 인사했니?

<table>
<tr><td>함께 해보아요</td><td>❹ 동화에 관련된 인사말을 잘했으면 격려해주고 실생활에서도 사용할 수 있도록 한다.
- 유치원에 오고갈 때 부모님께 인사하기(유치원 다녀오겠습니다. 유치원 다녀왔습니다)
- 식사할 때 인사하기(어머니, 아버지, 먼저 드세요. 잘 먹겠습니다)
- 잠자기 전 인사하기(안녕히 주무십시오. 누나, 형 잘 자)
- 손님이 오셨을 때(안녕하십니까? 안녕히 계십시오)
- 길에서 웃어른을 만났을 때(안녕하십니까?)
❺ 하나님은 "네 부모를 공경하라(에베소서 6:2)"고 말씀하셨음을 이야기 나눈다.
- 부모님께 바르게 인사를 드리는 일도 부모님을 공경하는 일임을 알도록 한다.
- 부모님과 같은 이웃 어른들에게도 바르게 인사하는 모습 또한 하나님께서 기뻐하시는 행동임을 알도록 한다.</td></tr>
<tr><td>참고사항</td><td>• 공손한 인사는 예절의 기본으로써 마음과 행동, 말씨가 일치되어 남에게 공경하는 뜻을 표현하는 방법으로 누구나 지켜야 할 행동입니다. 인사는 사람, 시간, 장소에 따라 인사하는 법이 달라집니다. 어려서부터 가르치는 것이 중요하며 부모, 누나, 형이 좋은 모델이 되는 것이 무엇보다도 중요합니다. 유아에게 일상생활에 고운 말 7가지, 알맞은 인사말이 생활화가 되도록 합니다.

〈고운 말 7가지〉
• 수고하셨습니다.
• 안녕하십니까? (안녕하세요)/안녕히 계십시오.
• 미안합니다/죄송합니다.
• 실례합니다.
• 예 알겠습니다.
• 제 탓입니다(제가 잘못했습니다).

〈알맞은 인사말〉
• 보통 때 : 안녕하십니까? (안녕하세요)
• 날씨 : 맑습니다. 덥습니다. 춥습니다.
• 아침 인사 : 안녕히 주무셨습니까?
• 외출할 때 : 다녀오겠습니다.
• 밖에 나가는 사람에게 : 안녕히 다녀오십시오.
• 가는 사람을 배웅할 때 : 안녕히 가십시오.
• 자기가 떠날 때 : 안녕히 계십시오.</td></tr>
</table>

활동 10. 친구와 잘 지내기

이런 것을 기대해요	• 친구와 사이좋게 지내는 방법에 대해서 안다. • 하나님은 친구와 잘 지내기 위해 사랑하는 마음을 주셨음을 안다.
필요한 것이 있어요	인형 2개
함께 해보아요	❶ 인형을 이용해서 간단한 이야기를 들려준다. - 수훈이가 장난감 자동차를 가지고 놀고 있었어. 그런데 준형이가 와서는 장난감을 뺏어버렸어. 그래서 준영이가 엉엉 소리를 내며 울고 있어. ❷ 수훈이의 기분이 어땠을지 유아에게 물어본다. - 수훈이가 왜 울까? · 철수가 아무 말도 없이 장난감을 뺏어서 영희가 속상해서. - 수훈이의 기분이 어땠을까? ❸ 준형이가 어떻게 해야 할지를 유아에게 물어본다. - 준형이가 수훈이에게 어떻게 이야기해야 할까? · 나도 자동차를 가지고 놀고 싶어. ❹ 다시 인형을 이용해서 둘이 화해하는 이야기를 들려준다. - 준형 : 미안해. 여기 있어. - 수훈 : 괜찮아. 내가 조금만 더 가지고 놀고 줄게. - 준형 : 그래, 고마워(인형끼리 악수한다). ❺ 인형들처럼 엄마와 유아도 악수를 한다. - 수훈이와 준형이가 화해를 하면서 악수를 하네. 우리도 악수 한 번 해볼까? ❻ 구약성경에 나오는 '다윗과 요나단(사무엘상 19:1-7)' 이야기를 들려주며, 서로 사랑하는 친구관계의 의미를 알도록 한다. - 다윗과 요나단은 어려운 일이 있을 때마다 서로 도움을 주고, 서로 사랑하며, 아꼈던 친구관계였으며, 하나님께서 함께하시고 복을 주시기를 바란 친구관계였음을 들려준다. - 우리도 다윗과 요나단과 같이 서로 사랑하고 아끼고 하나님을 잘 섬기는 친구를 사귈 수 있도록 하나님께 기도하도록 한다.

<table>
<tr><td>참고사항</td><td>• 유아기에는 놀이하다가 친구 사이에 말없이 장난감으로 인한 갈등상황이 많이 발생합니다. 이럴 때 유아들은 서로 공격적인 행동이 나타나 싸움으로 발전하게 됩니다. 싸움이 일어나기 전에 갈등상황을 해결할 수 있는 방법으로는 항상 말로 문제를 해결할 수 있도록 도와주는 것이 필요합니다.
</td></tr>
</table>

활동 11. 공공장소에서 지킬 규칙 만들기

이런 것을 기대해요	• 공공장소에서 지켜야 할 약속을 정하면서 약속의 의미를 알고, 규칙을 지킬 수 있다. • 하나님은 창조의 질서에 따라 만물을 다스리듯이 우리도 규칙과 질서를 지켜야 함을 안다.
필요한 것이 있어요	종 이
함께 해보아요	❶ 유아와 공원, 야구장, 음식점, 공항, 공연장, 극장 등 공공장소에 가지 전에 지켜야 할 규칙을 유아와 함께 만들어본다. - 우리 내일은 레스토랑에 저녁 먹으러 갈 건데 어떻게 행동해야 할까? - 레스토랑에서 어떤 약속이 필요할까?

함께 해보아요	 뛰어다니지 않는다.  의자에 바르게 앉는다.  큰소리로 떠들지 않는다.  장난치지 않는다.

함께 해보아요	❷ 왜 그런 약속을 지켜야 하는지에 대한 이유에 대하여 이야기 나눈다. - 왜 돌아다니면 안 될까? - 왜 큰소리로 떠들면 안 될까? - 음식은 어떻게 먹어야 할까? (돌아다니거나 큰소리로 떠들면 다른 사람이 음식을 먹는 데 방해가 되기 때문이다) ❸ 왜 그런 약속을 지켜야 하는지 이유를 아이가 알게 되면 약속을 더 잘 지킬 수 있게 되고 내면화하게 된다. ❹ 레스토랑을 다녀온 후 약속에 대한 평가를 한다. - 돌아다니지 않기로 했는데, 어떻게 했니? - 떠들지 않기로 했는데, 어떻게 했니? - 다음에는 잘 지키기 위해 어떻게 하면 좋을까? ❺ 하나님이 만드신 세상은 질서와 규칙이 있기 때문에 아름답고 편안함을 느낄 수 있음을 이야기 나눈다. - 하나님이 만드신 자연에서 바다가 땅을 덮고, 해가 지지 않고 계속 낮만 되거나 밤만 있다거나 한다면 어떻게 될지 생각해 보게 한다. - 하나님이 만드신 자연에 질서와 규칙이 없다면 너무 불편하고 생활하기가 힘들다는 것을 알도록 한다. - 마찬가지로 우리들도 여럿이 모인 곳에서 함부로 행동하고 떠든다면 다른 사람들이 어떻게 느끼게 될지 알도록 하여, 하나님이 질서와 규칙적으로 세상을 다스리는 것처럼 우리들도 공공장소에서 질서를 잘 지키는 생활을 하도록 한다.
참고사항	• 유태인 가정에서는 유아들과 함께 음식점에 가지 않는다고 합니다. 또한 다른 가정에서 초대를 하여도 유아들이 있다고 하여 초대에 거절을 한다고 합니다. 그만큼 여러 사람이 모이는 곳에 유아들로 인하여 방해를 주어서는 안 된다는 교육적인 관점에서 나온 배려라 할 수 있지요. 그러나 우리 사회에서는 유아와 함께 가야 하기 때문에 공공장소에 가기 전에 유아와 미리 지켜야 할 태도에 대하여 약속을 하고 간다면 공공장소에서 바르게 행동을 할 수 있을 것입니다. • 유아와 약속을 할 때는 지켜야 할 약속을 두세 가지 정도만 정하세요. 너무 많은 약속을 정하면 유아들은 기억하기도 어렵고 지킬 수도 없게 됩니다.

활동 12. 저금할 수 있어요

이런 것을 기대해요	• 일하는 것은 하나님의 명령이며 축복이라는 것을 알고, 용돈의 가치를 안다. • 용돈 관리하는 방법을 알고, 저축하는 습관을 기른다.
필요한 것이 있어요	저금통, 계획표

함께 해보아요

❶ 부모님으로부터 용돈을 받을 수 있는 방법에 대해 이야기 나눈다.

- 엄마, 아빠한테 무조건 용돈을 달라고 하지 말고 용돈을 받을 수 있는 방법은 뭐가 있을까?
  - · 일을 돕고 용돈을 받는다.
- 집에서 네가 스스로 할 수 있는 일은 무엇이 있을까?
  - · 아빠의 구두 닦기
  - · 부모님 어깨 주물러 드리기
  - · 화단에 물주기
  - · 심부름하기
  - · 동생 돌보기 등
- 유아가 일을 한 후 받는 용돈을 그때그때 줄 것인지 아니면, 일주일에 1번, 아니면 이주일에 1번, 한 달에 1번을 줄 것인지는 유아와 정해야 한다.
- 용돈을 보관할 수 있는 지갑과 용돈기록장을 준비한다.
- 처음에는 용돈기록장을 부모가 기입하는 것을 도와주고, 나중에는 스스로 기입할 수 있도록 한다.

〈용돈기록장〉

날 짜	내 용	들어온 돈(용돈)	나간 돈	남은 돈

함께 해보아요	❷ 어른들에게 받은 용돈의 사용에 대하여 이야기 나눈다. - 엄마, 아빠나 혹은 할머니, 할아버지가 주시는 용돈으로 무엇을 할 수 있을까? · 간식을 사 먹는다. · 내가 갖고 싶은 필요한 학용품이나 장난감을 산다. · 부모님 생일, 형제 생일, 친구 생일에 선물을 사줄 수도 있다 등. - 용돈을 더 잘 사용할 수 있는 방법은 무엇이 있을까? · 무조건 물건을 사거나, 꼭 필요한 것이 아닌 데도 물건을 사면 용돈이 어떻게 될까? · 꼭 필요한 곳에 돈을 쓰고 나머지는 어떻게 할까? ❸ 용돈을 저금하면 좋은 점에 대하여 이야기 나눈다. - 적은 돈을 모으면 큰 돈을 만들 수 있다. - 저금한 돈으로 필요할 때 사용해서 좋다. ❹ 용돈을 저금할 수 있는 방법에 대해 이야기한다. - 돈을 저금하려고 하면 어떤 방법을 이용하면 좋을까? - 저금통에 저금을 한다. · 엄마나 아빠에게 맡긴다. · 은행에 가서 저금을 한다. ❺ 수고하고 얻은 용돈을 가치 있게 사용하는 방법에 대하여 이야기를 나눈다. - 신약성경에 사마리아인이 강도 만난 사람을 도와주는 이야기를 들려주고, 예수님이 사마리아인을 칭찬하셨음을 알도록 하여, 우리의 용돈을 어려운 이웃을 위해 사용할 수 있는 방법을 찾아보도록 한다.
참고사항	• 유아기부터 용돈 사용하는 방법은 유아들에게 경제개념을 길러주는 데 유익한 방법이 될 수 있고, 스스로 용돈을 관리하는 방법을 습득하게 됩니다. 용돈의 가치를 주기 위해서는 유아가 한 일에 대한 대가로 준다면 용돈의 사용에 있어서 알뜰하게 사용할 수 있습니다.

Chapter 6

유아의 정서발달과 교육

정서(emotion)란 인간이 보이는 모든 감정표현이나 감정을 나타내는 행동으로써 하나님의 형상대로 지음 받은 인간의 지·정·의와 관련된 한 영역이다. 본 장에서는 유아가 자신의 감정을 바람직하게 표현하고 행동으로 나타내도록 도와서 정서가 발달된 하나님의 자녀로 양육할 수 있도록 하는 데 목적을 두고 살펴본다.

1 유아의 정서발달

1) 정서 및 정서지능의 개념

정서(감성)는 어떤 대상이나 상황을 인지하고 이에 대한 감정과 행동이 연쇄적으로 나타나는 반응을 의미한다(Plutchik, 1980). 정서의 어원인 '밖으로 움직인다(emo-vere)'에서 해석할 수 있듯이, 정서는 인간에게 발생한 어떤 사건의 직접적인 결과라기보다는 인간의 마음속에서 생각한 바가 밖으로 표출된 것이라고 간주되며, 여기에는 인지적·사회적·행동적 측면들이 상호작용하게 된다.

따라서 정서는 행복, 애정, 기쁨, 슬픔, 두려움, 분노, 질투 등 다양하고도 미묘한 정서가 이성에 커다란 영향을 미치므로 지능의 범위 안에서 정서를 포함시키는 정서지능의 개념을 확장시켰다. 정서지능(emotional intelligence)이라는 개념은 1990년대 대두되면서 정서와 지능에 대한 새로운 접근이 시도되고 있다. 이 용어가 처음 사용된 것은 1990년 미국 뉴 햄프샤(New Hampshire) 대학의 심리학 교수인 메이어(Mayer)와 예일(Yale) 대학 교수인 살로비(Salovey)이다. 정서지능이 보편적인 관심거리로 등장하게 된 것은 1995년 골만(Goleman)이 쓴 『정서지능』이라는 책이 베스트셀러가 된 이후 "당신의 EQ는 어떤가?"라는 내용이 표지기사로 다루어지면서 EQ라는 용어가 세계적으로 사용하기 시작하였다(윤현석, 1997; 김대라, 1999).

살로비와 메이어(1990)에 의하면 정서지능에는 세 가지 영역으로 나눈다. 즉, 정서의 인식과 표현, 정서의 조절, 정서의 활용으로 나누고 다시 10개의 하위영역으로 분류하고 있다. 이어서 골만(1995)과 살로비와 메이어의 정서지능의 초기개념을 기초하여 정서지능을 5개 요소로 분류하였다. 즉, ① 자신의 정서에 대한 인식능력 ② 정서를 관리하는 능력 ③ 자신을 동기화시키는 능력 ④ 다른 사람의 정서를 인식하는 능력 ⑤ 인간관계를 관리하는 능력으로 분류하였다. 그리하여 정서지능이란 "정서를 정확하게 지각하여 평가하고 표현하는 능력, 정서의 사고촉진 능력, 정서 및 정서와 관련된 지식을 이해할 수 있는 능력이라고 하였다(Salovey & Mayer, 1996).

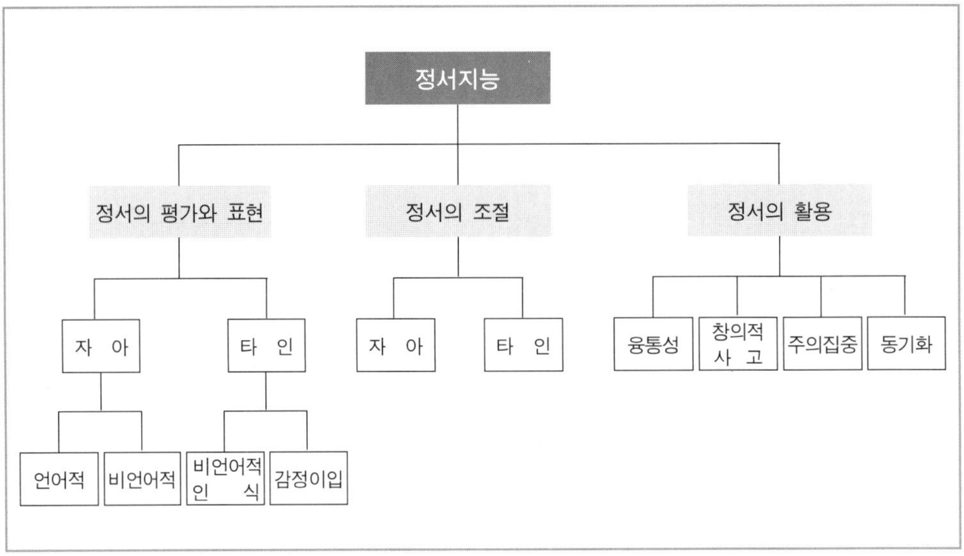

[그림 6-1] Salovey와 Mayer(1990)의 정서지능의 초기개념

그 후 메이어와 살로비(1996)는 정서지능을 재정의 하여 정서지능이란 정서를 정확히 평가하고 표현하는 능력, 감정에 접근하고 사고를 촉진시킬 수 있는 정서를 발생시킬 수 있는 능력, 정서 및 정서와 관련된 지식을 이해하는 능력, 그리고 정서적·지적 성장을 도모하기 위해 정서를 조절하는 능력 등의 네 가지 능력을 포함하는 지능이라고 하여 [그림 6-2]와 같이 나타내었다.

2) 정서의 발달적 특성

정서발달에 대한 심리기능적 접근은 정서발달을 설명하는 기본적 틀이다. 이 접근은 정서발달을 기능적인 측면에서 본다. 즉, 정서가 무엇인가라는 질문보다는 "어떤 것을 정서반응이라고 하며, 인간의 각 발달시기에 따른 정서반응의 변화에는 어떤 기제가 작용하고 있는가"에 초점을 둔다. 유아가 발달해가면서 점차 복잡해지는 상황 속에서 더욱 더 세분화된 방식으로 정서반응을 나타내게 되는데 유아의 발달수준에 따라 서로 다른 형태와 기능을 가지는 행동표현으로 정서를 나타낸다. 정서행동의 표현은 다음 네 가지 측면에서 구분되며 정서발달적 특성을 나타낸다(한국 인간발달학회, 1995).

➡ 정서적 및 지적 성숙을 증진시키는 정서의 반성적 조절

- 유쾌한 감정, 불쾌한 감정 모두 개방성을 유지하는 능력
- 정보성이나 유용성에 대한 판단에 근거해 반성적으로 정서에 관여하거나 또는 그것에서 벗어나는 능력
- 자신 및 타인과 관련해서 정서가 얼마나 명료하며, 전형적이고, 영향력 있는지, 합리적인지 반성적으로 검토하는 능력
- 정서가 전달하는 정보를 억압하거나 과장함이 없이 부정적인 정서는 고양시킴으로써 자신과 타인의 정서를 관리하는 능력

➡ 정서에 대한 이해 및 분석 : 정서적 지식의 활용

- 정서를 명명하고, 애정, 사랑 간의 관계와 같이 단어와 정서 그 자체 간의 관계를 인식하는 능력
- 슬픔은 종종 상실을 동반하는 것처럼 정서가 어떤 관련성에 대해 전달하는 의미를 해석하는 능력
- 사랑과 미움의 동시적 감정이나 두려움과 놀라움이 합쳐진 경외감 같은 복합감정처럼 복잡한 감정을 이해하는 능력
- 분노가 만족으로 전환되거나 혹은 분노가 수치심으로 전환되는 것처럼 정서들 간의 전환가능성을 인식하는 능력

➡ 정서의 사고 촉진

- 정서는 중요한 정보에 주의를 기울임으로써 사고의 우선순위를 결정한다
- 정서가 충분히 생성하고 활용 가능하여 감정과 관련된 판단과 기억에 도움을 줄 수 있다
- 정서적 기분의 변화가 다양한 관점을 고려하도록 고무하면서 개인 관점을 낙관적에서 비관적인 것으로 바꾼다
- 행복감이 귀납추리와 창의력을 촉진시킬 때처럼 정서상태가 특정문제에 대한 접근을 각기 다르게 고무한다

➡ 정서의 지각, 인식 및 표현

- 자신의 신체상태, 감정사고에 내재된 정서를 규명하는 능력
- 언어, 소리, 외양 및 행동을 통해서 타인, 디자인, 예술작품 등에 내재되어 있는 정서를 규명하는 능력
- 정서를 정확히 표현하고 그러한 감정과 관련된 욕구를 표현하는 능력
- 감정표현이 정확한지 부정확한지 또는 정직한지 부정확한지를 변별하는 능력

자료 : 김성원(2003)

[그림 6-2] Salovey & Mayer(1996)의 정서지능 수정개념

첫째, 정서상태나 행동은 그것이 나타나게 되는 원인에 따라 구분된다. 즉, 정서를 파악하는 "내적 · 외적" 단서에 따른 구분이다.

둘째, 정서는 그 표현 "강도"에 따라 다른 심리적 상태를 나타내며, 이것은 신체의 사용 정도에 따라 다르게 나타난다.

셋째, 정서의 표현이나 정서행동의 "지속 정도"이다. 예를 들어 두려움, 행복, 분노 등의 정서상태에 따라 구분한다.

넷째, 정서행동은 사회적인 판단이 개입하는 "평가"의 측면이 있다. 즉, 사회적 해석과 개인적 평가에 있어 서로 다르게 받아들여지고 피해야 할 것들이 있다.

이러한 특성들은 정서표현이나 행동이 개인의 특성을 나타낼 뿐 아니라 개인의 행동에 있어 특정 기능을 담당하고 있다고 생각하기 때문이다.

일반적으로 정서의 수용기관이 활성화됨으로써 신체활동 및 신경생리적 활동의 변화를 정서상태(emotional state)라고 한다. 정서의 수용기관(emotional receptors)이란 유기체의 생리적 상태나 인지적 상태의 변화를 중재하는 중추신경계 내의 특별한 장소나 통로를 말한다(김경희 외, 1994). 따라서 정서라고 부르는 것을 정서상태라고 규정하기로 한다. 이러한 유아의 정서상태 발달과정은 두 가지 모델을 갖고 있다. 즉, 분화모델과 선천적 모델이다.

(1) 정서발달 과정-분화모델

출생 당시 아기의 정서는 아직 분화되지 않은 상태에서 아기가 커감에 따라 점점 감정이 분화되는데 이에 영향을 주는 것은 성숙, 학습, 조건화 등이며 분화됨에 따라 희 · 노 · 애 · 락이 분명해진다. 출생 시 기본적 상태는 쾌 정서(긍정적 상태)로 만족, 배부름 등과 불쾌 정서(부정적 상태)로 고통 등과 함께 흥분상태인 미분화 상태이다. [그림 6-3]은 브릿지스(Bridges, 1932)의 정서분화 가정을 예시한 것으로써 이 이론은 스피츠(Spitz, 1965), 스로우페(Sroufe, 1979) 등에 의해 지지되었다(이경희 외, 1994, 재인용).

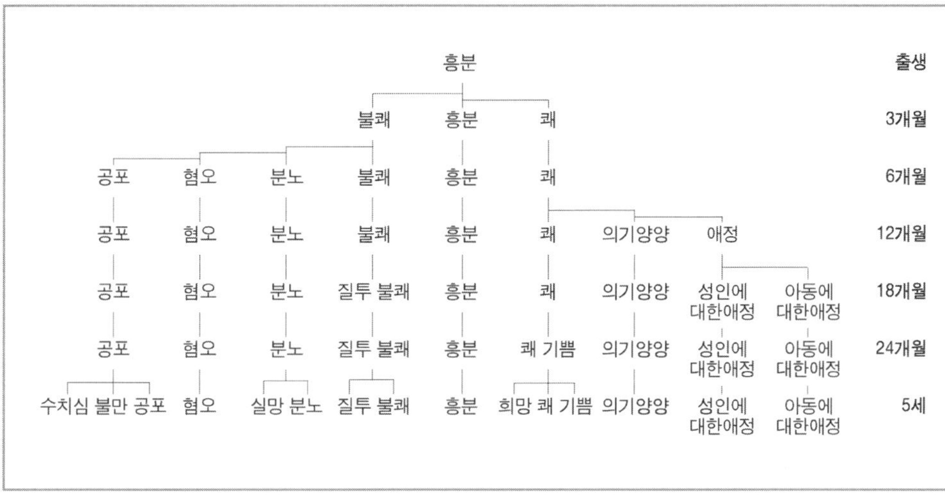

[그림 6-3] 연령에 따른 정서분화(Bridges, 1932)

(2) 선천적 모델

이 모델은 정서상태가 어떤 면에서 이미 짜여져 있는 특수한 상태이며 더 이상의 분화는 없다고 보는 관점이다. 즉, 정서상태들은 발달하는 동안 어느 시점까지 아직 나타나지 않더라도 출생 시부터 존재한다는 설명이다. 미분화된 상태가 아니라 분화된 형태로 출생 시부터 선천적으로 존재한다고 믿는다. 하나님의 형상대로 지음을 받은 아기는 태어날 때부터 지·정·의를 갖고 태어나며 성숙에 의해 함께 하나님께 속한 속성도 더욱 성숙된다고 설명할 수 있으나, 이 이론은 본질적으로 생물학적인 지배를 받아 움직인다고 보는 관점을 받아들이기 어렵다. 본질적으로 인간을 창조하신 창조주 그 분의 계획에 따라 지배를 받는 것이다. 정서상태로 사용되는 행동반응, 그리고 아동의 인지적 구조 내에서 발생한다고(이경희 외, 1994) 볼 수 있다. 따라서 기독교 가정에서 정서상태의 발달을 촉진시킬 수 있는 상호작용의 방법은 매우 중요하게 대두된다.

3) 정서발달의 행동적 특성

유아의 기질에 따라서 9가지 기질 중 4가지 특성이 신생아부터 10세까지 지속적으로 정서발달의 행동적 특성이 나타난다. 9가지 기질은 ① 활동수준 ② 행동의 규칙성(리듬) ③ 주의전환 정도 ④ 새로운 경험에 직면할 때 접근 또는 위축 ⑤ 변화에 대한 적응성 ⑥ 주의 폭(지속성) ⑦ 자극에 대한 반응강도 ⑧ 반응성의 역치(구별되는 반응을 유발하는 데 필요한 자극의 양) ⑨ 기분의 성질로 나눈다(Thomas, Chess & Birch, 1968).

어린 아기들이나 유아들의 개인차를 보여주는 이런 기질적 특성에서의 차이는 사회적 관계나 정서발달의 행동적 특성으로써 정서행동의 표현을 설명하는 데 많은 함축성을 보여준다. 예를 들어서 매우 활동성이 높은 유아는 덜 활동적인 유아보다 부모와 친구들과 더 다양한 사회적 상호작용을 하게 되며 정서적 표현도 더 자주 나타난다. [표 6-1]은 기질의 연령별 변화에 따른 정서발달의 행동적 특성을 생후 2개월에서 10세까지의 지속적인 행동특성으로 나타나고 있음을 설명하고 있다(한국 인간발달학회, 1995).

[표 6-1] 기질의 연령별 변화 : 정서발달의 행동적 특성

기질적 특성	평정	2개월	6개월	1세
활동 수준	높음	• 잠을 잘 때 종종 움직인다. • 기저귀를 갈 때 바둥거린다.	• 욕조에서 서려고 한다. • 침대에서 버둥댄다. • 강아지를 따라서 기어다닌다.	• 빠르게 걷는다. • 열심히 먹는다. • 모든 물건 위에 올라간다.
	낮음	• 옷을 입혀줄 때나 잠자는 동안에 움직이지 않는다.	• 목욕할 때 수동적이다. • 침대에서 조용히 놀다가 잠이 든다.	• 우유를 천천히 마신다. • 쉽게 잠이 든다. • 항상 손톱 자를 때 안달하지 않는다.
규칙성	규칙적	• 출생 후에 먹는 시간이 4시간 간격으로 유지된다. • 규칙적인 배변	• 매일 밤 6시 30분에 잠이 든다. • 아침 7시에 깬다. • 음식의 섭취량이 일정하다.	• 매일 점심 후에 낮잠을 잔다. • 잠자기 전에 항상 우유를 먹는다.
	불규칙적	• 매일 아침 다른 시간에 잠이 깬다. • 섭취량이 변한다.	• 낮잠 양이 변한다. • 음식섭취량도 변한다.	• 한 시간 혹은 그 이상 잠이 들지 않는다. • 매일 다른 시간에 변을 본다.

기질적 특 성	평 정	2개월	6개월	1세
주의 전환	전환됨	• 음식을 주면 울기를 멈춘다. • 기저귀를 갈 때 공갈꼭지를 주면 징징거리기를 멈춘다.	• 엄마가 자장가를 불러주면 울기를 멈춘다. • 장난감을 주었을 때 옷을 입는 동안에 조용히 앉아 있다.	• 세면을 게임처럼 하지 않으면 얼굴을 씻길 때마다 운다.
	전환되지 않 음	• 기저귀를 갈 때 울기를 멈추지 않는다. • 음식을 먹은 후 달래주어도 보챈다.	• 옷 입히는 것이 끝나야지만 울기를 멈춘다. • 우유병을 줄 때까지 운다.	• 장난감을 멀리 가져가면 울고, 다른 장난감은 거부한다.
반응성	높 음	• 다가오면 우유병 빨기를 멈춘다.	• 비타민이 첨가되면 자신이 좋아하는 과일을 거절한다. • 밝은 불빛에 머리를 감춘다.	• 자신이 좋아하지 않은 음식을 뱉어버린다. • 간지럼을 당하면 킥킥거리며 웃는다.
	낮 음	• 큰 소음에도 놀라지 않는다. • 우유병과 엄마 젖을 똑같이 잘 빤다.	• 모든 것을 먹는다. • 기저귀가 젖거나 더럽혀져도 저항하지 않는다.	• 자신이 좋아하는 음식이면 설사 싫어하는 음식과 혼합되어 있더라도 먹는다. • 쉽게 낯선 사람과 함께 남겨질 수 있다.

기질적 특 성	평 정	2세	5세	10세
활 동 수 준	높 음	• 가구에 올라간다. • 탐색한다. • 잠자리에 들 때 침대에 들락거린다.	• 식사를 하는 동안 자주 식탁을 떠난다. • 항상 이리저리 뛰어다닌다.	• 공을 가지고 놀고 다른 운동도 한다. • 숙제를 할 정도로 오랫동안 조용히 앉아 있을 수 없다.
	낮 음	• 퍼즐을 가지고 조용히 놀기를 즐긴다. • 여러 시간 동안 레코드를 들을 수 있다.	• 옷 입는 데 시간이 오래 걸린다. • 자동차 의자에 조용히 앉아 있는다.	• 체스와 독서를 좋아한다. • 매우 조용히 먹는다.

기질적 특 성	평 정	2세	5세	10세
규칙성	규칙적	• 매일 점심을 많이 먹는다. • 항상 잠자기 전에 간식을 먹는다.	• 침대에 누우면 잠이 든다. • 규칙적인 배변을 한다.	• 식사시간에만 먹는다. • 매일 저녁 잠자는 양이 같다.
	불규칙적	• 매일 낮잠시간이 바뀐다. • 배변을 예측할 수 없기 때문에 배변훈련이 어렵다.	• 음식섭취량이 변한다. • 배변시간도 변한다.	• 음식섭취량이 변한다. • 매일 밤 다른 시간에 잠이 든다.
주 의 전 환	전환됨	• 또 다른 행위를 제안하면 짜증을 멈추는 경향이 있다.	• 다른 어떤 것을 하도록 유도해서 금지된 행위를 하지 않게 할 수 있다.	• 숙제를 위해서 절대적인 침묵이 필요하다. • 가게에서 셔츠를 고를 때 여러 가지가 끌리기 때문에 고르기가 어렵다.
	전환되지 않 음	• 어떤 바라던 물건을 가질 수 없으면 발악을 한다. • 엄마의 부름을 무시한다.	• 재미있는 것을 사고 있으면 다른 것이 들리지 않는 것처럼 보인다. • 다치면 오랫동안 운다.	• 텔레비전을 크게 하고 책을 읽을 수 있다. • 시간표 짜는 것을 귀찮아한다.
반응성	높 음	• 아빠가 집에 오실 때 문으로 달려간다. • 항상 단단히 이불을 덮어야만 잔다.	• 엄마가 처음으로 새 옷을 입을 때를 항상 알아차린다. • 우유가 차지 않으면 먹지 않는다.	• 살찌는 음식을 안 먹는다. • 물이 꼭 정확한 온도가 될 때까지 샤워기를 조절한다.
	낮 음	• 어떤 사람과도 남겨질 수 있다. • 똑바로든, 누워서든, 엎드려서든 쉽게 잠이 든다.	• 독서할 때 시끄럽고, 갑작스런 소음들이 들리지 않는다. • 예방주사에 저항하지 않는다.	• 아플 때 절대 불평하지 않는다. • 모든 음식을 다 먹는다.

2 유아의 정서발달 내용

1) 정서상태

유아의 정서상태에 대한 관점이 분화 또는 선천적 모델 등 어떤 것에 강조를 하던 그들에게서 표현되는 정서의 양식은 다양하다. 즉 행동, 애정, 공포, 분노 등 쾌 정서와 불쾌 정서가 항상 교차되고 있다. 이러한 정서는 밖으로 표현된다. 정서표현은 얼굴, 신체, 음성적 반응을 포함하는 복잡한 행동 패턴을 의미한다. 레비스(Lewis)와 그의 동료들(1983)을 연령에 따라 정서표현 또는 정서상태가 [그림 6-4]와 같이 다르다고 하였다(이경희 외, 1994, 재인용).

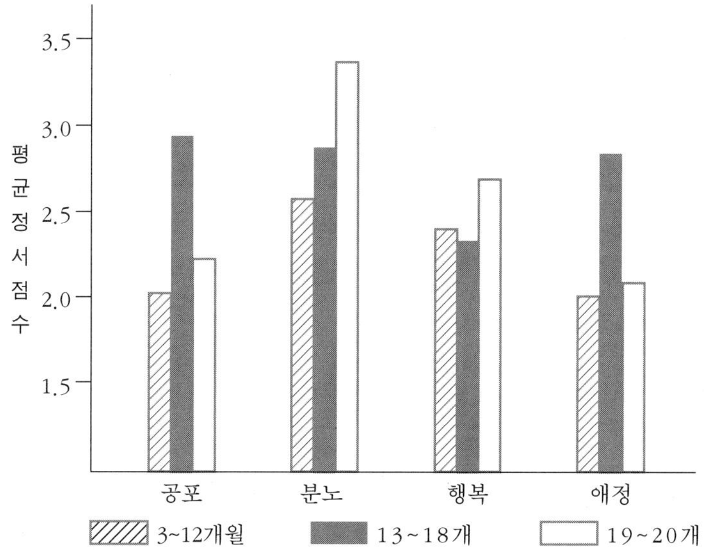

[그림 6-4] 연령에 따른 정서표현의 발달

(1) 공포(fear)

공포는 실제적인 것이든 혹은 상상에 의한 것이든 위험에 처했을 때 그 대상으로부터 도피하려는 반응을 의미한다. 유아의 시각적 공포는 대개 생후 6~7개월경에 나타나는 낯가림으로부터 표현되기 시작한다(주정일, 1988). 낯선 사람, 안경이나 모자를 쓴 사람, 이상한 옷을 입은 사람을 보면 무서워한다. 고양이, 토끼, 쥐, 개 같은 동물들이나 불이 붙는 것, 파충류, 개구리, 뱀 등도 학습과 조건에 의해 무서워한다는 것이다. 2~4세에는 공포대상이 동물이나 혹은 혼자 남겨지는 것, 혹은 사랑하는 사람으로부터 떨어지는 것, 어두움, 불 등으로 확대되어 6세에는 마귀, 귀신 같은 초자연적인 것과 천둥, 번개, 비바람과 같은 자연현상이 공포대상이 되며, 7세경에는 전쟁, 간첩, 도둑 등에서 공포반응을 보이고 9세경이 되면 학업실패, 경쟁에서의 패배 및 가정에서의 문제 등이 그 원천이 되기도 한다(이경희 외, 1994).

(2) 분노(anger)

분노는 신체적으로 불쾌함을 느낄 때 혹은 활동을 간섭당할 때 발생하는 정서로써 유아의 환경 내에는 분노를 야기하는 자극이 많다. 즉 욕구좌절, 행동이나 활동의 저지, 소유물 침해, 성인의 잔소리나 책망, 타인과의 부당한 비교 등을 들 수 있다. 생득적으로 아기를 화나게 하는 요소는 배가 고프거나 엄마가 얼른 나타나지 않거나 기저귀가 젖었을 때나 또한 춥거나 아프거나 졸리거나 돌봐주지 않을 때이다. 후천적으로 화를 내는 것은 주목을 끌기 위한 수단이나 갖고 싶은 것을 빼앗거나 하고 싶은 일을 못하게 할 때나 계획이 좌절될 때에 일어난다. 분노정서를 표출하는 방법도 밖으로 표현하는 유아, 안으로 도사린 채 말을 안 하는 유아, 집을 나가버리는 등이 있다. 밖으로 표현하는 경우, 다른 사람을 때리거나 욕하기, 물어뜯기, 걷어차기, 물건을 던지거나 깨기, 책 찢기, 훔치기 등 물건을 상대로 분노를 해소하기도 한다(주정일, 1988).

(3) 질투(envy)

애정을 상실했거나 상실할까 두려워하는 정서를 질투라고 한다. 유아들은 부모의 사랑을 놓고 형제자매 간에 질투를 일으키는 경우가 많다. 특히 동생을 본 어린이는 부모의 애정을 빼앗길 위협 때문에 질투를 느낀다. 어른들의 편애나 불공평한 대우를 받았을 때도 질투를 유발하게 되며, 유아들이 어렸을 때 질투감정을 많이 느끼게 되면 커서도 이 약점을 벗어나기가 어려우며 때때로 누군가를 질투함으로써 자기도 괴롭고 남도 괴롭히는 수가 있다.

(4) 불안(anxious)

불안이란 계루 중이거나 다가올 고통에 대하여 아프도록 불편한 마음(Jersild, 1968)이라고 하였다. 불안의 특징은 당사자가 마치 탈피할 수 없는 어떤 함정에 빠진 것처럼 절망적으로 느끼며 불길한 생각에 잠겨서 문제의 해결책을 찾지 못하는 것이다. 공포와 다른 점은 공포는 뚜렷한 대상이 있는데 불안은 근심걱정에서 오는 지극히 주관적이고 상상적이다(주정일, 1988).

(5) 호기심(curious)

호기심은 쾌 정서의 상태로써 건강하고 기분이 좋은 상태의 유아일수록 호기심이 강하다. 이러한 호기심은 주위의 사물을 관찰하고 여러 가지 현상을 탐색하고 파악하는 등 많은 지식을 습득하는 원천이 되기도 한다.

(6) 행복(happiness)

행복은 긍정적인 정서상태의 표현으로 쾌감(pleasure), 기쁨(joy), 즐거움(delight) 등이 포함된다. 행복감은 종종 미소 짓기, 웃음, 낄낄거림, 손뼉 치기 등 기쁨으로 표현된다. 사회적 미소(social smile)는 생후 3주 정도가 되어야 나타난다고 하지만 요즈음은 더 일찍 나타나기도 한다.

(7) 애정(affection)

애정은 인간이 사람, 동·식물, 사물에 대해서 갖는 정서적 상태를 의미하며, 이는 기쁨 이상으로 대인관계나 개인적 적응 또는 사회생활에 지대한 영향을 미치는 요소이다. 갓난아기는 주로 피부접촉을 통해서 애정을 확인하게 되므로 되도록 많이 안아주고 어루만져 주어야 한다. 유아들은 자기에게 기쁨을 주는 사람들을 좋아하는 것을 배우게 되며 사람뿐 아니라 동물이나 무생물에게도 애정을 표현한다. 유아들은 좋아하는 사람이나 대상을 껴안고 입을 맞춘다거나 어루만지는 등의 애정을 표현한다. 애정의 표현은 [그림 6-4]에서와 같이 13~18개월 사이에 제일 많이 하는 것으로 나타났다.

2) 정서지능

정서지능을 표현하는 요소는 자기인식, 표현능력, 자기조절 능력, 타인인식 능력, 타인조절/대인관계 능력을 포함한다. 정서지능은 성인이 된 후에도 학습이 가능하지만 유아기 경험이 결정적이며, 특히 생후 3~4세까지는 학습이 어느 때보다 빨리 이루어지고 정서발달의 토대가 된다(Goleman, 1995). 따라서 가정은 하나님께서 자녀에게 주신 정서발달 및 정서지능의 가장 중요한 학습의 장이 될 수 있다. 골만(Goleman, 1995)이 제시한 정서지능의 구성요소에 근거하여 유아기에 형성되어야 하는 정서지능을 살펴본다.

(1) 자기정서의 인식

자신의 정서에 대한 인식능력은 자신의 감정을 그대로 인식하는 것으로 자신의 진정한 감정을 읽고 이해하는 능력이다. 전조작기 유아들은 특정 상황이나 사건에서 나온 단서에 근거하여 정서를 인식하며 구체적 조작기인 초등학교 아동은 내부적 경험에 근거하여 정서를 설명하고 있다.

유아들은 타인과 상호작용할 때 그의 표정, 언어, 행동 등을 단서로 정서상태에 대한 지식을 얻게 되며, 이를 통해 타인의 행동을 예언하고 자신의 정서반응을 해석하며, 정서표현의 방식을 결정한다고 한다. 즉, 유아는 특정 상황에서 적절하다고 여겨지는 정서표현을 학습하게 되어 표현해도 되는 정서와 표현해서는 안 되는 정서를 인식하게 된다. 그러므로 사회구성원에 의해 공유되는 사회적 규범으로 문화나 성, 사회적 맥락 등에 따라 다르게 되는데 이는 성장하면서 자신이 속한 사회, 문화, 공동체 가정 안에서 수용되는 방식으로 감정을 표현하고 행동하게 되는 것이다(김지현, 2000).

(2) 자기정서(감정)의 조절

자신의 정서를 조절하는 능력은 인식된 자녀의 감정을 적절하게 처리하고 변화시킬 수 있는 능력을 말한다. 즉 공포, 분노, 질투, 우울, 스트레스 등의 불쾌한 정서와 기쁨, 행복, 애정, 호기심 등의 감정을 적절히 표현하는 능력이며, 이 능력의 조절은 정서를 단순히 억제하는 데 있지 않고 균형을 이루도록 하는 데 목적을 둔다.

유아들은 아직 자기중심적이어서 아직은 또래 간에 서로 배려하는 일이 적고, 부정적인 시각이나 느낌을 갖기 쉽다. 이러한 성향도 정서조절을 위한 다양한 경험의 기회를 갖게 되면 긍정적인 효과를 가져올 수 있다. '나는 지금 화가 나 있다'고 느낀 유아가 화나는 대로 소리지르고 물건을 내던진다면 자기감정 조절이 잘 안되어 있다고 말할 수 있다.

유아들이 자기감정을 조절하고 관리하는 데 있어서 문제가 되는 것은 긍정적 정서보다 부정적 정서일 때가 많다. 기쁘고, 신나고, 자랑스럽고 행복한 감정의 긍정적 정서도 다른 사람에게 폐가 될 정도로 지나치면 곤란하겠지만 광폭한 분노, 우울, 성급한 데서 나오는 지나친 분노와 같은 부정적 - 불쾌 정서의 즉흥적 표현은 정서적·도덕적 위기를 초래할 수도 있다.

그러므로 화가 났을 때 문제해결의 사고를 갖도록 그 원인을 생각해 보고, 화를 풀 수 있는 방법을 생각해 보고, 각 방법마다 초래되는 결과를 예측해 보고, 타인이나 사회의 기대 면에서 최선이라고 판단되는 방법을 선택하여 화를 푸는 식의 감정조절 과정을 거치도록 돕는 것이 중요하다.

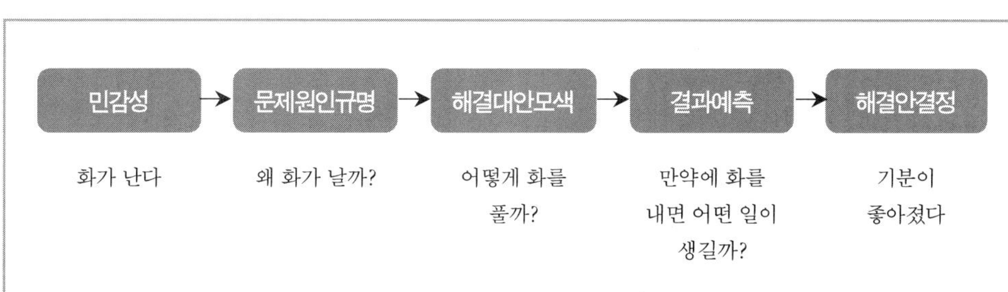

자료 : 황의명·박찬옥(1997). 감성교육프로그램. p.24

[그림 6-5] 감정조절 과정

(3) 자기동기화

자신을 동기화시키는 능력은 목표를 향한 주의집중, 완전함과 창의성에 대한 추구를 의미하는 능력으로써 목표달성을 위해 일시적인 만족이나 충동을 억제할 수 있는 능력을 의미한다(김지현, 2000). 유아가 당장의 만족을 얻으려는 욕구를 지연시킬 수 있는 '만족 지연'을 갖기까지는 자신이 현재 처해 있는 상황에 대한 인지적 판단과 정서적 조절능력이 작용하게 된다.

유아들은 일상생활에서 많은 갈등을 겪게 된다. 줄 서기, 음식을 먹기 위해 기다리기, 심부름의 명령을 받았을 때 밖에 나가고 싶은 데 동생을 돌봐야 할 때, TV나 컴퓨터를 끄고 다른 것을 해야 할 때, 재미있는 장난감을 갖고 놀다가 그만하고 다른 깃을 해야 할 때 우선 만족대로 하기보다는 어떻게 하는 것이 더 좋을까를 생각해 보는 가치판단의 기회를 갖고 정서를 안정시켜 행동을 결정할 때 자기동기화가 높은 유아가 될 수 있다.

자기동기화가 높은 유아들은 우선 정서적으로 안정감이 있으며, 다른 사람에 대한 신뢰가 있고 어려운 퍼즐놀이도 포기하지 않고 호기심을 갖고 계속 해결해보려는 의지가 있다. 실패에 좌절하기보다는 극복하려고 노력하며, 다른 친구들과 잘 어울리는 행동성향을 보인다고 한다(Elicker, England & Sronfe, 1992).

(4) 타인의 정서인식 - 감정이입

타인의 정서를 인식하는 능력은 공감과 감정이입에 대한 능력이다. 감정이입(rapport)은 자기인식에 기초하여 형성되며 자신의 감정에 대해서 더 개방적일 때 타인의 감정도 잘 이해할 수 있다.

호프만(Hoffman, 1984)은 감정이입의 발달과정을 다음과 같이 4단계로 이루어진다고 설명하고 있다.

첫째, 총체적 감정이입이다. 자신과 타인을 구별하지 못하는 영아기에 해당하며 타인에게서 일어난 일이 자신에게서 일어난 것처럼 행동한다. 고통을 당한 사람을 보면 타인에게서 나오는 고통의 단서가 총체적 감정이입의 고통반응을 이끌어낸다. 이것은 표면적 단서에 기초한 타고난 무의식적 반응이며 가장 낮은 인지수준을 보인다.

둘째, 자기중심적 감정이입 단계이다. 자신과 타인을 구별할 수 있게 된 유아는 타인이 고통을 받고 있는 것을 알 때 감정이입적 고통을 처음으로 경험할 수 있다. 그러나 유아들은 자신의 내적 상태와 타인의 내적 상태를 구별하지 못하고 서로 섞여 있기 쉽다.

셋째, 타인의 감정에 대한 감정이입 단계이다. 언어능력이 발달되면서 자신이 느끼는 것과 다른 사람이 느끼게 되는 것을 구분하게 되는 조망능력의 초기단계이다. 유아들은 자신이 인식하는 현실과 실제 현실이 다를 수 있다는 것을 아는 단계이다.

넷째, 타인의 곤경에 대한 감정이입 단계이다. 아동 후기에 이르게 되면 자신과 타인이 각각 별개의 역사와 정체감을 가진 연속적인 존재임을 인식하게 된다. 사람들은 어떤 범주에 나누어놓는 능력이 생기므로 어떤 계층(가난한 사람, 장애아 등)에 있는 사람들의 일반적인 곤경에 대해서도 감정이입이 가능하다(세계난민촌, 지진, 태풍으로 인한 아픔을 느낌).

감정이입은 다른 사람의 정서를 공유한다는 정서지능의 한 영역이기도 하지만 이타행동으로 표현될 수 있다는 점에서 아주 중요하다. 이 세상에서 가장 이타적인 사랑을 베푸신 분이 예수 그리스도이시다. 감정이입 발달을 돕는 것은 예수를 닮은 아이로 성장하도록 돕는 길이 된다.

(5) 대인관계 기술

대인관계 기술, 또는 대인관계 조절능력을 대중적 인기, 리더십, 대인관계의 효과성을 등을 뒷받침하는 것으로써 다른 사람의 감정을 효과적으로 관리하는 능력이다. 골만(Goleman, 1995)은 자기정서의 인식, 자기정서의 조절, 잠재능력의 개발을 위한 동기화, 타인 정서의 인식 등을 모두 종합한 것을 대인관계의 가장 주된 요소의 기술로 자기통제 능력과 감정이입이 성숙되어야 가능하다고 하였다.

이상의 정서지능 개념의 발달과정을 정리하면 다음과 같다(김지현, 2000).

[표 6-2] 정서지능 개념의 발달과정

	Salovey & Mayer(1990)	Goleman(1995)	Salovey & Mayer(1997)
정서지능	정서조절	대인관계 조절 자기정서 조절	정서의 반성적 조절
	정서의 활용	자기동기화	정서이해 및 분석 정서의 사고촉진
	정서의 평가와 표현	타인의 정서인식	정서의 지각, 인식 및 표현

[표 6-3] 정서지능의 4영역 4수준 16요소 모형

영 역	10요소
영역 I 정서의 인식과 표현	수준 1. 자신의 정서를 파악하기
	수준 2. 자신 외부의 정서를 파악하기
	수준 3. 정서를 정확하게 표현하기
	수준 4. 표현된 정서들을 구별하기
영역 II 정서의 사고촉진	수준 1. 정서정보를 이용하여 사고의 우선순위 정하기
	수준 2. 정서를 이용하여 판단하고 기억하기
	수준 3. 정서를 이용하여 다양한 관점 취하기
	수준 4. 정서를 활용하여 문제해결 촉진하기
영역 III 정서지식의 활용	수준 1. 미묘한 정서 간의 관계를 이해하고 명명하기
	수준 2. 정서 속에 담긴 의미를 해석하기
	수준 3. 복잡하고 복합적인 감정을 이해하기
	수준 4. 정서들 간의 전환을 이해하기
영역 IV 정서의 반영적 조절	수준 1. 정적·부적 정서들을 모두 받아들이기
	수준 2. 자신의 정서에서 거리를 두거나 반영적으로 바라보기
	수준 3. 자신과 타인의 관계 속에서 정서를 반영적으로 들여다보기
	수준 4. 자신과 타인의 정서를 조절하기

자료 : 김문정(1999). 정서지능의 요소 모형. p.10

3 유아의 정서발달 지도방법 및 부모역할

유아들의 정서발달을 돕고 정서를 잘 관리하도록 돕기 위해서는 부모나 교사는 먼저 유아들의 정서특징을 알아야 한다. 즉, 유아들의 정서는 느끼는 대로 표현하며 격려하고, 방금 표출된 정서가 사라져 일시적이고, 웃음에서 울음으로, 공포에서 호기심으로, 사랑에서 미움으로 쉽게 유동적이다(주정일, 1978).

또한, 유아의 정서발달을 돕고 정서지능을 증진시키기 위해서 무엇보다도 정서적으로 안정된 환경을 제공해주고 부모, 교사 같은 어른들의 지지적이고 따뜻한 분위기에서의 상호작용이 중요하다. 그리하여 유아가 자신의 정서를 효과적으로 처리하도록 도와야 한다. 부모나 교사는 유아의 정서를 제한하거나 무시하기보다 긍정적 정서든 부정적 정서든 유아의 모든 행동을 변화시키도록 그 지도방법을 다음과 같이 제시한다(문미옥 외, 2000).

첫째, 긍정적인 분위기를 조성한다. 긍정적인 분위기는 유아 자신이 가치 있고, 자신감 있고, 능력이 있다는 느낌을 증진시키는 데 필수적이다. 그러므로 유아의 어떤 생각이든 중요하게 여기며, 실수나 실패를 수용해주어야 한다. 이를 위해 예측 가능한 환경을 준비해야 정서적 안정감이 생기게 된다. 매일 반복되는 일상생활에서 유아를 포함시켜 계획하고 실시하며 규칙을 일관성 있게 유지시켜야 한다.

둘째, 유아 자신의 정서에 대해 유아가 말하도록 격려한다. 정서를 설명하는 데 사용되는 어휘를 유아에게 습득시킨다. 예를 들어, 화가 나는 상황이 일어날 때 막연하게 울거나 위축되어 있지 말고 "나는 지금 화가 나요"라고 말하도록 하며, 그때 어른은 "그래 속상하구나"라고 유아의 정서를 애정을 갖고 반응해준다. 그러기 위해서는 유아를 주의 깊게 관찰하고 유아가 나타내는 정서의 폭넓은 범위를 민감하게 알아야 한다.

셋째, 유아들이 다른 사람에게 정서를 표현하도록 돕는다. 유아가 자신의 정서에 관해 이야기하도록 격려하고 자신이 경험하는 부정적인 정서를 더욱 건설적으로 처리하도록 격려한다. 놀이를 통해 여러 가지 감정을 표현하도록 도울 수 있다.

넷째, 부정적 정서를 조절하도록 돕는다.

- 부정적인 정서를 조절하도록 돕는다("화가 나는 것은 괜찮아, 하지만 때리는 것은 옳지 않아").
- 슬픔, 두려움을 안정시켜 주기 위해 신체적·언어적 위로를 한다.
- 뒤엉켜 있는 정서를 분류하도록 돕는다. 다양한 정서를 인정해준다("너는 괜찮다고 말하지만 기분이 나빠 있구나").
- 부정적인 정서수정을 위한 새 정보를 제공한다. 유아를 화나게 한 것은 그것이 아니고 다른 것이었음을 알려준다.
- 다른 사람이 두려움에 대처하는 상황을 관찰할 기회를 준다(예를 들면 물을 두려워하는 유아는 또래들이 즐겁게 안전하게 물놀이 하는 것을 자주 보도록 한다).
- 유아들에게 두려운 상황을 점차적으로 접촉하도록 한다(강아지에 대한 두려움) → 강아지 사진(그림) 보기 → 봉제강아지 인형놀이 → 다른 유아들이 강아지와 노는 것 보기 → 성인의 무릎에 앉아 있는 강아지 관찰 → 성인이 잡고 있는 강아지 만져보기 → 유아의 무릎에서 자고 있는 강아지 잡아보기 등).

다섯째, 적절한 정서반응의 모델을 보여준다. 유아들은 다른 사람을 쳐다보며 관찰하면서 배우도록 돕는다. 그러므로 어른들의 무의식적인 말이나 행동은 유아들에게 정서를 언제, 어떻게 표현하고, 어떻게 조절해서 그러한 정서를 무엇이라 부르고, 어떻게 이해하고 해석해야 하는지에 관한 모델을 제시하고 있는 것이다. 예를 들어, 공감하고 친절을 자주 베푸는 어른들 속에서 자란 유아는 비슷한 상황에 처했을 때 그러한 방법으로 대처하게 된다. 그러므로 화가 날 때 과도하거나 폭발적이지 않고 건설적으로 표현하는 방법으로 표현해야 한다.

여섯째, 정서를 일으키는 신념을 변화시켜 스스로 물체를 해결할 수 있도록 돕는다. 유아가 정서적 문제를 일으키는 것을 그 사건에 대하여 유아가 자신에 대해 좋게 생각하고 좋게 느낄 수 있도록 하여 자신이 원하는 바를 얻고자 할 때 바람직한 행동을 할 수 있도록 도와준다.

일곱째, 어려움을 참고 견디는 능력을 길러주도록 돕는다. 자신감에 대한 자아진술을 사용함으로써 용기를 북돋워주는 식의 진술을 가르친다("나는 용감한 소년/소녀이다" "물에서 노는 것은 재미있다" 등). 문제해결을 위한 새로운 전략, 새로운 방법, 새로운 기술에 대해 토론한다.

여덟째, 피해야 할 함정들을 알고 도와야 한다.

유아의 감정을 다 알고 있는 것처럼 말하는 것, 꾸짖기, 성급한 결정, 유아 자신의 정서에 말하도록 강요하기, 준비되어 있지 않은 유아를 두려운 상황에 직면하도록 강요하기 등은 유아들의 정서를 오히려 위축시키거나 화나게 할 수 있는 함정이 될 수 있다. 또한 유아들의 감정조절 관리능력을 발달시키기 위해서는 다음과 같은 노력을 해야 할 것이다(Hyson, 1994).

첫째, 감정을 표현할 수 있는 다양한 흥밋거리를 제공한다. 창조적인 미술활동, 신체활동, 음률활동을 통해서 다양한 감정을 경험하고 억눌린 감정을 표출해서 하나님이 주신 감정을 아름답게 표현하도록 도와준다.

둘째, 부모나 교사 등 어른들은 유아와 긴밀한 상호작용을 통해 감정조절의 중요성을 인식시킨다. 적극적인 격려, 적절한 조절, 감정표현이 되도록 안내한다.

셋째, 유아가 살고 있는 생활문화권에서 기대하는 행동을 일상생활을 통해 익히도록 한다("미안합니다. 감사합니다. ~해도 될까요?" 등).

넷째, 정서적 분위기를 조성한다. 따뜻하고 긍정적이며 수용적인 분위기 안에서 유아는 자신의 감정을 보다 적합하게 반응할 수 있다. 또한 유아들의 자기동기화 능력을 발달시키기 위하여 서로 정서적 안정감이 있는 환경, 어른들의 수용적이고 반응적인 태도가 필요해서 유아가 스스로 행동을 통제할 수 있는 기회를 많이 주어서 '결과예측 사고활동'을 많이 하도록 하며 흥미를 가지고 도전할 수 있는 환경을 제공해주어야 한다.

또한 개리손(Garrison, 1959)은 부모의 애정에 있어서 균형 있는 상호작용이 필요함을 강조하였다. 즉, 지나치게 사랑하고 보호하면 다른 사람이나 친구관계를 멀리하고 의존적이 되며 무기력해질 수 있고 반면에, 부모의 거부적인 반응은 애정발달을 저해하므로 부모 외에 다른 사람에게서 애정을 찾으며 정서적으로 불균형을 갖게 되는 것이다. 또한 부모는 유아들의 호기심을 충족시키고 많은 것을 배우도록 인도해야 하지만 무제한으로 방치하면 위험을 초래할 수 있다.

주징일(1988)은 자녀의 정서관리를 위해 다음과 같이 언급한다.

첫째, 자녀들의 정서특징을 알아야 한다. 유아들일수록 격렬하고 일시적이고 유동적이다.

둘째, 유아들의 정서발달을 돕기 위해서는 불쾌 정서보다 쾌 정서를 더 많이 경험시켜야 한다.

셋째, 부모의 부부생활의 안정을 꾀한다. 부모의 불화나 폭언은 자녀들을 불안하게 하고 자신감과 용기를 상실하게 되므로 부모의 안정된 화목함과 사랑은 자녀들의 정서에 크게 영향을 미친다.

넷째, 자녀들과 자주 대화를 나누어야 한다. 자녀가 어리거나 학령기, 청소년기 어느 때이든 부모는 자녀들과 그들의 연령에 맞게 대화가 필요한 것이다.

다섯째, 정서의 세척이 때때로 필요하다. 신체적으로 하제를 써서 뚫어주듯이 정서상의 막힘도 뚫어주는 방법이 있다. 웃음, 울음, 이야기, 여행, 놀이 등을 통해 감정을 정화해야 할 필요가 있다. 유아들의 정서는 태아 때부터 엄마들의 애착과 유대감 등에서 비롯된다. 부모와 피부접촉, 눈맞춤, 밀도 높은 대화 등은 절대적으로 중요하다.

4 유아의 정서발달을 위한 활동

활동 1. 여러 가지 감정

이런 것을 기대해요	• 여러 가지 감정을 하나님이 주셨음을 안다. • 유아들은 다양한 감정을 갖고 있으며, 또한 표현할 수 있음을 안다. • 상황에 따라 유발되는 감정의 유형을 알고 조절하는 방법을 안다. • 나쁜 감정을 표현할 때의 기분을 안다.
필요한 것이 있어요	다양한 감정을 유발하는 상황의 유형판 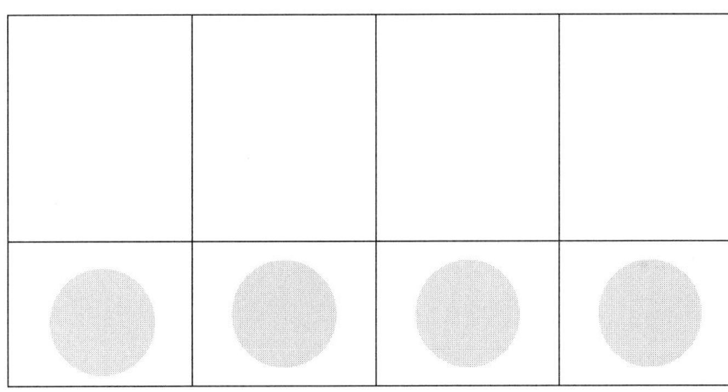
함께 해보아요	❶ 감정 유형판을 펼쳐놓고 각 상황에 대한 감정을 표현해본다. - 기쁨, 슬픔, 화남, 놀라움의 상황을 지적해가며 얼굴 표정을 짓는다. ❷ 그 상황에 따른 감정을 말로 표현해본다. - "그때 기분이 어떠니?" ❸ 현재 자신의 감정에 대해 말한다. - "자! 이제 네 기분은 어떠니?" - "감정판에서 네 감정을 찾아보아라. - ○○가 화가 날 때는 언제이니? - ○○가 기쁠 때는 언제이니? - ○○가 슬플 때는 어떤 때이니? - ○○가 무서울 때는 어떤 때이니?

참고사항	• 우리의 감정은 하나님이 주신 것이란다. 기쁨, 슬픔, 행복함, 속상함, 놀란 감정 등의 감정들을 잘 조절해서 하나님께서 기뻐하시는 사랑스런 아이로 자라도록 하자.    

활동 2. 마음 온도계

이런 것을 기대해요	• 우리의 감정은 하나님께 주셨음을 안다. • 유아들에게 현재 자신의 감정과 기분을 들여다보고 이를 밖으로 드러내도록 한다. • 드러낸 감정과 기분을 일으키게 만든 사건에 대해 안다.
필요한 것이 있어요	온도계, 마음 온도계, 감정표시 글씨들

<table>
<tr><td>함께 해보아요</td><td>❶ 현재 자신의 감정에 대해 말한다.
❷ 유아들의 생활 속에서의 상황을 들려주고 그 상황 속에 느낄 수 있는 감정의 이름에 대하여 말하도록 한다.
❸ 자신이 알지 못하는 감정의 이름, 강도에 대하여 생각해본다.
❹ 유아에게 온도계를 보여주며 온도계 사용법과 용도 등 온도계에 대해 이야기한다.
❺ 유아에게 마음 온도계를 보여주고 온도계와 마음 온도계의 비슷한 점(감지)을 이야기한다(마음 온도계는 마음을 감지하는 장치임을 알려준다).
❻ 마음 온도계는 1에서 10까지 되어 있고 1은 '아주 조금', 5는 '중간', 10은 '너무 많이'라는 마음의 수치임을 이야기한다.
❼ 마음 온도계 맨 아래에는 마음의 온도를 가리킬 감정을 적을 수 있도록 하며, 지금 느끼는 감정의 이름을 말해보고, 그 감정의 강도를 온도계에 나타내도록 한다.
❽ 감정의 이름은 온도계 맨 아래에 적고 온도계의 수은주를 직접 유아가 움직여 강도를 표시하도록 한다든지 이야기하고 우리의 예쁜 말 미운 말 목록 만들기를 해본다.</td></tr>
<tr><td>참고사항</td><td>• 마음 온도계의 좋은 점이 무엇인 것 같으니? 우리의 마음에도 온도가 있구나. 좋은 감정, 나쁜 감정 등 여러 가지 감정이 어떤 때는 '조금', 어떤 때는 '많이' 등 느낄 수 있단다. 이렇게 우리는 우리의 감정을 인식하고 또한 표현할 수 있는 능력을 하나님께서 주셨구나. "하나님, 우리의 마음 온도계에 행복, 기쁨 등의 좋은 감정의 온도가 높도록 하나님께서 도와주세요. 예수님의 이름으로 기도합니다. 아멘." 기도한 후 활동을 마친다.

〈행복한 얼굴〉 〈화난 얼굴〉</td></tr>
</table>

활동 3. 아롱이와 다롱이

이런 것을 기대해요	• 하나님이 주신 정서능력 인식, 정서지식 이해, 정서조절 능력을 기른다. • 주변에서 흔히 일어날 수 있는 사건들 중 싸움에 대한 감정을 이해하고 다룰 수 있는 기초능력을 기른다.
필요한 것이 있어요	동화자료(아롱이와 다롱이 그림자료 또는 손인형)
함께 해보아요	❶ 친구와 싸워본 적 있는지, 그때 기분이 어떠했는지 이야기 나눈다. ❷ 친구와 싸움을 했을 때 자신의 감정과 싸운 친구에 대한 감정을 이야기하도록 한다(다른 사람의 감정에 대한 이해). ❸ 그 상황의 결과에 대해 표현해본다. - 친구와 싸우고 나서 어떻게 했는지? - 만약 화해를 하지 않은 친구가 있는지? - 다른 사람이 자신의 마음을 몰라주면 어떤 기분인지? - 계속 친구의 마음을 모르면 어떤 관계가 계속될지 이야기하게 한다. ❹ 아롱이와 다롱이 이야기를 그림자료나 손인형으로 들려준다. ❺ 아롱이와 다롱이 모두의 감정에 대해서 이야기하도록 한다. - 아롱이는 어떤 기분이 들까? 왜 그럴까? - 다롱이는 어떤 기분이 들까? - 다롱이의 옷에 주스를 엎질렀을 때 기분이 어땠을까? - 아롱이가 화를 내자 다롱이의 기분은 어땠을까? - 만약에 아롱이가 '바보같이'라는 말을 안 했다면? - 내가 만약 아롱이라면? - 내가 만약 다롱이라면? 기분이 어떨까?
참고사항	• 하나님께서는 우리에게 친구를 주셨단다. 그리고 우리는 아롱이처럼 실수할 수 있단다. 아롱이와 다롱이 입장이 되어 보니 어떤 기분이 드니? 물론 다롱이는 참 속상할거야. 그렇지만 하나님은 이럴 때 우리가 어떻게 말하고 행동하기를 원하실까? 한번 이야기해 보자. 유아들이 자기 생각을 표현하도록 한 후 유아가 기도해보도록 한다.

참고사항

아롱이와 다롱이의 이야기

즐거운 간식시간이에요. 오늘 간식은 새콤한 오렌지주스와 샌드위치랍니다. 참 맛있겠지요? 아롱이와 다롱이도 너무 좋아하네요. 아롱이와 다롱이는 친구들과 나란히 앉아서 간식을 먹고 있었어요. 그런데, 다롱이의 옆에 앉아 있던 아롱이가 실수를 저질렀어요. 아롱이가 다롱이의 팔꿈치를 실수로 건드리면서 다롱이의 옷에 주스를 엎질렀어요. 오늘 다롱이가 입고 온 옷은 다롱이가 가장 좋아하는 옷이에요.

아롱이 : 아이쿠
다롱이 : 앗, 차가워!
아롱이 : (놀라서 우물쭈물하며) 어, 어... 미안...
다롱이 : 내가 제일 좋아하는 옷에다가 이게 뭐야! 아롱이 너 뭐야! 바보같이, 실수만 하고...
아롱이 : 뭐, 바보같이? 너는 실수 안 해? 너도 바보야!
다롱이 : 뭐? 사과해! 사과해!

〈아롱이 손인형〉 〈다롱이 손인형〉

활동 4. 마음의 통장

<table>
<tr><td>이런 것을 기대해요</td><td>• 자신이 느끼는 정서와 감정을 눈으로 확인하고 인식할 수 있다.
• 자신의 정서를 조절할 수 있는 행동전략을 스스로 갖도록 한다.
• 자신의 정서를 표현할 수 있는 능력을 주신 하나님께 감사할 수 있다.

〈예 시〉
<table>
<tr><th>자녀이름</th><th colspan="5">저 축</th><th colspan="5">이 자</th></tr>
<tr><td>강철수</td><td></td><td></td><td></td><td></td><td></td><td></td><td></td><td></td><td></td><td></td></tr>
<tr><td>강영희</td><td></td><td></td><td></td><td></td><td></td><td></td><td></td><td></td><td></td><td></td></tr>
<tr><td></td><td></td><td></td><td></td><td></td><td></td><td></td><td></td><td></td><td></td><td></td></tr>
<tr><td></td><td></td><td></td><td></td><td></td><td></td><td></td><td></td><td></td><td></td><td></td></tr>
<tr><td></td><td></td><td></td><td></td><td></td><td></td><td></td><td></td><td></td><td></td><td></td></tr>
<tr><td></td><td></td><td></td><td></td><td></td><td></td><td></td><td></td><td></td><td></td><td></td></tr>
<tr><td></td><td></td><td></td><td></td><td></td><td></td><td></td><td></td><td></td><td></td><td></td></tr>
<tr><td></td><td></td><td></td><td></td><td></td><td></td><td></td><td></td><td></td><td></td><td></td></tr>
</table>
</td></tr>
<tr><td>필요한 것이 있어요</td><td>마음의 통장, 메모지 또는 스티커</td></tr>
<tr><td>함께 해보아요</td><td>❶ 자신의 이름으로 된 통장이 있는지, 돼지저금통에 돈을 모으고 있는지에 대하여 이야기를 나누면서 저축의 의미를 설명한다.
❷ 친구나 형제 간에 자신을 화나게 했던 일에 대해 이야기하도록 한다.
- 화가 났을 때 자신의 정서, 행동은 어떠했는지?
- 화가 났을 때 하는 행동들 중 좋은 행동과 나쁜 행동을 말하도록 한다. 문제발견의 순간이 된다.
- 친구에게 화가 나서 했던 행동으로 인해 생긴 결과에 대해서 이야기한다.
- 화가 났을 때 자신의 감정을 어떻게 전달할 수 있는지의 방법에 대해 이야기한다(○○ 야, 나는 지금 화가 났단다" "나는 속상하단다"라고 말하는 훈련을 해본다).</td></tr>
</table>

<table>
<tr><td>함께 해보아요</td><td>❸ 마음을 전달하고 마음을 저축하는 마음 통장에 대해 이야기한다.
- 마음 통장은 일반 통장과 같이 입출금을 할 수 있다.
- 입금은 착한 행동을 했을 때 스티커로 붙여서 적립한다.
· 돕기, 나누기, 치우기, 정직, 예절 등 친사회적 행동을 할 때
- 출금은 화가 났을 때 사용한다.
· 공격적인 행동을 보이는 것이 아니라 상대에게 스티커를 준다. 화난 상대에게 주는 스티커 수는 화가 난 강도를 의미한다.
- 5주 이상 꾸준히 계속한다. 유아가 잘 볼 수 있는 벽에 이름을 써서 붙여놓는다.
- 화나게 하는 상대와 서로의 정서조절 행동에 대하여 관찰할 수 있도록 한다.</td></tr>
<tr><td>참고사항</td><td>• 마음 통장을 사용하며 어떤 점이 좋을까? 우리의 마음에 기쁘고 행복한 마음뿐만 아니라 화난 마음, 무서운 마음, 슬픈 마음 등도 있단다. 이때 그 마음을 스스로 알아차리고 표현하는 것은 중요하단다. 그러나 그 표현이 다른 사람을 다치게 하거나 속상하게 하는 것은 좋지 않단다. 하나님은 우리가 화가 나고 슬픈 마음일 때도 함께 하신단다. 그 마음을 하나님께도 아뢸 수 있지. "하나님 지금 제 마음에 몹시 속상함이 있어요. 도와주세요"라고. 그리고 "엄마나 아빠께도 그 마음을 말로 표현해도 좋단다. 그러면 네 마음을 우리 하나님도, 엄마, 아빠도 이해하신단다"라고 말해준다. 자기 생각을 표현하도록 한 후 유아가 기도해본다.

</td></tr>
</table>

활동 5. 정서 탱크 채우기

<table>
<tr><td>이런 것을 기대해요</td><td>• 정서적 안정감과 자신감을 가진다.
• 부모와의 애착형성과 유대감을 더욱 강화할 수 있다.
• 사랑하는 가족을 주신 하나님께 감사할 수 있다.</td></tr>
<tr><td>필요한 것이 있어요</td><td>일주일 동안 행동 체크리스트, 스티커
<table>
<tr><th>요일
구분</th><th>월</th><th>화</th><th>수</th><th>목</th><th>금</th><th>토</th><th>일</th><th>비 고</th></tr>
<tr><td>잘 함</td><td></td><td></td><td></td><td></td><td></td><td></td><td></td><td rowspan="4">• 행동스티커 표시
• 눈맞춤 ☆
• 안아주기 ◎
• 쓰다듬기 △
• 사랑해요 말하기 ♡
• 자장가 불러주기 □
• 그 외</td></tr>
<tr><td>보 통</td><td></td><td></td><td></td><td></td><td></td><td></td><td></td></tr>
<tr><td>노 력
바 람</td><td></td><td></td><td></td><td></td><td></td><td></td><td></td></tr>
<tr><td>비 고</td><td></td><td></td><td></td><td></td><td></td><td></td><td></td></tr>
</table>
</td></tr>
<tr><td>함께 해보아요</td><td>❶ 정서 탱크란 마음속에 사랑을 채우는 것임을 설명한다. 사랑하는 마음, 기쁨, 행복 등으로 마음이 가득 찰 때는 '정서 탱크가 꽉 찼다'고 말해준다.
❷ 속상함, 허전함, 슬픔, 쓸쓸함, 분노가 많을 때는 정서 탱크는 비어 있는 것임을 설명해준다.
❸ 정서 탱크를 채우기 위해서는 엄마, 아빠가 유아와 함께하는 시간을 가져야 하므로 부모의 역할이 중요함을 강조한다. "오늘부터 우리 ○○ 와 함께하는 시간을 가지려고 한단다. 우리는 서로 눈을 쳐다보며 이야기하도록 하자"라고 한다.
❹ 안아주고, 쓰다듬고, "사랑해요"라고 말해주며, 잠자기 전에 자장가 부르기, 책 읽어주기 등의 행동을 유아와 함께 상호작용하면서 스티커를 붙인다.
❺ 매일매일 사랑스런 말과 행동, 스킨십이 이루어지도록 한다(부모역할 강조).</td></tr>
</table>

참고사항	• "하나님이 우리를 사랑하시는 사랑을 우리가 알고 믿었노니 하나님은 사랑이시라 사랑 안에 거하는 자는 하나님 안에 거하고 하나님도 그 안에 거하시느니라(요한일서 4:16)" • 하나님께서 사랑하는 우리 ○○를 우리 가정에 주심을 참으로 감사합니다. 우리 가족이 서로 사랑하게 하시며, 하나님 사랑 안에서 살게 하시니 참으로 감사합니다. 우리 ○○가 하나님 사랑가운데서 무럭무럭 예수님 어린시절처럼 자라게 해주세요. 예수님 이름으로 기도합니다. 아멘. 기도 후 활동을 마친다. 

활동 6. 로봇 되어보기

이런 것을 기대해요	• 하나님은 사람의 행동을 서로 다르게 지으셨음을 안다. • 서로 행동이 다른 것은 각자 사람이 선택한 것임을 안다. • 자신의 행동을 선택하는 방법이 중요함을 안다.
필요한 것이 있어요	로봇 인형, 녹음기, 녹음테이프
함께 해보아요	❶ 로봇 인형을 작동시켜 움직이는 모습을 보며 이야기 나눈다. - 로봇은 자신의 생각대로 움직이지 못하고 다른 사람들이 시키는 대로만 움직인다. - 로봇은 자신의 생각이 없고 생각을 할 수 없다. ❷ 유아가 로봇이 되어 부모의 지시에 따라 움직이도록 해본다. - 손을 들어라. - 가볍게 팔을 흔들어라. - 만세를 세 번 불러라. - 땅을 짚어라. - 천천히 걸어라. - 뒤를 돌아라. - 빨리빨리 걸어라. - 앉아라 등. ❸ 로봇이 되었던 유아의 느낌이 어떠했는지 이야기하도록 한다. - 로봇은 어떻게 행동할 수 있었는가? - 시키는 대로만 행동을 하니 기분이 어떤가? ❹ 사람들은 자신의 행동을 어떻게 선택할까? (자기 마음대로, 사람들이 하라는 대로) ❺ 만약 어떤 사람이 ○○에게 어떻게 행동하라고 했을 때 너는 그것을 어떻게 해야 한다고 생각하니?
참고사항	• 하나님께서 우리 모두에게 각자 자신의 행동을 선택할 수 있는 마음을 주셨단다. 어떤 상황에서도 우리는 그것을 따르든지, 말지를 선택할 수 있단다. 중요한 것은 네 자신과 다른 사람들을 위해 좋은 행동을 하도록 선택하는 것은 아주 중요하단다. 그것은 하나님도 기뻐하시고 엄마 아빠도 선생님도 기뻐하신단다. 왜냐하면, 네가 스스로 좋은 행동을 선택한 것은 아주 중요한 일이니까…"하나님 우리 ○○가 잘 자라서 좋은 행동을 하도록 선택하는 마음을 주셔서 감사합니다"라고 말해준다.

활동 7. "백설공주" 동화 듣고 감정이입 하기

이런 것을 기대해요	• 감정이입의 능력을 주신 하나님께 감사할 수 있다. • 주인공의 입장에서 감정을 표현할 수 있다. • 다른 사람의 입장에서 감정을 인식할 수 있다.
필요한 것이 있어요	백설공주 동화책 또는 그림동화 자료
함께 해보아요	❶ 백설공주 동화책이나 그림자료를 보며 동화를 듣는다. ❷ 동화내용 중 어려운 극적 장면에서 주인공의 감정을 표현해본다. ❸ 어려운 극적 장면에서 주인공을 도와줄 수 있는 방법에 대해 이야기 해본다. - "숲속에 혼자 남겨진 백설공주를 보니 네 마음이 어떠니?" - "어떻게 도와줄 수 있을까?" - "네가 숲속에 이렇게 백설공주처럼 혼자 남았다면 어떻게 할 것 같니?" - "독 사과를 만드는 왕비를 보니 네 마음이 어떠니? 어떻게 도와줄 수 있을까?" - "쓰러진 공주를 보니 네 마음이 어떠니? 어떻게 도와줄 수 있을까?" - "왕자님과 결혼하는 백설공주를 보니 네 마음이 어떠니?"
참고사항	• 하나님께서 우리에게 다른 사람의 입장에서 생각해 볼 수 있는 마음을 주셨단다. 다른 사람이 행복할 때 기뻐하며 함께 행복해하는 마음을 주셨고, 다른 사람이 나쁜 마음을 갖고 해를 끼치려고 할 때에는 두렵고 슬픈 마음을 주셨단다. 그리고 서로 사랑하며 돕고 행복하게 살라고 하셨단다라고 말해준다. 

활동 8. 요술 메모판

이런 것을 기대해요	• 다른 사람의 감정을 알 수 있는 능력을 주신 하나님께 감사할 수 있다. • 유아가 타인의 감정을 좋게 만드는 기술과 능력을 발달시킨다. • 타인의 기분을 좋게 만드는 방법을 알고 행동으로 옮길 수 있다.
필요한 것이 있어요	요술 메모판, 메모판에 붙일 수 있는 핀·도구, 예쁜 메모지(요술 메모지)
함께 해보아요	❶ 내가 친구(동생, 형, 누나) 때문에 화가 난 적은 있는지 이야기해본다. ❷ 요술 메모판 - 친구(동생, 형, 누나) 때문에 기분 좋아진 경우에 대하여 생각해본다. - 주변 사람들의 기분을 좋게 해줄 수 있는 여러 가지 방법으로 무엇이 있는지 생각해보고 행동으로 옮길 수 있는지 의논한다. - 나로 인해 친구가 기분이 좋아지면 내 기분은 어떨까? - 친구를 기분 좋게 할 수 있는 방법을 많이 알고 있다면 어떤 일이 생길지에 대해 이야기해본다. ❸ 요술 메모판, 메모지, 핀 등을 보여주면서 사용방법에 대해 이야기한다. - 평소 친한 친구나 주변 사람들을 기분 좋게 해줄 수 있는 방법은 다양하며, 아주 작은 일로 사람을 기분 좋게 해줄 수 있음을 이야기한다. - 요술 메모판을 만드는 방법을 설명한다. · 화가 난 친구, 엄마, 아빠, 형제에게 해주고 싶은 이야기, 유머, 재미있는 이야기, 그림을 예쁜 메모지에 적는다. · 메모지를 접어서 겉에 메모를 받는 친구, 형, 누나, 엄마, 아빠의 이름을 적고 요술 메모판에 핀이나 도구를 이용하여 꽂아둔다. · 요술 메모판에서 자신의 이름의 메모를 받고 기분이 좋아졌다면 고맙다는 인사나 재미있는 이야기의 답장 메모를 붙일 수 있다. · 부모가 시범으로 재미있는 이야기나 아이에게 전하고 싶은 이야기를 적어서 먼저 꽂아둘 수도 있다고 말한다. · 이 활동은 3주 이상 지속적으로 할 수 있는 놀이이며 원하면 더 오래 할 수 있음을 말해준다. ❹ 나의 메모 덕분에 다른 사람의 기분이 좋아졌을 때 내 기분은 어떨지에 대해 이야기 나눈다.
참고사항	• 하나님께서는 우리에게 서로의 마음을 기쁘게 할 수 있는 지혜를 주셨단다. 조그마한 메모지 글씨, 그림 등 정성이 담긴 마음의 표시를 할 수 있단다. 그래서 그 글이나 그림을 요술 메모라고 한다. 우리의 마음을 즐겁게 만들어주니까. 그래서 하나님께서는 우리가 서로 사랑하며 살라고 하셨다고 말해준다.

활동 9. 내가 할 수 있는 일

이런 것을 기대해요

- 하나님께서는 우리에게 서로 다른 특성을 주셨음을 안다.
- 서로 다르게 지으신 우리는 강점과 약점이 있음을 안다.
- 하나님 앞에서 자신이 소중함을 깨닫음을 안다.

필요한 것이 있어요

할 수 있는 일/할 수 없는 일 도표, 스티커, 사인펜

영 역 \ 이 름	형(누나)	나	동 생
영어로 말하기			
피아노 치기			
두발자전거 타기			
수영하기			
혼자 책 읽기			
잠자리 정리하기			
세수, 양치질			
어머니 일 돕기(심부름)			

함께 해보아요

❶ 도표에 있는 활동들을 읽고 유아가 할 수 있는 일과 할 수 없는 일이 무엇인지 생각해보고 표시하게 한다.

❷ 모든 것을 잘할 수 있는가? 잘할 수 없는 것은 무엇인가? 아무것도 할 수 없는 사람은 누구인가?

❸ 네가 할 수 있는 일들에 대해 어떤 느낌이 드니?

❹ 내가 할 수 있는 일

- 네가 할 수 없는 것이 있다는 것은 어떤 뜻일까?
- 지금 너희가 할 수 없는 일은 너희가 자라나면서 어떻게 될 것 같으니?
- 할 수 있는 것과 할 수 없는 것에 대해 이야기해 보니 어떤 생각이 드니?

<table>
<tr><td>참고사항</td><td>• 하나님께서는 우리 사람들을 모두 남다르게 지으셨단다. 누구나 잘하는 것과 잘할 수 없는 것이 있단다. 어떤 것들은 할 수 있지만 다른 것은 할 수 없는 것이 자연스러운 것이란다. 자라면서 더 잘할 수도 있고, 또 더 강점을 보일 수도 있단다. 하나님께서는 우리에게 무엇인가 남들이 모르는 강점을 갖도록 지으셨단다. 우리 ○○ 에게 그것이 무엇인지 찾아보자고 말하며 활동을 마친다.

</td></tr>
</table>

활동 10. 내 마음을 보여줄게요

이런 것을 기대해요	• 말이 아닌 비언어적인 표현으로 감정을 나타낼 수 있다. • 감정에 따른 신체의 변화에 대하여 인지할 수 있다. • 하나님이 우리에게 정서지식, 정서이해, 정서표현 능력을 주셨음을 안다.
필요한 것이 있어요	감정 상자, 감정 카드(무서움, 놀람, 즐거움, 미움, 사랑, 짜증남, 화남, 귀찮음이 표현된 얼굴 카드)
함께 해보아요	❶ 유아에게 자신이 가장 잘 표현할 수 있는 얼굴 표정을 지어보도록 한다. ❷ 내 마음을 보여줄게요. - 다른 사람의 얼굴 표정을 보고 흉내 내어 보도록 한다. - 다른 사람의 얼굴 표정을 보고 그 사람의 감정을 이해할 수 있듯이 다른 사람들도 유아의 표정을 보고 감정을 이해할 수 있음을 설명해 준다. - 사람이 아무런 얼굴 표정이 없다면 어떻게 될지 생각해보자. - 다른 사람들이 내 기분을 이해해주지 않으면 어떤 기분이 들까? ❸ 유아에게 감정 상자에서 감정 카드를 가지고 놀자고 제안한다. - 감정 카드를 하나 뽑아서 그 카드대로 감정을 표현해본다(말은 사용하지 않고 얼굴 표정으로만 표현함). - 지금 네 기분은 무엇일까? 지금 네 마음은 어떤 기분을 나타낸 것일까? - 네 기분을 내가 알아맞혀 볼까? ❹ 사람의 얼굴 표정을 보자. - 사람의 얼굴 표정을 통해서 알 수 있는 것이 무엇일까? - 만약 사람의 얼굴 표정이 없다면 어떤 일이 일어날지 한번 생각해 보자. - 네가 가장 자신 있게 할 수 있는 감정의 얼굴 표정들을 한번 지어보아라.

<table>
<tr>
<td>참고사항</td>
<td>• 하나님께서는 사람을 지으실 때 여러 가지 감정을 함께 만들어주셨단다. 그 감정을 얼굴에서 알 수 있도록 표현하고 있단다. 하나님께서는 우리 사람들이 상황에 따라 자기의 감정을 마음껏, 자유롭게 표현하며 자신의 감정상태를 다른 사람에게 나타내도록 하셨단다. 그러나 우리 자신의 감정을 표현해서 나를 알리는 것은 중요하지만 다른 사람에게 폐가 되거나 해가 되도록 해서는 안 된단다. “하나님, 우리에게 희·노·애·락의 감정을 주심을 감사합니다. 즐겁고, 행복한 감정이 우리 마음속에 우리 생활 속에 많아지도록 도와주세요. 예수님 이름으로 기도합니다. 아멘.” 기도한 후 활동을 마친다.

</td>
</tr>
</table>

Chapter 7

유아의 언어발달과 교육

유아의 모든 발달영역이 그러하듯 언어 또한 유아기에 가장 뚜렷한 발달의 양상과 과정을 보인다. 본 장에서는 성경에서 말하는 언어에 대한 기본적 이해를 기초로 하여 가정에서 부모가 유아의 언어발달 단계, 언어발달 내용, 지도방법 및 역할을 이해하고 유아의 언어발달을 돕기 위한 활동 등을 다룬다.

1 유아의 언어발달

1) 언어에 대한 성경적 이해

언어는 만물의 영장인 사람과 다른 피조물들을 구분 짓는 가장 확실한 근거이다. 언어의 기원을 설명하는 데 있어서 좋은 참고문헌이 되는 성경에서는 언어와 창조주 하나님과의 관련성을 명시하고 있다. 창세기 1:26에서 "우리의 형상을 따라 우리의 모양대로 우리가 사람을 만들고 그로 바다의 고기와 공중의 새와 육축과... 온 땅과 땅에 기는 모든 것을 다스리게 하자 하시고"라는 성구에서도 알 수 있듯이 성삼위 하나님께서는 언어적 의사소통을 통해 인간창조의 뜻을 전달하는 과정에서 서로가 서로에게 말씀하시면서 의사의 합일을 보셨다. 또한 창세기 1~2장에 전반적으로 나타나는 "하나님이 가라사대 빛이 있으라 하시매 빛이 있었고... 빛을 낮이라 칭하시고 어두움을 밤이라 칭하시니라(창세기 1:3-5)"는 말씀뿐만 아니라 6일간의 모든 창조사역은 언어를 통해 이루어졌다.

하나님의 언어적 창조사역은 그대로 인간에게 전수되어 하나님이 인간에게 내린 첫 과업인 동물에게 이름을 짓게 하는 과업 속에서 잘 나타난다. 창세기 2:19-20에서 제시하듯이 하나님의 형상을 지닌 아담은 그가 하나님으로부터 부여받은 언어적 잠재능력과 창조력을 발휘하여 그 앞에 놓인 동물들을 그들의 속성대로 분류하고 명명함으로 언어적 과업을 이루었다.

> 여호와 하나님이 흙으로 각종 들짐승과 공중의 각종 새를 지으시고 아담이 어떻게 이름을 짓나 보시려고 그것들을 그에게로 이끌어 이르시니 아담이 각 생물을 일컫는 바가 곧 그 이름이라 (창세기 2:19)

이와 같이 언어는 하나님의 창조사역의 도구로써 또한 하나님의 뜻을 전달하는 매체로써 인간창조 때부터 하나님의 창조사역에 관여되었다. 하나님은 성삼위 안에서 언어를 사용하셨고 그의 피조물을 언어로 창조하셨으며 사람과 언어로 의사소통하셨다. 그의 형상을 닮은 인간(아담)에게 그가 다스릴 동물들을 그 속성에 따라 명칭을 부여하게 하셨고 하나님의 뜻을 따라 하나님의 매체적 도구를 활용하여 인간도 언어를 통해서 자신의 사역을 감당하였다. 즉, 하나님은 언어의 주관자시요, 인간은 그의 주권에 순복하여 언어를 사용하고, 언어를 창조하며, 언어로 자신과 사람과 피조세계를 다스리는 자이다(Steensma & Van Brummelen, 1977).

그러므로 하나님의 언어적 속성은 유아에게도 천성적으로 주어졌음을 알아야 한다. 만 4~5개월 된 태아는 이미 청각이 발달하여 모체 안팎으로 들리는 여러 소리를 듣고 어머니의 목소리와 언어를 구분하며 엄마의 자장가, 노랫소리, 태담, 이야기를 즐겨한다는 많은 현대 발달심리학자들의 연구보고 역시 유아들의 언어가 이미 선천적으로 주어졌음을 잘 증명한다고 볼 수 있다(강길전, 2001; 안명옥, 2001; 어영옥, 2003; Jitsuko Susedik, 1988; Thomas Bunny, 2005; www.parkclinic.co.kr).

부모는 유아의 언어발달의 방향과 목적, 과정에서 하나님과 무관한 언어행동이 일어나지 않도록 언어의 사용목적, 사용방법이 구별되도록 지도하는 것이 필요하다(창세기 2:19). 나아가 유아의 언어발달에 직·간접적으로 기여하는 교사, 그림책 전문가, 출판사, 언어교사 등은 이러한 언어적 속성을 이해하고 그 일에 반영하는 것이 필요하다. 부모와 교사는 언어교육에 앞서서 유아의 언어생활이 하나님의 구속 사역과 관련짓는 것은 물론이고 자신의 언어생활이 기독교 세계관을 통해 우선적으로 정립되도록 유아에게 좋은 언어적 모델링이 되어야 한다.

언어와 관계된 예술분야에서도 인간의 타락 이후 왜곡되어 발전해온 언어와 언어예술 분야의 기독교적 재조명과 재창조가 이루어지는 일에 관심을 갖고 그러한 활동과 분야를 유아들이 접할 수 있는 경험을 제공해야 한다(Kuyper, 1996; Middleton & Walsh, 1987; Sire, 2000; Wolters, 1999).

2) 유아의 언어습득

전 생애를 통해 유아기의 언어발달에서 나타나는 어휘의 증가와 진행속도가 제일 빠르다. 2세부터 하루 평균 9개의 단어를 습득하고 6세까지 대략 14,000개의 단어를 습득하게 된다(Clark, 1983). 언어의 습득은 청각을 통해 적절한 언어자극을 변별하는 능력과 언어의 소리를 선택하고 조절하여 언어환경에서 의미 있는 단어와 문장을 만들어내는 능력의 숙달로 이루어진다.

언어에는 듣기, 말하기, 읽기, 쓰기의 4가지 양식이 있는데 누가 말하고 듣느냐에 따라 화자와 청자의 역할이 달라지고, 문자를 쓰느냐 안 쓰느냐에 따라 구어, 문어로 나누어진다. 말하기와 쓰기는 표현언어에 속하고, 듣기와 읽기는 수용언어라고 한다(Piper, 1993).

3) 구어(Oral Language)의 발달

유아들은 대동소이한 구어발달 과정을 거친다. 유아의 언어발달 단계는 전언어기(prelinguistic period), 한 단어 시기(one-word stage), 두 단어 시기(two-word stage), 세 단어 이상 시기, 문법의 출현시기로 나누어 살펴볼 수 있다.

언어를 습득하기 이전에 나타나는 다양한 형태의 소리를 내는 능력이 발달하는 시기로 보통 1세 전후에 해당된다. 이 시기에는 울음이나 쿠잉 등 비언어적인 소리와 옹알이와 같은 전언어적 표현 즉, 몸짓이나 표정 등에 의한 의사소통 기능의 특징을 보인다. 또한 옹알이를 통하여 자신의 정서상태를 표현한다. 부모가 자신의 옹알이에 반응을 보이면 더욱 강화되어 다양한 소리를 시도하게 된다. 자기의 소리와 타인의 소리를 식별하고 부모의 말소리를 모방하게 되는 타인 소리 모방(echolalia)은 이후 언어발달에 상당한 영향을 미치게 된다. 이것은 성인의 소리를 그대로 흉내 내는 소리로써 반향음(모방음)이라고도 한다.

(1) 한 단어 시기(one-word stage)

생후 10개월에서 13개월 사이에 대부분의 유아는 1개의 단어로 의사소통을 한다. 이때 처음 출현하는 단어는 "맘마" "엄마" "아빠" "까까" "멍멍" 등 하나의 단어로 의사를 표현한다. 주로 주변의 환경에서 자주 접촉하는 음식물이나 가족, 동물 등의 이름이 나타나다가 점차 행동이나 행위의 묘사, 상태의 변화 그리고 물체의 속성 등의 어휘를 익힌다. 이와 같이 한 단어 시기의 언어는 구체적이고 자기중심적인 특징을 보인다.

한 단어문의 구성을 살펴보면 영어권에서는 주로 명사로 이루어져 1~2.6세 영아의 경우 어휘 중의 50~85%가 명사, 0~35%가 동사로 이루어진다. 그러나 한국 영아의 경우는 명사가 38%, 동사가 39%로 동사의 사용이 약간 많은 것으로 보고하고 있다(이영자 외, 1996). 한 단어 시기 유아의 단어는 다음과 같은 여러 가지 의미를 내포하고 있다(정동빈, 1994). 이 시기 언어의 중요한 특징은 과잉일반화와 과잉축소이다. 예를 들어, 엄마 외의 여자 → "이모", 음식 → "맘마"로 확대하여 사용하는 과잉일반화, 통닭만을 "치킨"이라고 의미를 축소하여 한정적으로 사용하는 과잉축소의 언어적 특성을 보인다. 또한 "까까, 때때, 찌찌" 등과 같은 반복어의 출현과 "아찌(아저씨), 하비(할아버지), 아뜨(아 뜨거워)" 등과 같은 축약어 등 발음이 불완전하여 단어가 축약, 대치, 유사발음, 경음 등을 사용하는 특징을 보인다.

(2) 두 단어 시기(two-word stage)

생후 18개월이 되면 유아가 습득하는 단어의 수가 급증하게 되는데 이 단계에 이르면 "엄마 좋아" 등의 두 개 이상의 단어가 합성된 표현을 쓴다. 두 단어 시기의 초기는 본질적으로 한 단어 시기와 차이가 없다. 두 단어 시기의 초기에는 첫 번째 단어와 두 번째 단어 사이에 간격이 있다는 특징이 있다. 주로 첫 번째 단어는 고정되어 있고 지시형인 것이 대부분이어서 두 번째 단어에 의미상의 영향을 미치지는 못한다.

이러한 두 단어의 조합이 이루어지면서 단일단어 표현에서 동사형태를 갖추는 두 단어문으로 언어발달이 이루어진다. 주로 사용되는 두 단어문은 명사와 명사(엄마 맘마), 명사와 동사(아기 자), 형용사와 명사(예쁜 옷)의 형태로 구성되며 전치사, 접속사, 관사, 조동사, 복수형 등이 생략되어 있다.

따라서 이 시기의 두 단어문을 가리켜 전보를 칠 때와 같이 중요한 낱말만 나열한다고 하여 전보어(telegraphic speech)라고도 한다. 두 단어 문장에 표현된 의미론적 관계를 살펴보면 다음과 같다.

[표 7-1] 두 단어 문장에 표현된 의미론적 관계

의미 관계	발화의 예
소유 관계	엄마 밥, 아빠 책, 형아 모자
수식 관계	이거 얼굴, 꽃 이뻐, 가방 커
행위자 – 행위	엄마 줘, 언니 울어, 엄마 어부바
행위자 – 목적	아빠 운동, 엄마 밥
목적 – 행위	이거 신어, 빵 줘
행위자 – 장소	아빠 밖에, 언니 일루와
장소 – 행위	여기 앉아, 빠방 가
수여자 – 행위	아빠 이거? 아가 주까?
부　　정	이거 안 해, 빵 싫어, 엄마 아니야

이러한 두 단어 시기의 전보문적 표현을 통해 유아는 문장에 대해 기본적인 의미 관계를 깨닫게 되며, 좀더 표현을 정확하게 하기 위해 완전한 문장으로 표현하고자 한다.

(3) 세 단어 이상 시기

두 단어 시기를 통해 유아는 단어의 조합형식을 깨닫기 시작하고 세 개 이상의 단어가 서로 독립적인 의미 관계를 표현해 내는 문장 형식을 갖추게 된다(이승복, 1997). 두 단어 시기를 통해 충분히 연습해온 단어들을 자연스럽게 세 단어, 네 단어 조합을 할 수 있게 된다.

세 단어의 첫마디는 두 단어 문장과 마찬가지로 호칭어이고 대체로 단어의 순서와는 상관없이 내용어를 반복하여 지시함으로써 문장의 길이를 확장해간다. 예를 들면 "아빠, 이거?"에서 "아빠 이거, 아빠"와 같이 두 단어의 자연스러운 확장이라고 볼 수 있다. 이러한 확장이 동사를 사용하면서 다른 단어들 간의 의미를 연결해주어 비로소 다른 사람과의 의사소통이 원활하게 이루어질 수 있게 된다.

[표 7-2] 두 단어 관계가 세 단어, 네 단어로 확장된 구성

두 단어 관계	확장된 관계	발화의 예
행위자 - 행위 대상 - 행위 행위자 - 대상	행위자 - 대상 - 행위	아찌 흙 파
장소 - 행위 행위자 - 장소	행위자 - 장소 - 행위 장소 - 대상 - 행위	아빠 학교 가 아빠 전화 하야?
공존자 - 행위	행위자 - 공존자 - 행위 공존자 - 대상 - 행위 공존자 - 장소 - 행위	엄마 야 같이 가 애기야 빠방 찾자 아빠 어기 가자
수여자 - 행위	행위자 - 수여자 - 대상 수여자 - 대상 - 행위 행위자 - 수여자 - 대상 - 행위 행위자 - 장소 - 대상 - 행위	엄마 아야 하나 엄마 물 주까? 엄마 아가 종이 줘 고모 요기 코피 놔

자료 : 이승복(1997). p.76

(4) 문법의 출현

만 30개월이 지나면서 유아는 문장의 구조를 체계화되고 보다 복잡한 말을 하기 시작한다. 2~3세의 유아들은 단순문장을 복잡한 문장으로 구성하기 시작한다(정동빈, 1994). 성인의 문장에 가까운 방식으로 세 단어 이상의 언어표현을 하게 되면 유아들은 이전까지는 그 언어상황에서 가장 진보적인 단어만을 추려 말하던 전보식 문장에서 벗어나 문장의 문법에 잘 들어맞는 언어의 형태소들을 배우기 시작한다(이승복, 1994).

예를 들어 "나(내)가 과자 사줄 거야" 등 주격 또는 목적격 조사를 사용하거나 과거형이나 미래형의 시제를 사용하는 것을 들 수 있다. 그러나 이러한 과정에서 유아들의 문법적 오류를 쉽게 발견할 수 있다.

한국 유아들의 격조사 습득의 순서를 조사한 결과 가장 먼저 사용하는 격조사는 공존격(도·같이·랑)이며, 그 다음이 장소격(에·한테), 주격(가·이), 목적격(을·를), 도구격(로)의 순서로 나타난다(조명한, 1982).

이 시기의 유아들은 문법의 규칙 가운데 부정규칙을 사용하게 된다. 유아는 "가지

말자" → "안 가자"라고 하거나 "같이 안 놀아" → "안 같이 놀아"라는 식으로 표현한다. 특히 유아들의 경우 의문변형보다 부정변형이 어려운 것으로 나타난다. "이거 보기 싫지 않아"를 "이거 안 보기 싫어"라는 부정확한 부정변형은 유아의 문법체계에서 알고 있는 부정변형(안, --기 싫) 규칙을 과잉적용한 예이다.

유아는 문법의 규칙을 터득한 후 기능어, 어미변화, 조동사와 연결사를 줄이거나 빠뜨리기도 하면서 전보문의 양상을 보이게 된다. 특히 유아들은 마지막 단어를 잘 기억하는 데 마지막 단어는 보통 내용어이다.

브라운(Brown, 1973)은 25~35개월 된 유아 6명에게 13개의 문장을 주어 모방하도록 하는 실험을 하였다. 이중 53개 문장이 전보식 문장으로 나타났다. 예를 들면 "엄마가 책을 보여줄게"라는 문장을 "책 보여줘"와 같이 모방하였다. 이중 52개 문장이 모두 마지막 단어를 말하였고 그 단어는 모두 내용어였다.

브라운과 벨루기(Brown & Bellugi, 1964)는 28~35개월 된 유아의 언어 중 10%는 모방어의 형태를 보인다고 한다. 이러한 모방은 유아의 언어발달에 유용하므로 유아들이 모방할 만한 언어를 성인들이 활용하는 것이 필요하다. 그러므로 어머니는 어린이가 어머니의 언어를 모방하는 것보다 유아의 말을 더욱 반복해주면서 유아가 잘못 말한 단어 또는 문장의 순서를 고쳐주거나, 빠뜨린 부분을 첨가하여 유아의 언어를 확장해나가면 된다.

예를 들어 "엄마 밥"이라는 말이 "엄마의 밥이야" "엄마! 밥 주세요" 또는 "엄마 밥 잡수세요"라는 문장을 다시 말해줌으로써 유아의 단순전보식 언어를 완전한 문장으로 확장시켜 주어 유아의 문장을 더 세련되게 만들어줄 수 있다.

어머니는 이러한 유아의 의도하는 뜻에 따라 적당한 표현으로 확장해 주는 역할을 한다. 특히 분명하고 명확한 확장을 모방할 때 유아의 문법체계가 긍정적으로 발달해나가는 데 도움이 된다. 의미습득은 음운과 문법의 습득보다 늦게 나타난다. 이는 언어의 의미구조가 음성을 익히거나 어휘를 확장하는 것보다 복잡하기 때문이다.

강은주(1998)의 연구에 따르면 유아들은 또래들끼리도 서로의 언어발달을 도울 수 있다고 한다. 또래보다 언어 및 인지발달이 빠른 유아들은 그렇지 못한 또래 유아들에게 언어적 모델링과 촉진자의 역할을 하는 데 있어 언어발달 전략을 활용하는 것을 관찰하였다. 유아들이 또래와의 극놀이, 작업활동, 종이접기, 밀점토놀이 등을 하면서 사용하는 언어발달을 촉진하는 언어전략에는 주로 "사회적 관계 맺기(나랑 같이 놀자), 말놀이(이거리 저거리 각거리, 방구 뽕 뽕 뽕나무), 요구하기(_____ 해 줄래? _____ 좀 줘), 역할놀이(내가 엄마 할께, 네가 아가 해)" 등이 있다.

그 외에도 유아들끼리는 서로 교사와 학생의 역할을 번갈아가며 서로를 돕는 역할을 한다. 교사의 역할을 하는 유아의 경우 지시하기, 시범 보이기, 설명하기, 정보 주기, 연장하기 등의 언어전략을 활용하였다. 학생의 역할을 하는 유아들의 경우 주로 경청하기, 수용하기, 모방하기, 따라하기 등의 언어 전략을 활용하며 자신의 언어의 용량을 확장시켜 나가는 것을 볼 수 있다(Kang, 1997).

재미있는 발견은 유아들이 한참 자신들의 놀이에 몰입되어 언어를 주고받음으로써 심도 있는 상호작용을 하고 있을 때 섣부르게 성인들이 간섭을 하거나 자신의 언어모델을 제공하고자 개입할 경우, 오히려 유아들의 언어적 상호작용이 방해를 받고 계속되었던 대화의 주제나 흐름이 오히려 끊어지고 교사의 다음 지시만을 기다리고 언어적 대화를 중단하는 현상이 나타난다는 것이다. 따라서 유아들이 반드시 완전한 언어형태를 완전히 갖춘 성인의 언어모델을 통해서만 언어발달을 이룬다는 종래의 관념과는 다른 발견을 보여주었다고 할 수 있다(Kang, 1997).

4) 문어(Written Language)

(1) 유아의 문어(Written Language) 발달

대다수의 유아들에게 있어서 읽고 쓸 수 있는 능력은 생의 초기에 나타나기 시작한다. 여기서 "초기(the early years)"란 정상적으로 태어나서부터 8세까지를 의미하고 있다. 어떤 전문가들은 유아기를 유아가 정상적인 학교경험을 하게 될 때를 일컫는다고 말하지만 대부분의 유아교육자들은 초등학교 3학년까지를 포함시키고 있다.

유아기는 유아의 신체발달을 위해서도 중요한 시기라고 할 수 있다. 만 2세까지 유아들은 달리고, 기어오르고 계단을 오르내리며 대근육과 소근육의 조절법을 배워나간다. 3세가 되면 유아들은 대략 성인 몸무게의 절반 정도가 되고 쉽게 달리고 세발자전거를 타는 등 자율적으로 신체적인 기능을 수행해나간다. 유아들의 신체적인 성장은 학령기까지 계속 발달해간다.

유아들의 신체가 발달함으로써 신체발달과 같이 쉽게 관찰되진 않지만 유아들의 인지적인 성숙도 발달해간다. 구체적인 경험에서 비롯된 유아들의 작업을 통해서 복잡한 지적 과업을 늘려가면서 발달해간다. 지식은 정보로부터 전달되는데 유아들은 감각을 통한 단계에서 지식을 습득해나가고 있다. 뿐만 아니라, 유아들은 감각으로부터 현실성에 대한 기초 지식을 구성해간다.

이 시기에는 유아들의 주의력도 증가한다. 주의력은 자극에 의하여 조절되는데 짧은 기간 동안만 유지될 수 있다. 유아들은 자라는 동안 주의력이 증가되고 학습과 관계된 작업을 장시간 참여할 수 있게 된다. 유아들의 기억력은 향상될 뿐만 아니라 신경학적인 변화 때문에 아주 이른 시기에 일어나고 있다.

유아들이 성장해가는 동안 유아들의 사고는 환경으로부터 분리되고 있다. 유아들은 상징적인 사고를 할 수 있는 능력을 갖게 되고 추상적인 추론도 하게 된다. 유아들의 지각, 주의력, 그리고 기억력은 문제를 해결할 수 있는 상황 하에서 이동하게 된다고 학자들은 말하고 있다. 또한 유아들은 문제를 해결하기 위해서 조직적인 전략이나 계획을 발달시키기 시작한다. 유아들이 다른 사람들과 또는 환경과 상호작용함으로써 어떤 문제에 직면했을 때 정보를 선택하게 되고 조직하며 해결할 수 있는 능동적인 역할을 시작하게 된다. 결국 유아들은 도식(schema)을 발달해간다. 이러한 성장과 발달은 유아의 문어의 발달을 돕게 된다.

(2) 읽기준비도와 문해출현

❶ 읽기준비도(Readiness)

1960년대까지만 해도 성숙주의를 주창하는 학자들은 생물학적 성숙이 이루어지지 않은 6세 반 이전의 유아에게 문자교육은 적절하지 않다고 주장하였다. 성숙주의 입장에서는 유아가 읽고, 쓰기 위해서는 정신적으로나 신체적으로 성숙해야 하며 이를 위해 필요한 기술들을 획득해야 한다는 읽기의 준비도 개념을 강조한다.

읽기준비도는 태도나 지식과 기술에 기초한 일반적인 성숙의 상태로 정의되고 있다. 또한 읽기준비도는 읽기의 성향 혹은 읽기를 위한 준비상태라고 할 수 있다. 유아들의 읽기를 정상적으로 가르치기 전에 읽기를 배우고 준비해야 하는 과정에 기여하고 있는 여러 가지 요소들은 다음과 같다.

- 신체적인 요소들(Physical Factors) : 적절한 시력, 듣기능력, 신체적 건강과 같은 것들이 포함된다.
- 사회적인 요소들(Social Factors) : 학습에 필요한 활동에 참여하기 위한 것으로 타인과의 관계, 타인과 눈맞추기, 지시문의 사회적 의미 알기 등 타인에게 관련된 능력을 포함한다.
- 정서적인 요소들(Emotional Factors) : 읽기를 위한 동기유발, 정서적 안정, 도전에 대한 자발적 반응의 욕구와 인내 등 읽기를 위해 학습할 과제수행 능력을 말할 수 있다.
- 심리적인 요소들(Psychological Factors) : 집중력 깊이, 지능, 인지작용을 수행하기 위한 능력 등이 포함된다.
- 지각적인 요소들(Perceptual Factors) : 소리 안에서 청각의 차이, 모양 안에서 시각의 차이를 분별하기 위한 능력이다.
- 언어요소들(Language Factors) : 어휘개념의 이해, 이해 가능한 어휘의 폭 등을 말한다.
- 문자지식(Letter Knowledge) : 글자의 이름이나 이름을 인식하거나 말할 수 있는 능력을 말한다.

읽기준비도 테스트는 읽기를 위한 준비검사로 유아들의 상태를 평가하기 위하여 만들어지고 있다. 항목에 대한 일람표는 인지, 언어, 읽기의 흥미도, 유아의 읽기 준비상태를 결정하기 위하여 고안된 문자의 지식과 관련된다. 유치원 교육프로그램은 유아들의 잠재적인 가능성을 결정하기 위하거나 도움이 필요로 하는 유아들에게 특별한 준비를 확실히 하기 위하여 수행되고 있다. 유치원이나 학령 전 교육에서 읽기준비도 프로그램은 읽기를 발달시키기 위한 작업과 더불어 수행되고 편성되고 있다. 읽기와 쓰기를 위한 유아들의 시도는 문자와 관련하여 유아들의 나이에 맞는 노력이 요구되므로 중요하게 여기고 있다.

이러한 읽기준비도의 입장에서는 읽기에 선행되는 신체적·지각적·인지적·언어적·정의적·환경적인 일련의 기술이 습득되었을 때 효과적으로 시작할 수 있다고 본다(이경화, 1996). 예를 들면, 눈과 손의 협응 등의 신체적 성숙과 시각적 변별, 단어, 문자, 발음에 대한 인식을 들 수 있다(권희경 · 송진숙, 2000).

실제로 이러한 읽기준비도의 개념은 유아의 문자교육의 주류를 이루고 있으므로 유아의 능동적인 구성보다는 교사나 성인에 의해 기술을 습득하는 수동적인 입장을 갖게 하였다.

그러나 이러한 성숙주의도 1960년대 이후에는 입장의 전환을 보이면서 읽기의 준비도를 가르칠 수 있는 어떤 것 즉, 경험의 결과로 보았다. 학습자료와 수업의 난이도를 조직하고 학습과제를 점진적으로 늘리면서 각 단계마다 교수화된 연습을 한다면 유아의 언어발달을 촉진할 수 있다는 것이다(Mason, 1986).

이후 행동주의에서는 성숙주의 이론과 달리 외적 요인의 중요성을 강조하고 외적 경험을 단계적으로 적절히 배열함으로써 바람직한 방향으로 변화시킬 수 있다는 입장을 보이게 되었다. 언어학습은 반복적인 자극과 강화를 통해 위계적인 기능학습을 체계적으로 지도한다면 조기에도 문자언어 학습이 가능하다고 보고 조기 문자교육을 강조한다. 읽기의 형식적인 방법에 초점을 두고 쓰기는 이러한 읽기가 숙달된 후에 이루어진다는 견해를 보인다.

피아제(Piaget)와 비고스키(Vygotsky)의 이론에 바탕을 둔 상호작용주의 이론은 문해를 단순히 인지적 기능을 습득하는 것으로 보는 것이 아니라 복잡한 사회심리 언어학적 활동으로 보았다(유향선, 1996). 유아가 환경과의 능동적 상호작용을 통해 발달하게 되며, 이러한 사회적 상황에서 들은 언어를 모방하고 의미를 상호작용하기 위해 언어형태를 능동적으로 구성한다고 보는 입장이다.

이러한 상호작용 이론은 유아의 문해능력에 대한 2가지 새로운 시각을 제공하게 되었다. 첫째, 유아의 연령이 낮아져 14개월 이하의 유아도 연구의 대상에 포함되었고 둘째, 문해는 단순한 인지기술이 아니라 복잡한 사회심리 언어적인 활동으로 보게 되었다.

사회적 상호작용주의 이론과 사회언어학적 철학에 기초한 총체적 언어관점은 행동주의 관점과 다른 통합적인 차원에서 문해개념과 유아기 문해학습 방법에 대한 전환적인 계기를 마련하였다고 할 수 있다. 총체적 언어의 관점에서는 유아들이 상황에 관련된 단어를 쉽게 인식함을 강조하며, 연구를 통해 유아들이 인쇄된 글자와의 상호작용을 통해 혼자서 읽기를 학습하고 있다는 가설적 결론을 내리고 있다. 또한 유아들은 읽기의 초기부터 선별적인 가정적인 단서들을 사용하여 의미를 구성, 예측하여 읽는 데 이용하고 있다고 주장하고 있다.

❷ 문해출현

문해(literacy)란 인쇄된 문자의 사용과 직접적으로 관련되는 활동 및 기술들을 말한다. 일차적으로는 읽기, 쓰기와 관련되나 단순히 해독(decoding)하고 표시하는 것(encoding) 이상의 뜻이 내포되어 있다(노영희, 1994). 읽기, 쓰기에 대한 태도와 기대 그리고 생활 속에서의 읽기, 쓰기 행동이 갖는 의미와 가치에 대한 개념까지 포함된다. 문해능력은 인간의 상징체계로써 유아가 언어를 학습하는 것은 사회의 구성원으로서 필요한 능력이 된다.

클레이(Clay, 1967)는 자신의 연구에서 발현적 문해(emergent literacy)라는 용어를 처음 사용하면서 문해란 단순한 해독만 하는 것이 아니라 사회적인 상호작용을 통해 초기지식을 갖게 된다고 설명하고 있다. 즉, 유아들은 실질적으로 글을 읽고 쓸 수 있게 되기 전에도 왜 사람들이 글을 읽고 쓰며 읽기, 쓰기를 할 때 무엇을 이해하는지에 대한 인식을 하게 된다. 따라서 문해능력은 외부로부터 오는 것이 아니라 태어나면서 환경과의 상호작용을 통해 읽기와 쓰기 간의 역동적인 과정을 통해 그들의 내부로부터 형성되는 일련의 과정이라고 본다.

이러한 문해에 대한 관점의 흐름은 기존의 읽기준비도라는 개념에 의문을 제기하면서 문해출현의 관점으로 이어지게 되었다. 즉, 유아들에게 외부로부터 지식을 주입시키며 문자언어의 획득을 위한 지식을 훈련시킨다는 기존의 입장으로부터 유아의 내부로부터 형성되는 문자언어의 인식과정에 관심을 갖게 되었다.

문해출현의 입장에서는 취학 전에 성공적으로 읽기, 쓰기가 가능한 예를 통해 유아의 문해능력은 출생 시부터 가정에서 부모가 읽어주는 그림책, 엄마의 쇼핑리스트, 가족의 생일카드 등 문해환경과의 상호작용을 통해 자연스럽게 발달해가는 과정으로 본다. 즉, 단순히 글자를 읽고 해독하는 개념이 아니라 일상생활이나 사회생활, 직업을 위해서 생활기능 문해(functional literacy)까지도 포함하고 있다(Goodman, 1986).

실제로 유아는 다양한 활자들을 경험하고 접함으로써 자신이 가지고 있는 생각을 다른 사람과 공유하는 방법으로 쓰기와 읽기의 필요성을 인식하게 된다. 유아들이 자주 접하는 과자의 이름이나 생활용품, 즐겨보는 TV 프로그램 등은 일찍부터 읽기가 가능하다. 또한 부모가 읽어주는 동화책을 통해 문자언어에 대한 인식을 키우며 언어가 문자로 기록되는 언어와 문자 간의 1 : 1 관계를 수립하기도 한다.

쓰기 역시 유아들이 자신의 생각을 적는 시도가 중요한 경험이 되고 문해에 대한 적당한 인식을 돕게 된다. 이런 경험은 관습적인 철자(conventional spelling)를 학습하게 하는 중요한 경험이 된다. 이때 주의하여야 할 것은 문해에 대한 사회적인 규칙을 깨닫는 과정은 시간이 걸린다는 점이다. 성인의 입장에서 해석하거나, 짧은 시간 내에 완벽한 쓰기를 위한 규칙을 요구하는 것은 쓰기에 대한 흥미를 잃게 할 수 있으므로 주의해야 한다.

적절한 문해환경을 제공하기 위해서는 무엇보다도 유아들의 발달적으로 적합한 수준을 파악하여 적절한 도구와 경험을 상황에 맞게 제공하여야 하며, 유아의 상황에 민첩하게 자극을 주어야 하며, 실수에 대한 가치를 인정해주어야 한다. 유아는 스스로 읽기, 쓰기를 확장하고자 하는 동기와 자극을 줌으로써 그러한 환경과의 상호작용을 통해 발달이 이루어진다. 따라서 유아가 실생활과 관련하여 의미 있고 기능적인 문해환경을 통해 효과적으로 학습할 수 있다고 보고 있다.

유아 문해발달을 연구하는 학자들의 최근 주장은 유아의 읽기능력과 쓰기능력은 순차적으로 발생하기보다는 동시에 그리고 상호관련하여 나타난다고 한다. 이러한 예로 유아들은 실제 자신이 쓴 것을 가장 쉽게 읽을 수 있을 수 있는 것을 통해 유아는 필자(writer)인 동시에 독자(reader)라는 관점을 지지하고 있다(김경철, 1998).

다른 분야와 마찬가지로 유아의 언어발달에 있어서 언어의 기능이 언어의 형식보다 먼저 발달한다. 유아는 언어의 필요를 느낄 때 즉, 언어를 기능적으로 사용할 필요가 있을 때 언어를 쉽게 학습하며, 또한 언어의 사용이 사회적인 맥락과 의미가 있을 때 쉽게 학습할 수 있게 된다. 교사나 부모는 이러한 문해발달을 돕기 위해서 일상생활 중에 끊임없이 자극을 주면서 호기심과 흥미를 유발하는 문해환경을 조성해 주어야 한다.

2 유아의 언어발달 내용

인간은 문화적 동물로 문화를 만들어내기도 하고 또한 그 문화에 영향을 받기도 한다. 인간에게 문화의 발전을 가져온 여러 가지 원인 중에 빼놓을 수 없는 것이 바로 언어이다. 인간은 언어를 통해 눈부신 문화를 이루어왔고 또 다음 세대로 이어줄 수 있었다. 갓 태어난 아기의 옹알이는 언어가 아니라 단지 소리일 뿐이다. 그러나 여러 세대에 걸쳐 정형화된 언어를 사용하는 양육자가 말하는 언어에 의해 자신의 언어를 맞추어가는 동안 아기의 언어는 자신의 문화 속에 속한 언어를 배우게 되는 것이다.

유아의 언어발달에 영향을 미치는 여러 가지 환경요인으로는 성, 지능, 지역, 가정환경, 사회와 문화, 국가적 정책 등 여러 가지 요인 등을 들 수 있을 것이다. 그중에서도 가정환경은 언어발달에 직접적인 영향을 미칠 수 있고, 가정에서 양육자가 어떠한 언어적 환경을 제공하느냐에 따라 유아의 언어발달에 직접적인 영향을 미칠 수 있다.

1) 가정에서의 언어

가정에서부터 유아들은 책 보기와 읽기경험을 쌓게 된다. 엄마(양육자)의 무릎에 앉아 동화책의 그림을 보며 엄마가 읽어주는 글의 내용과 함께 엄마의 목소리로 읽어주는 이야기 듣기를 즐겨한다(교육부, 2000). 양육자의 여러 가지 변인이 유아의 언어발달과 어떻게 관련되어 있는지 구체적으로 살펴보면 다음과 같다.

(1) 영아기의 언어발달

신생아기 또는 영아기의 언어획득에 있어서 양육자(어머니)의 중요성의 강조된 것은 비고스키의 상호작용주의 이론의 영향이 크다고 볼 수 있다. 그는 어머니나 성인의 근접발달지대(ZPD) 내에서 적절한 지원(scaffolding)이 이루어진 가운데 영아와 양육자 간의 언어적 상호작용이 원활해지면 영아의 언어발달이 촉진된다고 하였다. 근접발달지대란 "유아 스스로 해결할 수 있는 문제해결의 수준과 성인의 안내나 더 유능한 또래와의 협력(자극, 단서, 모델링, 설명, 질문유도, 토의, 공동참여, 격려, 아동의 주의통제 등을 사용)을 통한 잠재적 문제해결 수준 간의 거리"를 말한다. 이 근접발달지대 안에서 성인들이 유아의 요구에 적합하게 도움을 줄 때 유아들의 발달은 더 촉진될 수 있는 것이다. 근접발달지대 안에서 유아-성인 혹은 유아-유능한 또래 간의 언어적·사회적 상호작용이 유아의 발달을 더욱 촉진할 수 있다(Vygotsky, 1978).

더불어 화로우와 넬슨(Forrow & Nelson, 1984), 햄슨과 넬던(Hampson & Neldon, 1993)은 어머니가 바람직한 언어를 사용하여 영아와 의사소통을 하게 되면 영아의 문장구사력이 더욱 원숙해진다고 밝힘으로써 양육자가 사용하는 의사소통 유형이 영아의 의사소통 유형에 영향을 줌을 시사하였다. 박선해(1994)는 양육자에게 그림책 읽기를 통한 언어적 상호작용 훈련을 실시한 후 양육자(어머니)와 영아 간의 언어적 상호작용을 관찰한 결과, 어머니의 상호작용 방법이 영아의 언어표현 능력과 이해능력의 향상에 긍정적 영향을 미쳤다고 하였다.

이영자와 이종숙(1996)은 1.5~5세의 유아들 대상으로 흥미와 발달단계에 적합한 동화책을 반복적으로 읽어줌으로써 읽기가 발달함을 보여주었다. 이들은 격주에 1회씩 3개월간 유아의 이야기책 읽기 행동을 여러 단계를 거쳐 관찰한 결과, 유아들의 단계별로 특징적인 읽기행동을 보이면서 읽기의 발달을 가져왔다고 보고하고 있다. 즉, 처음에는 이야기를 꾸며서 읽던 유아가 다음에는 책의 실제 단어를 몇 개 사용하여 의미가 비슷하게 꾸며 읽는 행동을 보였다(최미희, 1994).

쉬켄단즈(Schickendanz, 1986), 버즈와 아이젠둠(Bus & Ijendoom, 1988)은 부모가 책 읽어주기에 대해 긍정적인 태도를 가질수록 자녀에게 빈번하게 책을 읽어주며, 책 읽기 활동을 지속적으로 한다고 밝혔다.

(2) 부모의 상호작용 유형

최미희(1994)는 유아 150명과 그들의 부모들에게 가정에서의 읽기환경과 지도유형(기능 중심, 의미이해, 혼합유형)에 따른 읽기발달에 관하여 알아본 결과 부모의 읽기지도 유형과 가정에서의 책 읽기 활동 간에는 유의미한 차이가 없었으나 읽기준비도, 단어 읽기, 동화내용 이해도 등 읽기능력의 하위변인 간에 유의미한 차이를 보였다고 하였다.

펠레그리니(Pellegrini, 1990) 등은 양육자와 유아 간의 책읽기 상호작용의 과정을 관찰하고 부모가 사용하는 어머니의 인지요구 전략의 수준을 상·중·하로 구분하고 어머니의 교수전략과 유아의 책 읽기 참여도 간의 상관관계를 측정한 결과, 어머니의 인지요구 전략에 유아의 과업수행 능력의 수준이 적응되는 것을 발견하였다.

엘리엇과 휴이슨(Elliot & Hewison, 1994)은 중류층의 부모는 이야기나 그림의 흥미 있는 부분에 초점을 두면서 상호작용하고, 어려운 단어와 개념을 설명하는 경향이 있다. 그에 따라 유아는 일반적으로 재미있게 이야기책을 접하였고, 그것은 읽기에 대한 동기를 향상시켰다. 반면, 저소득층 가정의 유아들은 문해적 환경에 거의 노출되지 않았고, 동화책도 거의 없었으며, 읽기의 본질과 목적에 대한 지식과 이해가 부족하여 읽으려는 동기가 낮았다. 이들은 읽기가 의미를 파악하기 위한 것이 아니라 어떠한 목적을 위해 연습하는 것으로 보는 경향이 있었다. 그러나 저소득층 가정이 읽기훈련에 참여한 후 다양한 읽기재료를 자녀들에게 제공하였고. 이야기의 이해와 즐거움에 초점을 두면서 의미파악을 위해 읽기를 하였다.

(3) 양육자의 사회경제적 지위

브로디, 스톤맨, 그리고 맥코이(Brody, Stoneman, & McCoy, 1994)는 저소득층과 중류층 가정의 문해력 발달에 영향을 미치는 요인으로 양육자의 수입, 자녀-부모와의 효과적인 의사소통 등을 들었다. 또한 자녀에게 책 읽기 활동을 많이 해주는 양육자가 그렇지 못한 양육자보다 책 읽기 활동에 대해 덜 형식적이고, 덜 기술적인 태도를 보인 것으로 나타났다(DeBaryshe, 1995).

여러 연구를 통해 중산층 어머니가 유아 간의 언어적 상호작용 시 언어발달에 도움이 되는 어머니가 특별한 인지전략을 사용한다고 보고하였다(Elliot & Hewison, 1994; Heath, 1980; Holdaway, 1979). 히스(Heath, 1980)는 부모-자녀의 언어적 상호작용 시 중산층의 부모는 '왜 그렇게 생각하니?'라는 질문과 감성적인 면을 많이 언급한 반면, 저소득층에서는 '무엇' '언제'라는 질문을 많이 하는 것을 발견하였다. 홀더웨이(Holdaway, 1979)는 중산층 어머니는 유아들에게 반응하도록 요구하고 성인은 필요한 때에 정보를 제공할 때 유아들이 가장 큰 도움을 얻는 언어적 교수모델을 이상적인 것으로 보았다.

펠레그리니와 그의 동료(Pellegrini et al., 1990) 그리고 월쉬와 그의 동료(Wertsch et al., 1980) 등은 중산층의 어머니들은 유아의 과업유능성에 자신의 교수전략을 맞추어 유능한 유아들에게는 덜 지원적이면서 더 요구적인 전략을 사용하는 반면, 덜 유능한 유아에게는 낮은 요구와 높은 지원적 전략을 사용하여 유아의 참여를 이끌어 가는 것을 발견하였다.

(4) 양육자의 태도와 언어발달

앤더슨(Anderson, 1995)과 파터(Potter, 1995)도 그들의 연구결과를 들어 부모의 문해력에 대한 태도와 가정의 문해력 활동과 관련이 있음을 보여주었다. 앤더슨은 3-4세 사이의 유아와 부모를 대상으로 부모가 가진 무식성 학습에 대한 태도, 가정의 문해력 환경, 그리고 유아의 문해력에 대한 지식과 지각과의 관계를 조사한 연구에서 부모가 가진 문해력에 대한 태도가 가정에서 제공되는 문해력 활동과 유아의 문해력에 대한 지각과도 관련이 있음을 시사하였다. 그의 연구집단에서 발생적 문해력 관점을 지향하는 부모들은 자녀의 언어교육에 있어서 이야기 꾸미기, 문자의 개념과 기능에 대한 이해 등을 강조하는 반면, 읽기준비도 지향의 부모들은 맞춤법에 따라 쓰기, 글자 - 소리와의 정확한 관계 및 규칙 등 기능적인 면을 강조하는 것을 발견하였다. 파터 역시 이와 유사한 연구결과를 보여주었다.

휘저랄드, 스피겔, 그리고 커닝햄(Fitzgerald, Spiegel, & Cunningham, 1991)은 부모들의 문해력에 대한 태도와 부모 자신의 문해력 수준에 대해 면접을 통해 연구한 결과, 부모의 문해력 수준에 따라 자녀에게 제공하는 문해력 활동에 대한 태도와 방법이 달랐다고 보고하고 있다. 즉, 낮은 수준의 문해력을 가진 부모들은 형식적인 학습이나 기술훈련을 위해 문해력 활동을 제공하려는 경향이 있었고, 높은 수준의 부모들을 자녀의 일상생활에서 자연스럽게 문해력 발달을 도모해야 한다는 신념을 갖고 있었다고 한다.

이와 같이 유아의 언어발달에 영향을 미칠 수 있는 요인 중의 하나가 양육자 또는 가정이 될 수 있다. 가정에서 양육자가 어떻게 유아에게 언어적 환경을 만들어주느냐에 따라 유아의 언어발달은 다르게 이루어질 수 있다.

2) 사회적 요인

(1) 교육기관과 또래

쉬라이어와 멀케이도(Schrier & Mercado, 1994)는 유치원의 집단구성에서 연령과 능력이 비슷한 발달수준의 유아들보다 혼합연령 집단의 유아들이 또래로부터 받는 혜택이 더 많다고 보고하고 있다. 그들에 의하면, 혼합연령의 또래 집단에서는 경쟁의식도 줄고, 정서적 안정감도 유지될 뿐만 아니라, 남을 돕고 가르치는 과정에서 유아 자신의 학습이 강화되기도 하며, 사회적 발달과 정서적 발달은 물론 언어학습의 효과도 높아진다고 하였다.

이기숙 등(1983)과 임재택(1984)도 대부분의 유아들은 모든 측면의 발달이 동일한 수준으로 발달하지 않으며, 어떤 유아는 또래보다 사회적인 발달이 많이 이루어져도 언어적인 발달은 부족할 수 있다고 보았다. 캐츠, 이벤젤로우, 그리고 하트만(Katz, Evangelou, & Hartman, 1990), 그리고 프리만(Freedman, 1982) 등은 혼합 연령 집단은 나이가 같다고 해서 능력 및 성취수준이 서로 달라 나이 어린 유아와 나이 많은 유아, 발달이 빠르거나 느린 유아가 함께 어울려 서로 돕고 도움을 받는 상호작용의 기회를 얻으며 가족과 같은 자연스런 분위기 속에 스트레스는 적은 반면, 다양한 학습이 효과적으로 이루어지므로 여러 측면의 발달의 진전을 가져올 수 있다고 하였다(박미령, 1997, 재인용).

스노우와 사라초(Snow & Saracho, 1993)는 유치원 내 이야기 꾸미기의 경험이 유아의 문해발달에 중요한 공헌을 한다고 지적하였고, 디킨슨과 타버스(Dikinson & Tabors, 1991), 뉴만과 로스코스(Neuman & Roskos, 1993) 역시 유치원 교실 내 문해환경에서 분절된 문어기술에 기초한 유치원 교육과정보다는 문해출현을 지원하는 놀이 중심의 문해교육과정이 유아들의 문해발달을 더 촉진한다고 하였다. 이들의 연구에서는 놀이와 문해활동이 서로 깊이 관련되어 서로 불가분의 관계 속에서 유아들이 언어를 사용하는 가운데 언어학습이 이루어진다고 보고하였다.

김명순(1997)은 4~5세 유치원 교실의 문해환경 수준에 따른 유아의 이야기 꾸미기를 관찰, 녹음하여 비교해본 결과, 여아가 남아보다 발화율과 문어적 기제사용률이 높았으며, 문해환경 수준이 높은 교실의 유아들이 낮은 교실의 유아들보다 더욱 현저한 차이를 보였다고 보고하고 있다.

이문정(1999)은 유치원 내 유아의 이야기 짓기와 극화활동의 연계가 유아의 이야기 구조 및 탈상황적 언어발달에 미치는 영향에 대한 그의 연구를 통해 다음과 같은 결과를 얻었다. 즉, 이야기 짓기와 극화활동의 연계를 경험한 집단이 이야기 짓기만을 경험한 집단보다 이야기의 논리적 일관성과 이야기 형태가 더 높은 수준으로 나타났다. 또한 단어 정의를 하는 데 있어서도 문장구조, 표현적 특징, 기능설명에서 더 높은 점수를 받았으며, 그림 묘사하기에서도 단어의 수, 형용사와 부사의 수, 문장의 수, 수정한 횟수, 참조적 설명, 위치설명, 명사의 총수, 어휘적 명사의 수, 주제단어 수, 상상적인 설명, 인물의 내적 표현이 더 많이 나는 등 탈상황적 언어능력이 더 발달하였다고 한다.

김영순(1999)은 유치원의 유아들이 저널 쓰기 이후 쓰기의 목적에 대한 개념과 과정에 대한 인식이 변화하였다고 한다. 이전에는 쓰기의 목적이 연습과 준비를 위한 것이었다가 자기표현, 의사소통 및 놀이를 위한 것으로 변화하였으며, 쓰기의 과정에 대한 인식에 있어서도 과거는 성인의 도움을 구하기에서 스스로 창안적 철자를 시도해보기로 바뀌었다는 등 쓰기라는 구체적인 문해활동을 통해 인식과 태도가 바뀌었다. 또한 저널쓰기를 한 집단이 통제집단보다 책 읽기 수준에 있어 5배 이상의 증가를 보였으며, 글자인식 수준에 있어서도 2배 이상의 현저한 차이를 보여주었다.

이상과 같이 유아교육기관과 또래는 유아들의 언어발달에 영향을 미치는 중요한 요소로 작용하고 있음을 알 수 있다.

(2) 사회문화적 환경

모국어(L1)와 제 2국어(L2) 습득은 사회문화적 환경의 영향을 많이 받게 된다. 세계에서 이중언어를 사용하는 국가는 전체 70%가 넘는다. 싱가포르, 캐나나, 미국, 중국, 케냐, 인디아 등 많은 국가들이 자신들의 인종과 부족에 맞는 모국어를 습득한 후 공용어를 L2로 습득하여야 의사소통이 가능해지는 사회문화적 환경을 갖고 있다 (Grosjean, 1982). 그러나 이중언어를 사용하는 이유는 나라마다 조금씩 다르다. 미국의 경우를 예를 들어 보겠다.

미국은 여러 인종과 배경, 언어가 다른 민족이 함께 모여 합중국을 이룬 나라다. 이들은 모두 자신의 인종과 모국어, 문화적 배경을 달리하고 있으나 정식 교육기관이나 관공서 그리고 일반 대중매체는 L2를 사용해야만 하므로 L1에 첨가하여 L2를 반드시 사용해야 한다. 유아교육기관에 입학하기 전까지 유아들은 가정에서 자신의 모국어로 의사소통을 할 수 있다.

그러나 교육기관에서는 공용어이자 국어인 영어(L2)를 습득해야만 타인과 의사소통이 가능해진다. 스페인 계통의 주님이 많은 몇몇 주에서는 여전히 스페인어를 사용하지만 그래도 그들의 학교에서는 영어를 공용어로 사용하고 있어서 영어습득과 활용이 그들의 학업성취와 사회문화적으로 성공적인 삶을 살 수 있는 기본적인 요소가 된다.

캐나다의 경우는 미국과 다른 이중언어 체제를 갖고 있다. 이들은 자신의 모국어와 문화를 출생부터 유지할 수 있다. 그러나 국가의 공용어조차 불어와 영어를 동시에 다 사용해야 하므로 제 2국어를 습득해야만 한다. L1이 불어권에 속한 사람은 L2인 영어를 습득해야만 모든 의사소통을 가능케 할 수 있다.

싱가포르의 경우, 자신의 모국어인 싱글리쉬가 있고 공용어인 영어(L2)를 사용한다. 위의 세 국가의 경우, 모두 L2를 습득하는 것은 자신의 생존과 사회생활 적응에 필수적인 과업이며, 이는 일상생활과 학교수업을 통해 자연스럽게 이루어지는 것이므로 L2 학습환경은 자연스런 사회문화적 맥락 속에서 학습자의 필요에 의해 유목적으로 발생할 수밖에 없다.

그러나 한국과 일본의 경우, 단일언어를 사용하는 나라에서 영어를 학습하는 일은 외국어를 습득하는 일로 영어권 속에서 제공되는 환경과 사회문화적 맥락은 전혀 기대할 수 없는 일이라 학습자의 의도적인 반복과 연습을 통해 부분적이고 부자연스러운 언어학습이 이루어질 수밖에 없다.

3 유아의 언어발달 지도방법 및 부모의 역할

유아의 언어발달을 잘 도울 수 있도록 지도하는 부모의 역할은 자연스럽고 따뜻한 생활의 맥락을 활용하는 것이 바람직하다고 볼 수 있다. 의도적이고 주입식 언어지도는 오히려 유아로 하여금 초기부터 언어학습에 대한 부정적 경험을 갖게 할 우려가 있기 때문이다.

1) 풍부한 문해환경 조성

부모가 할 수 있는 가장 우선적인 역할은 유아의 언어학습이 자연스럽고 실용적일 수 있도록 풍부한 문해환경을 제공해주는 일이다. 유아들이 충분히 탐색하고 살피고, 듣고 말하고, 읽고 써볼 수 있는 환경을 제공하는 일이 우선되어야 한다.

유아들이 충분히 그림책을 읽어볼 수 있도록 부모님들께서 잠자리 들기 전 시간을 정하여 아침, 휴식시간, 이야기시간을 정해놓고 그림책을 함께 읽어주는 일이 바람직하다. 부모님이 책을 많이 읽어주는 유아일수록 책을 접하는 기회가 늘고, 책을 다루는 기술을 습득하여, 문자와 음성언어를 잘 조합하여 글을 쉽고 자연스럽게 터득하게 되어 자기 스스로 글을 읽어볼 수 있는 능력을 기르게 된다.

이미 기존에 출판된 성경 동화나 기독 그림책에 대한 관심과 구입을 유아와 부모가 함께하며 가정에서도 함께 읽으며 성경과 일상생활, 교리에 대한 삶의 적용 등을 자연스럽게 연결할 수 있도록 유아들의 언어활동을 제공하는 것이 유아들의 일상적 언어에서조차 기독교적 사상이 반영될 수 있는 좋은 환경제공과 활동이 될 것이다.

2) 좋은 그림책 주기

질 좋은 그림책이란 교육성, 예술성, 문학성을 골고루 갖춘 우수한 그림책을 일컫다. 다음과 같은 여러 가지 측면에서 가치를 인정받고 있다(김세희 · 현은자, 1997).

(1) 좋은 그림책의 가치

첫째, 우수한 그림책은 유아들에게 즐거움을 준다. 이야기를 통해 즐거움을 맛본 유아들은 독서에 대한 취향과 태도를 형성하는 데 큰 영향을 받게 된다.

둘째, 유아들은 그림책을 통해 자신의 경험과 감정의 재확인하며, 현실생활에서 오는 갈등과 문제를 해결할 수 있는 실마리를 제공해주며, 그로 인한 자신감을 갖게 도와준다.

셋째, 그림책을 통한 간접경험의 제공은 유아의 경험세계를 확장해주고 풍요롭게 해주며, 다양한 시각에서 사물을 볼 수 있는 안목을 길러준다.

넷째, 그림책의 환상세계는 유아의 상상력, 공상력을 풍부하게 해줄 뿐만 아니라, 현실세계에서 성취하지 못한 한계를 뛰어넘어 자기의 세계에 충분히 몰입할 수 있는 이상적 사고의 기회를 제공한다.

다섯째, 유아는 그림책과의 접촉을 통해 비지시적 상황에서 어휘확장, 세련되고 풍요로운 문장과 표현방법을 습득하고 구어, 문어의 자연스러운 발달을 이룰 수 있게 된다.

여섯째, 유아는 그림책에서 제시하는 아름답고 세련되고 다채로운 미술을 감상하고 경험하며, 심미적 감상능력을 기를 수 있다.

요즘에는 상당히 예술적·문학적으로 질 높은 기독 그림책들이 출판되어 유아들과 부모가 함께 그림을 감상하며, 여러 장르별로 기독교 관점에서 쓰인 그림책에 접할 좋은 기회를 마련할 수 있어 좋다.

요약하면, 유아는 그림책을 통해 독서에 대한 취향과 태도를 형성하고, 간접 경험의 기회를 통한 문제해결력을 습득하고, 환상세계를 접하면서 공상력과 상상력의 신장, 언어발달, 심미적 감상력의 발달을 도와주므로 유아기에 질 좋은 그림책을 제공하여 읽어주며 경험하게 하는 것은 유아의 언어, 인지, 사회, 정서, 심리 및 도덕성발달에 두루 영향을 미치는 좋은 결과를 얻게 할 수 있다.

(2) 좋은 그림책 선정하기

유아와 함께 읽어볼 수 환경을 조성하기 위해서는 무엇보다도 좋은 질의 우수한 그림 이야기책들이 많이 준비되어 있어야 한다. 좋은 그림책을 선정하는 기준은 다음과 같다. 부모님들께서 유아들을 위해 좋은 그림책을 선정할 때 가져야 할 기준은 우선 그림책의 주제와 구성, 등장인물, 문체, 예술성, 교육성 등을 살펴보는 일이다.

❶ 주 제

주제란 이야기의 중요한 생각이다. 좋은 그림책은 핵심 줄거리로 사랑, 소망, 평화, 우애, 정직, 희생, 봉사 등 단순하면서도 영원하고 심오한 진리를 담고 있을 뿐만 아니라 유아로 하여금 결과를 예측 가능하게 해준다. 흥미진진한 이야기 속에 의미 있는 주제가 미묘하게 결합되어 있는 책이 좋은 그림책이라고 할 수 있다.

❷ 구 성

좋은 그림책은 줄거리가 단순하지만 잘 만들어진 이야기의 요구조건을 충족시켜야 하므로 분명한 시작, 절정, 결말이 있어야 한다. 물론 이야기를 즐겁게 하는 갈등과 그 갈등에 대한 통쾌한 해결도 제시되어야 하며, 움직임(action)과 긴장(suspence)과 유머도 겸비하고 있다.

❸ 등장인물

유아들은 사람이나 의인화된 동물이나 사물 등, 유아다운 성격을 지녀서 유아가 쉽게 공감하고 동일시할 만한 등장인물을 더 잘 기억할 수 있다. 등장인물의 성품과 문제 직면과 해결방법 등은 유아들이 쉽게 모방하고 동일시할 수 있으므로 인성형성을 위해서 독립심, 창조적 사고력, 용기와 실천력, 영리한 판단력, 인내, 극복 등의 성품을 지닌 등장인물일수록 고무적일 수 있다.

❹ 문 체

좋은 그림책의 문체는 유아가 이해하기 쉽고, 리듬감과 장단, 반복, 의성, 의태어 등 언어의 맛을 즐길 수 있으면서도 유아들의 어휘를 확장해주어야 한다.

❺ 예술성

그림책의 그림은 이야기와 조화로운 융합에 의해 그 문학성과 예술성이 결정될 수 있으므로 그림 자체가 훌륭한 미술작품이어야 한다. 나이가 어릴수록 글보다 그림의 비중이 크므로 그림의 예술적 요소, 예술적 양식, 색, 질감, 구도, 공간, 선, 형태 등 다양한 그림을 접하는 것이 필요하다.

그림책의 주제와 매개체는 서로 어울려야 하며 매개체의 종류도 다양하게 수채화, 판화, 묵화, 데생, 유화, 콜라쥬, 템테라화 등을 포함할 수 있어야 한다.

(3) 연령별로 추천할 만한 좋은 그림책

유아들을 위해 연령별로 추천할 수 있는 좋은 그림책들은 다음과 같다. 연령별 성경 동화와 큐티 서적, 맥스 루케이도(Max Lucado)의 『나는 너를 사랑한단다』 『너는 특별하단다』 등이 좋다. 이미 기존에 출판되어 나온 기독 그림책에 대한 관심과 구입을 유아와 부모가 함께하며 가정에서도 함께 읽으며 성경과 일상생활, 교리에 대한 삶의 적용 등을 자연스럽게 연결할 수 있도록 유아들의 언어활동을 제공하는 것이 유아들의 일상적 언어에서조차 기독교적 사상이 반영될 수 있는 좋은 활동이 된다.

[표 7-3] 만 2~5세 유아들에게 추천할 만한 좋은 그림책

연령특성	책의 특성	그림 이야기책의 예
단순한 개념의 발달 사물에 대한 호기심 증가 초보적 수세기, 글자이해 이야깃감의 발달	정보를 주는 책	• 야부우치 마사유키, 『누구의 아기일까요?』 • 홍진숙·김효순, 『찾았다, 내 물건』
	개념 책(수, 색, 모양)	• 보리, 『빨강도깨비, 파랑도깨비, 노랑도깨비』
	수세기 책, 글자 책	• 웅진출판사, 『하나에서 열까지』
	예측할 수 있는 책	• 보리, 『살금살금 쿵쾅쿵쾅』
	단순하고 구조화된 줄거리로 된 책	• 나카노 히로다카, 『코끼리 형님의 나들이』
	단어, 구, 문장이 반복되는 책	• 빌 마틴 Jr. 에릭 칼, 『갈색곰아 갈색곰아 무엇이 보이니?』
상상력의 발달	환상, 모험을 그린 책	• 맥 토마스·엘리자베스 헤글러, 『동물들의 성경 이야기』 • 하윈 오람, 『꿈속의 다락방』 • 모리스 샌닥, 『괴물들이 사는 나라』

연령특성	책의 특성	그림 이야기책의 예
유머와 게임을 즐김	유머러스한 내용과 재미있는 놀이욕구를 채우는 책	• 최재영, 『비누거품 도깨비』 • 성서원, 『하나님의 축복이 우리 아기에게』 『손가락 인형놀이』 • 코미타로우, 『악어와 치과의사』
자아개념의 발달	자아개념을 다룬 책	• 맥스 루케이노, 『너는 참 용감하구나』 • 로렌 차일드, 『난 토마토 절대 안 먹어』 • 두난노, 『하나님이 주신 내 아기』 • 맥스 루케이노, 『너는 특별하단다』 • 에릭 칼, 『뒤죽박죽 카멜레온』
	타인(부모, 형제, 조부모, 친구, 교사)과의 관계를 그린 책	• 맥스 루케이노, 『너를 사랑한단다』 • 송명호, 『할아버지 할머니』 • 니콜라 스머, 『책 읽어주세요, 아빠!』 • 쓰쓰시 요리코, 『병원에 입원한 내 동생』 • 앤써니 브라운, 『터널』
언어의 급속한 발달(발음, 어휘, 문장)	여러 형태의 문장이 있는 책	• 존 버닝햄 『곰사냥을 떠나자』 • 임석재 『두껍아 두껍아』
글 대신 그림을 읽음	글 없는 그림책	• 성바오르 출판사의 『어릿광대』 『생일선물』 • 레이먼드 브리그의 『눈사람 아저씨』
하나님 말씀에 대한 영적 욕구충족 찬송, 기도문을 통해 하나님과 대화하고자 하는 욕구충족	어린이 그림 성경류 찬송, 기도문	• 이경우, 『초록끈』 • 성성원, 『리틀 바이블 플레이북』 『라임바이블』 『하나님은 ♡를 사랑해요』 • 두란도, 『어린이 그림 성경』 • 예영, 『거인을 쓰러뜨린 소년』 • 성서원, 『굿나잇 바이블 송』 • 홍성사, 『나나는 하나님이 궁금해요』 • 성서원, 『밤에 기도해요』 『낮에 기도해요』 • 디모데, 『야베스의 기도』 • IVP, 『내 마음 그리스도의 집』

4 유아의 언어발달을 위한 활동

활동 1. 사랑의 그림편지 쓰기

이런 것을 기대해요	• 하나님 주신 언어를 통해 엄마와 내가 서로 사랑함을 확인하도록 한다. • 형제 간에 서로 사랑함을 확인하도록 한다.
필요한 것이 있어요	팰켄 글/리자 맥크 그림/2003/우리는 엄마를 사랑해요/영교출판사 〈줄거리〉 개구쟁이 토끼들이 신나는 하루를 보내며 엄마 토끼의 포근한 사랑을 느끼게 되는 따뜻한 이야기를 담고 있다. 
함께 해보아요	❶ 엄마와 유아가 함께 그림책을 같이 읽는다. ❷ 우리의 하루 일과를 서로 이야기 나눈다. ❸ 하나님을 닮은 우리들이 형제 간에 서로 즐거웠던 일, 재미났던 일, 사랑을 주고받았던 일 등 하루를 지낸 이야기(형제가 없을 경우 친구와 지낸 이야기도 좋다)를 엄마와 함께 나눈다. ❹ 우리 가족이 서로를 사랑할 수 있음을 어떻게 알 수 있는지 이야기 나눈다. ❺ 가족에게 사랑의 그림편지 쓰기.

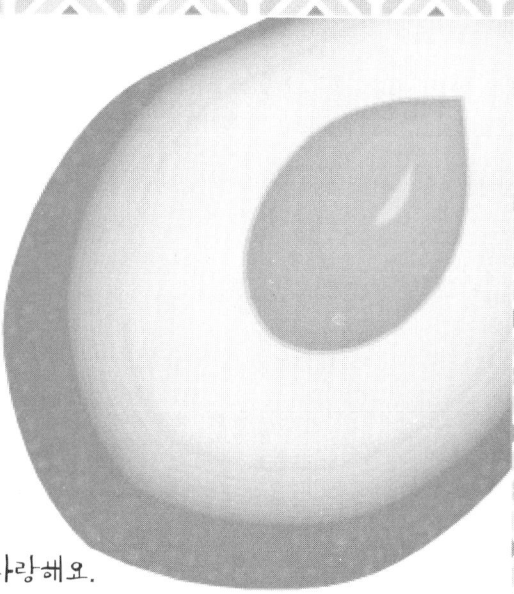

________ 에게

하나님은 나를 사랑하세요.

나도 하나님을 사랑해요.

나는 ________ 를 사랑해요.

나는 ________ 가 ________ 때가 제일 좋아요.

________는 내가 ________ 때가 제일 좋아요.

나는 ________ 가 ________ 가 제일 행복해요.

________ 내가 ________ 가 제일 행복해요.

우리는 ________ 서 서로 서로 행복해요.

활동 2. 하나님께 감사카드 쓰기

이런 것을 기대해요	• 나는 하나님이 부모님께 보내주신 귀한 존재임을 알도록 한다. • 하나님과 부모님이 나를 사랑하심을 알도록 한다. • 하나님과 부모님이 나를 어떻게 사랑하시는지 글을 읽으며 확인하도록 한다.
필요한 것이 있어요	리사타운 버그렌 글/로라 J. 브라이언트 그림/2002/하나님이 너를 주셨단다/김서정 역/몽당연필 〈줄거리〉  엄마곰이 아기곰에게 세상에 그냥 태어난 것이 아니라 하나님이 부모에게 보내신 특별한 선물임을 강조하는 이야기다. 어떤 인종이든 어디서 살든 살아 있는 모든 것은 세상에 내던져진 것이 아닌 하나님이 주신 고귀하고 소중한 존재임을 강조하고 있는 이 책을 통해 아이들은 생명의 소중함을 느끼며 자기 자신의 자존감을 높일 수 있다.
함께 해보아요	하나님께/부모님께 감사카드 쓰기 하나님이 나를 만드셨어요. 나는 하나님이 부모님께 주신 선물이예요. 나는 이 세상에 단 한 사람 밖에 없어요. 그래서 나는 아주 특별한 사람이예요. 그래서 나는 소중한 사람이예요. 나는 내 동생도 사랑해요. 왜냐하면 하나님이 주신 선물이니까요. 동생도 나를 사랑할거예요. 우리 모두 서로 사랑해요. 우리 가족 모두 하나님의 선물이예요.

활동 3. 내가 사랑받아야 할 이유 써보기

이런 것을 기대해요	• 나는 하나님이 만드신 최고의 작품임을 알도록 한다. • 이 세상에 모든 사람들은 하나님이 만드신 최고의 작품임을 알도록 한다. • 하나님인 주신 나의 모든 점을 사랑할 수 있도록 한다.
필요한 것이 있어요	맥스 루케이노 글/2003/너는 최고의 작품이란다/두란노 〈줄거리〉 자기가 보잘 것 없는 외모를 가졌다고 생각하는 애벌레 허미는 나비와 달팽이의 모습을 보며 왜 자기는 남들만큼 예쁘지도, 멋지지도 않느냐고 불만을 말한다. 그때마다 하나님은 "너는 참 예쁘단다. 네 모습 그대로 나는 너를 사랑한다. 너는 최고의 작품이란다"고 말씀하신다. 자신의 마음속에 하나님이 존재하심을 발견하고 허미는 자신의 특별함을 깨닫게 된다. 
함께 해보아요	내가 사랑받아야 할 이유에 대하여 써보기 나는 ______________ 해서 소중해요. 나는 ______________ 해서 특별해요. 나는 ______________ 해서 사랑받을 만해요. 그래서 나는 나를 사랑해요.

활동 4. 동생에게 선물할 목록 만들기

이런 것을 기대해요	• 하나님이 주신 동생에 대한 감사함을 갖도록 한다. • 새로 생긴 어린 동생에 대한 부모의 관심을 이해하도록 한다. • 동생에 대한 형제의 질투심을 이해할 수 있도록 한다. • 동생을 위해 할 수 있는 일이 무엇인지 표현해보도록 한다. • 내가 동생을 할 수 있는 일을 글로 써볼 수 있도록 한다. • 동생을 위해 할 수 있는 일을 직접 행동이나 조형물로 만들어보도록 한다.
필요한 것이 있어요	에즈라 잭 키츠 글, 그림/2000/피터의 의자/시공주니어 〈줄거리〉  새로 태어난 동생 때문에 부모의 관심 밖으로 밀려난 꼬마 이야기이다. 자기가 쓰던 의자를 동생에게 주지 않으려고 그 의자를 가지고 내빼는 아이의 어깃장이 설득력 있게 표현되어 있다. 동생에 대한 시샘은 역설적으로 제 엉덩이 붙이고 앉기에는 너무 작은 의자임을 인정하고 자발적으로 여동생에게 주기 위해 아빠와 함께 분홍 페인트칠을 한다.
함께 해보아요	❶ 먼저 책을 함께 읽기 ❷ 동생이 태어났을 때 가족의 변화에 대해 이야기 나누기 ❸ 동생이 태어났을 때 내가 가장 기뻤던 일, 슬펐던 일을 이야기 나누고 그림으로 표현해보기 ❹ 동생에게 주기 싫었던 것은 무엇이었는지 이야기 나누고 그림으로 표현해보기 ❺ 동생에게 꼭 주고 싶었던 것은 무엇이었는지 이야기 나누고 그림으로 표현해보기 ❻ 동생에게 줄 수 있는 나의 물건 찾아보고 목록 만들기 ❼ 동생에게 줄 수 있는 물건을 목록에 따라 찾아보고 물건을 가방에 넣어주기 ❽ 동생에게 줄 선물 담을 가방 만들기 등

함께 해보아요

〈동생에게 물려줄 물건목록 만들기〉

동생에게 물려줄 내 물건	동생에게 사주어야 할 물건
• 천기저귀	• 분 유
• 턱받이	• 젖 병
• 유모차	• 젖 솔
• 아기의자	• 일회용 기저귀
• 아기담요	• 물티슈
• 아기옷	• 아기비누
• 목욕가운	• 아기로숀
	• 아기샴푸

〈동생에 줄 선물가방 만들기〉

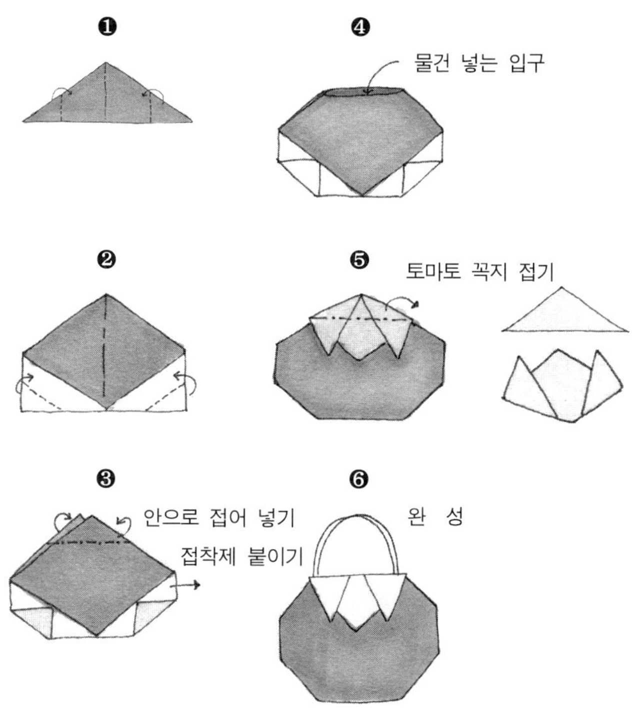

활동 5. 성경 읽기와 이야기책 만들기

이런 것을 기대해요	• 성경은 하나님의 진리임을 알도록 한다. • 엄마와 함께 그림 성경을 읽으며 등장인물의 훌륭한 점을 학습하도록 한다. • 성경의 사건들을 통한 교훈을 얻도록 한다. • 성경 이야기와 그 구조에 친숙해지도록 한다.
필요한 것이 있어요	그림 성경책(연령별 그림 성경책)
함께 해보아요	❶ 합본 그림 성경책을 창세기부터 매일 한 사건별로 읽는다. ❷ 읽은 후 줄거리에 대한 이해를 확인하기 위해 사건의 내용, 등장인물, 교훈 등을 이야기 나눈다. ❸ 매일 성경 읽기표를 만들어 독서 후 스티커를 붙여 모은다. ❹ 성경을 1독 한 후 그에 상응한 엄마와 유아가 서로 약속한 선물을 주고받는다. ❺ 매일 성경 이야기를 읽고 그중 나에게 가장 기억에 남는 것을 그림으로 그려보고 무슨 그림인지 이야기 나눈 후 엄마와 함께 글로 써본다. ❻ 그림과 글로 쓴 공책을 잘 보관하여 성경 독후감 노트로 활용하여 성경 1독과 함께 1세트로 잘 보관하여 『성경과 나』란 제목으로 책을 만들어본다.

<table>
<tr>
<td>함께 해보아요</td>
<td>
〈매일 성경 읽기 스티커 부치기〉
• 월별로 넘기는 달력을 활용하여 일자 칸에 스티커를 붙여준다.

〈『성경과 나』 그림 이야기책 만들기〉
• 아래 활동지 예를 참고하여 활동한 후 클리어 파일에 넣어 한 권의 책으로 묶는다.
• 그림을 그리고 아래에 어떤 그림인지 적어준다(내가 만약 골리앗을 물리쳤다면, 내가 사자굴 속에 들어간 다니엘이라면, 내가 홍해를 건넌 모세라면 등).
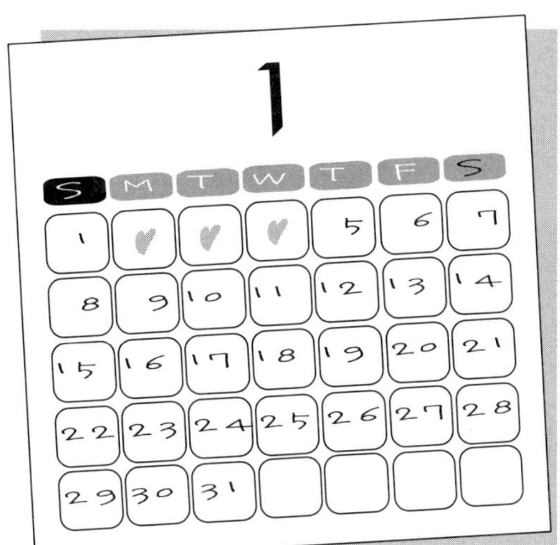

</td>
</tr>
</table>

다니엘서를 읽었어요.

내가 만약 사자굴에 들어간 다니엘이었다면
사자굴에서 무엇을 했을지 그려보세요.

활동 6. 소리 내어 기도해요

이런 것을 기대해요	• 하나님께 기도하는 습관을 갖도록 한다. • 하루 일과가 하나님과 늘 함께하는 생활임을 기도로 고백한다.
필요한 것이 있어요	욜란다 브라운 글/캐시코루이 그림/2001/낮에 기도해요/성서원 〈줄거리〉 귀여운 곰과 바구니, 팽이, 자동차, 북 등의 그림이 어우러진 이 기도문은 사랑스런 당신의 아이를 위해 특별히 쓰인 것으로 엄마와 유아가 함께 기도문을 읽어가도록 되어 있다. 기도문을 함께 읽으면서 유아는 주변 바람과 구름과 꽃과 새들, 그리고 친구들과 어울려 뛰어 노는 동안에도 생명의 주님이 자기와 함께 계시다는 사실을 확인하게 된다.
함께 해보아요	❶ 기도문을 하루에 한 쪽씩 엄마의 기도문 1줄을 따라 유아가 기도한다. ❷ 기도문대로 하나님이 나를 지켜주심을 확인한다. ❸ 하나님이 나에게 베풀어주신 것에 대한 감사의 마음을 기도한다. ❹ 엄마와 함께 읽을 기도문이 끝나면 그에 따른 나의 삶의 고백은 무엇인지 글로 써본다. 기도문 사랑의 주님 저를 예뻐하시는 엄마, 아빠를 주셔서 감사해요(유아가 좋아하는 집, 강아지, 할아버지, 선물, 교회 등을 예로 감사기도를 하도록 한다). 예수님의 이름으로 기도합니다. 아 멘

활동 7. 예쁜말 미운말 목록 만들기

<table>
<tr><td>이런 것을 기대해요</td><td>• 하나님이 만드신 모든 사람은 다 특별한 존재임을 알도록 한다.
• 이 세상에는 쓸모없는 사람은 하나도 없음을 이해하도록 한다.
• 사람들에게 칭찬의 말과 격려의 언어를 쓰도록 한다.</td></tr>
<tr><td>필요한 것이 있어요</td><td>맥스 루케이도 글, 그림/너는 특별하단다/비디오/인피니스

〈줄거리〉
나무마을에 사는 펀치넬로는 누구나 부러워하고 갖고 싶어 하는 금별은 하나 없이 벌점투성이의 초라하고 보잘것없는 소년이지만, 루시아와 엘리를 만남으로 금별과 벌점이 아닌 자기 스스로 특별하게 지어진 소중한 존재임을 알게 된다.</td></tr>
<tr><td>함께 해보아요</td><td>❶ 비디오를 가족과 함께 시청하기
❷ 펀치넬로가 왜 사람들에게 벌점을 많이 받았을지 질문하며 대답하기
❸ 나에게 루시아처럼 격려해주고 기쁨을 갖도록 도와주는 사람이 누구인지, 왜 그런지 말해보기
❹ 왜 사람들은 엘리에게 가기를 두려워하고 무서워했을지 이야기 나누기
❺ 펀치넬로가 엘리를 만난 이후 어떻게 달라졌을지 이야기 나누기
❻ 나에게 벌점과 별표를 가장 많이 준 사람을 누구이며 왜 그랬을까?
❼ 내가 벌점과 별표를 가장 많이 주고 싶은 사람은 누구이며 왜 그랬을까?
❽ 내가 사람들에게 벌점을 받았을 때의 기분은 어떠했는지 말해보기
❾ 내가 사람들에게 별표를 받았을 때의 기분은 어떠했는지 말해보기
❿ 우리의 언어나 칭찬과 격려, 사랑의 언어가 되기 위해서 어떻게 말해야 하는지 이야기해보고 우리의 예쁜말 미운말 목록 만들기

〈나의 예쁜말 미운말 목록 만들기〉<table><tr><th>예쁜말</th><th>미운말</th></tr><tr><td></td><td></td></tr></table></td></tr>
</table>

활동 8. 소책자 만들기

<table>
<tr><td>이런 것을 기대해요</td><td>• 언어의 하나님을 닮은 나도 우리 집 물건에 이름을 붙여보도록 한다.
• 우리 집 모든 물건에는 각자 자기 이름이 있음을 알게 한다.
• 각자의 이름을 견출지(이름표)에 쓰고 그 사물에 붙이도록 한다.
• 이름을 부를 때마다 읽고 또 써보기도 하면서 사물의 이름을 익히도록 한다.</td></tr>
<tr><td>필요한 것이 있어요</td><td>2cmx7cm의 견출지, 유성 사인펜</td></tr>
<tr><td>함께 해보아요</td><td>❶ 우리 집에 있는 물건의 이름이 각각 무엇인지 손을 짚어가며 말해본다.
❷ 엄마와 함께 각 사물의 이름을 견출지에 써서 사물에 붙인다.
❸ 견출지를 붙일 때마다 사물을 이름을 말해본다.
❹ 작은 공책을 준비한다.
❺ 각 사물의 그림을 공책에 그려보고 이름도 써보면서 읽는다.
❻ 공책의 이름을 〈우리 집 물건의 이름표〉라는 제목을 붙인다(용도별로 서로 다른 소책자를 만들어도 좋다).
❼ 부엌에 있는 물건, 거실, 안방, 공부방, 욕실에 있는 물건 등 사물의 용도별로 분류하여 써보기도 한다.

<table>
<tr><th colspan="2">우리 집 물건목록 만들기</th><th>같은 용도에 쓰이는 것 분류하기</th></tr>
<tr><td>피아노
TV
냉장고
세탁기
치 약
옷 장
칫 솔
비 누
자동차
식 탁
소 파
의 자</td><td>교회주보
성 경 책
찬 송 가
주보일지
현금봉투

그림성경 이야기
성경퍼즐</td><td>• 거실용품 : TV, 소파, 탁자, 의자
• 주방용품 : 냉장고, 밥통, 냄비, 국자, 식탁
• 거실용품 : 치약, 칫솔, 수건
• 예배용품 : 성경책, 기도문, 어린이찬송가. 헌금봉투, 화책, 거울, 핀, 크레파스
• 놀이용품 : 성경퍼즐, 장난감, 인형, 퍼펫</td></tr>
</table></td></tr>
</table>

활동 9. 나의 자서전 만들기

<table>
<tr><td>이런 것을 기대해요</td><td>• 창조의 하나님을 닮은 나도 창작의 즐거움을 갖도록 한다.
• 사건순서에 따른 이야기 전개를 할 수 있게 한다.
• 나의 출생부터 현재까지의 성장과정을 나타내는 사진과 그림을 붙여 책 만들기를 통해 자신의 성장과정을 이해하도록 한다.
• 하나님이 내게 잘 성장할 수 있도록 도와주셔서 이제껏 건강하게 성장할 수 있음을 알고 감사하도록 한다.</td></tr>
<tr><td>필요한 것이 있어요</td><td>유아의 성장을 나타내는 사진들, A4 크기 도화지 4장, A4 크기 마분지 1장, 실, 바늘, 풀, 가위, 유성 매직, 색종이, 반짝이, 장식용 비즈, 리본 등 유아가 좋아하는 장식도구들</td></tr>
<tr><td>함께 해보아요</td><td>❶ A4 크기의 도화지와 마분지를 반으로 접는다.
❷ 접힌 부분을 엄마와 유아가 함께 실로 꿰맨다.
❸ 첫 장을 넘기고 3쪽 부분에 책의 제목 〈나의 자서전〉 제목을 적는다.
❹ 각 페이지마다 임신한 사진, 출생, 백일, 돌, 가족 생일잔치 등 중요 사건이 될 만한 그림과 사진을 붙이고 이야기를 부모와 함께 쓴다.
❺ 마지막 쪽에는 〈자기소개〉 면을 만들어 느낀 점을 쓴다.
❻ 책이 완성되면 마분지를 책 겉표지에 붙여 책 제목을 〈나의 자서전〉이라 쓰고 리본, 비즈, 색종이 등으로 오려 장식한다.
❼ 임신부터 출생 후 이제껏 건강하고 아름답게 길러주신 부모님과 하나님께 감사한 마음으로 책을 읽는다.

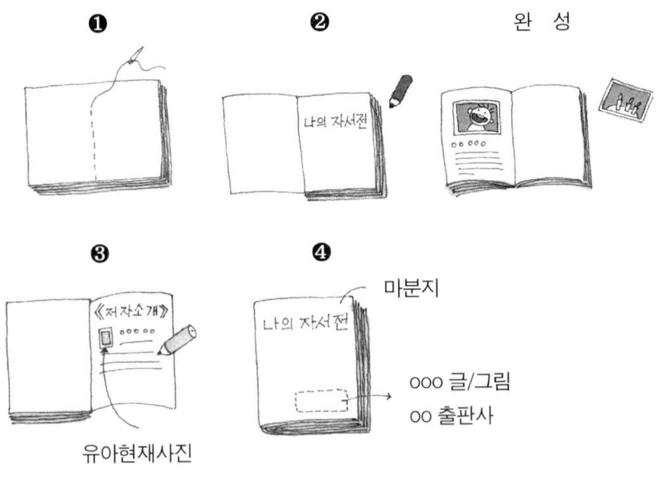
</td></tr>
</table>

활동 10. 과일주스 가게놀이

이런 것을 기대해요	• 하나님이 주신 이웃 중에 편리한 곳이 있음을 알고 하나님께 감사한다. • 레스토랑에서 손님과 주인의 역할을 익히도록 한다. • 손님으로 음식 메뉴를 읽고 주문을 말로 표현해보도록 한다. • 주인(종업원)으로서 음식 메뉴를 받아 글로 적고 음식을 직접 전달한다. • 가격표를 읽고 돈을 지불하고 거스름돈을 정확히 건네주도록 한다. • 수의 단위를 정확히 읽고 계산해보도록 한다. • 글과 수를 읽고 말하고, 셈할 수 있는 지혜를 주신 하나님께 감사한다.
필요한 것이 있어요	8절지 마분지 3장(식당 종류대로 수를 맞춤), 가위, 풀, 펜, 영수증, 주문서, 종이돈, 신문, 전단지, 광고지, 잡지 등. 쟁반, 음식 그릇, 수저, 포크와 나이프, 식탁보, 냅킨
함께 해보아요	❶ 잡지, 신문, 전단지 등에서 음식사진, 화보를 오린다. ❷ 8절 마분지를 반 접는다. ❸ 화보를 메뉴판에 붙이고 음식이름을 붙인다. ❹ 음식이름 아래에 음식가격을 적는다. ❺ 음식점놀이에서 각자의 역할을 정한다. ❻ 메뉴를 읽고 주문하고 주문을 받아 적는다. ❼ 음식을 날라주고 먹는다. ❽ 음식주문서를 들고 돈으로 계산을 하고 거스름돈을 받는다. 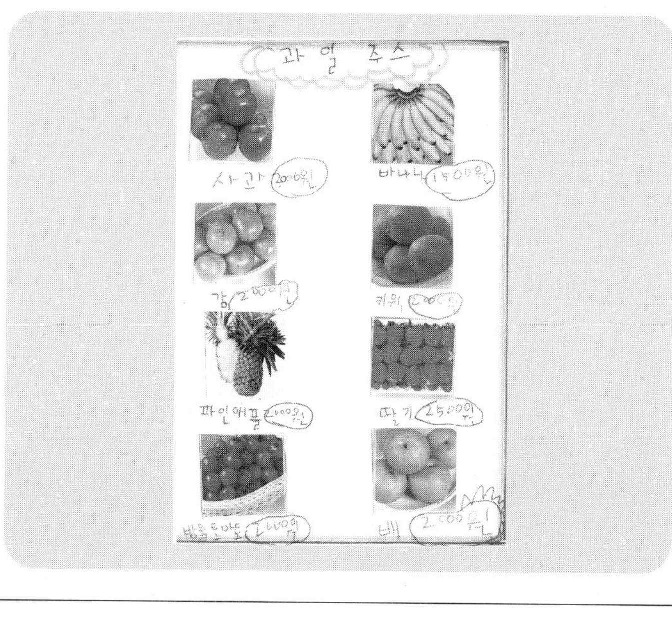

Chapter 8

유아의 인지발달과 교육

유아의 인지발달은 사물과의 상호작용과 그를 둘러싼 사회문화적 환경에 의해
영향을 받는다. 본 장에서는 유아의 인지발달을 위해
피아제의 인지발달 이론과 비고스키의 사회문화 이론을 소개한다.

1 유아의 인지발달

그리스도인의 가정은 하나님께서 가정을 세우신 목적과 뜻에 따라 하나님의 말씀을 기초로 하여 세워지고, 예수 그리스도를 구주로 고백하고 섬기는 믿음 안에서 가장 친근한 친교관계를 이루는 가장 작으면서도 실질적으로 큰 사회적 단위이다(임세빈, 2001). 이러한 작은 사회인 가정 안에서 대부분의 부모들이 자녀를 양육하면서 가장 관심을 가지고 있는 분야가 인지발달이다. 하나님께서도 유아가 배우기를 원하시며 인간이 계속 무지하기를 원하지 않으셨다. 그러나 오늘날 우리 아이들은 온실의 식물처럼 정성스럽게 돌보지 않으면 스스로 성장할 줄을 모른다. 마치 스스로 사냥을 하여 먹이를 얻기보다는 주는 모이만 받아먹는 우리 안에 갇힌 동물원의 동물처럼 점수라는 사료로 사육당하는 것이 우리 사회의 아이들이다(정성준 역, 2000). 사육은 비주체적인 성장이고, 교육은 주체적인 성장이다. 분명히 사육과 교육은 구별되어야 한다. 사육과 교육의 개념정리 없이 교육은 성공할 수 없다. 우리는 아이들을 사육하지 말고 교육해야 한다. 말로만 자기주도적 학습을 주장하지 말고, 가정에서부터 자기주도적인 학습을 철저하게 실천함으로써 지식을 스스로 익히는 지혜를 가지도록 해야 한다.

이스라엘의 부모들은 자녀를 교육할 때 "만약 집에 불이 나면 집에서 가지고 나와야 할 가장 소중한 것이 무엇인지 아느냐"고 묻는다. 반드시 가지고 나와야 할 것은 저금통장이나 귀중품이 아니라 지혜를 가지고 나와야 한다고 교육을 한다. 불이 났어도 어려운 시련을 극복하고 다시 일어나서 살아갈 수 있는 하나님이 주신 지혜라고 강조한다. 아이를 키우는 부모는 결코 조급해서는 안 된다. 하나님이 그에게 주신 은사가 무엇인지, 그 가능성을 찾게 한 후 부단히 훈련하고 연마하여 그 재능을 십분 발휘할 수 있도록 도와주어야 한다. 지금은 미숙하지만 언젠가 하나님이 그에게 주신 달란트를 개발하여 재능을 발휘할 수 있을 거라는 확신을 가져야 한다. 우리가 사는 세상은 지식과 정보의 사회이다. 그러기에 자녀들에게 학문적 기반을 닦아주는 것은 자녀들이 사회생활에서 뒤쳐지지 않는 방법이기도 하다. 진리를 추구하고 탐구하는 삶은 인생을 보다 성숙하게 만들기에 중요한 것이다. 즉, 생각을 논리적으로 전개하고 표현하는 능력뿐 아니라 문제를 뿌리까지 캐서 해결하려는 적극적이고 능동적인 태도를 익히도록 한다.

원동연(2000)은 지식을 습득하고 활용할 수 있는 방법들을 다음과 같이 제시하였다.

첫째, 정보를 접했을 때 신속하고 정확하게 받아들일 수 있도록 정보처리 능력을 기르는 것이다.

둘째, 물체의 특성이해를 통해 활용이 나오는 것처럼 구조파악으로부터 출발하여야 하며 이는 전체를 보고 부분을 보는 능력을 길러야 한다.

셋째, 추상화된 이미지를 언어, 음악, 미술 등 다양한 상징을 통해 구체적으로 표현하고 전달하여 지적 능력을 향상시킨다.

넷째, 자연계를 잘 이해함으로써 기독교인으로 살아가는 데 아주 중요한 의미를 배울 수 있도록 과학기술에 대한 심도 깊은 이해능력을 기른다.

맥그로우(MaGrow)는 유아가 걷기 시작하는 시기인 12개월에 롤러스케이트를 가르치기에 가장 적합한 최적의 시기라고 하였으며 유아가 걷기 전이나 후에 가르치는 것은 효과적이지 못하다고 하였다. 이는 학습의 효과를 최대한 높이기 위해서는 부모가 유아의 성장과 발달을 위한 최적의 시기 즉, 결정적 시기가 언제인가를 잘 알아야 한다는 것을 의미한다. 인지발달도 다른 발달과 마찬가지로 유아와 학습환경 사이의 상호작용에 의존하기 때문에 가장 효과적인 학습을 하기 위해서는 언제, 어떻게 유아에게 학습을 제공하느냐 하는 것이 가장 중요한 문제이다. 만일 부모가 유아의 인지체계가 어떻게 발달하는지를 이해한다면 유아가 학습할 준비가 되어 있지 않은 상태에서 강압적으로 가르치려고 하지 않을 것이다. 또한 학습하기에 가장 적합한 최적의 시기, 황금시기를 놓치지도 않을 것이다.

인지란 하나님의 형상대로 창조된 유아가 지각하고, 기억하고, 학습하고, 사고하는 방식들을 포함하는 것으로 유아가 효과적으로 행동할 수 있도록 세상을 이해하는 기본적인 과정을 말한다. 예수님에 대한 아이들의 관심을 성숙한 믿음으로 보기에는 너무 이르게 보일지라도 단순히 비웃어서는 안 된다. 나중에 성숙한 믿음으로 나타나게 될 씨앗이 될 수도 있기 때문이다. 그리고 유아들이 잘 이해하지 못하고 깨닫지 못한다고 해서 낙심해서는 안 된다. 가장 성숙한 신자라 할지라도 모든 진리를 정확하게 다 이해하지는 못한다. 신명기 6:6-7의 말씀대로 "계속해서 그들을 가르치라(마영례 역, 2001)" 과학은 피조세계에 넣어두신 하나님의 로고스를 찾아내는 과정이다.

1997년 레이저광을 이용, 기체상태의 원자를 냉각시켜 그 운동을 고정시키는 획기적인 연구로 노벨물리학상을 수상한 스티븐 추(Steaven Chu)는 "과학을 잘하려면 다양한 사고력을 가져야 하는데 어학이나 예술이 그 같은 능력을 키워준다"고 말했다(조선일보, 2005, 4. 19). 달리 말해 성경을 읽거나 성경 그림을 보면서 하나님이 의도한 내용에 대해 다양한 생각을 할 줄 알아야한다. 지적 호기심이 발동해야 하는 것이다. 정답이 없는 문제에 대해 대답할 수 있어야 과학적 사고가 발달한다.

따라서 본 장에서는 유아의 종교적 인지발달에 대해 '발달'이란 유기체의 능력을 포함하는 심리역동적 이론과 구성주의적 이론이 있으나 인간의 정신 속에 들어 있는 형식적 성질(formal properties)을 받아들이고 형식적 성질이 모든 유형의 인간행위가 일어나는 범위 한계를 결정한다고 보는 구성주의적 입장에 기초하여 인지발달을 알아본다. 인지발달의 주요 이론으로는 피아제(Piaget) 이론, 비고스키(Vygotsky) 이론, 정보처리 이론이 있다. 인지 이론이란 인간의 사고, 추리, 문제해결, 지식과 같은 인지과정과 이러한 과정의 발달에 관한 이론으로 인지발달단계 이론으로도 불린다(안영진, 2002).

1) 피아제 이론

인지발달에 대한 체계적인 이론을 발표한 피아제는 자신의 자녀를 오랜 기간 주의 깊게 집중적으로 관찰하면서 인간 마음의 탐구되지 않은 영역인 인지발달 단계의 지도(map)를 만들었다. 이는 인지의 속성형성은 시간이 지남에 따라 중요하게 변화한다는 것을 의미한다. 지능발달처럼 인간의 마음의 변화는 알의 변화 즉, 애벌레가 나비가 되는 것과 같은 변화와 비교될 수 있다. 인간의 성장단계는 각 단계마다 경험을 이해하고 받아들이는 것을 결정하는 주요한 조직에서 뚜렷한 차이를 보인다. 예를 들어, 왜 유아들은 가족관계에서 혼란을 가지게 되는가라는 것을 살펴보면 유아는 형제가 있다는 것은 쉽게 받아들이지만 형제 또한 남동생과 여동생이 있다는 것을 이해하지 못한다. 이와 같이 유아가 자신의 주변세계에 대해 이해하는 것과 성인이 주변세계를 이해하는 것은 매우 다르므로 특정한 연령의 유아는 간단한 생각을 이해하는 데 큰 어려움을 가지고 있다. 그러므로 부모가 유아의 성장을 도모하고 촉진시킬 수 있는 경험을 제공하기를 원한다면 유아에 사용되는 인지적 조직에 대해 알고 이를 고려해야 한다.

유아의 호기심은 지능발달에 직접적인 영향을 주며, 최초로 유아가 세상을 보는 마음의 열림일 수도 있다(성옥련, 1993). 3세 전에는 유아 자신이 아직 의문을 가지는 질문의 형태인 '왜'라는 논리성보다는 단순히 '어디' '이게 뭐야' 하는 정도로 장소나 호칭을 아는 것으로 만족한다. 그러나 3세가 되면 단순한 수준의 질문에서 점차적으로 존재하는 이유를 묻는 '왜'라는 논리적 질문을 하게 된다.

피아제의 인지발달 이론은 생물학에 영향을 받았으며 중심개념은 적응이다. 피아제는 유아가 동화와 조절에 의하여 환경에 효과적으로 적응할 수 있는 능력을 지적능력이라고 하였다. 유아는 다른 동물과 마찬가지로 숨쉬는 호흡반사, 눈을 깜박이는 반사, 광선의 강도에 반응하는 동공반사, 입술 내밀기 반사, 빨기반사, 삼키기 반사, 간질이면 발가락을 부챗살처럼 펴는 바빈스키반사, 등을 구부리고 손을 뻗는 모로반사, 그리고 손바닥에 물체를 대면 꽉 쥐는 잡기반사 등 몇 개의 반사기능만을 갖고 태어난다. 이 반사기능들을 바탕으로 환경과의 적극적인 상호작용을 통해 끊임없이 자신의 인지구조(cognitive structure)를 재구성해가며(송명자, 2001) 반사기능을 통합하여 새롭게 발전시켜 나가는 감각운동 기능을 도식(쉐마 : schema)이라고 한다. 이러한 도식은 성장하며 정교해지기 시작하면서 인지구조가 발달하고, 이와 더불어 내적인 사고가 발달하게 된다.

예를 들면 영아에게 소화하기 쉬운 젖이나 우유를 주면 잘 먹고 소화도 잘 시킬 것이다. 그러나 유동식 – 반고등식 – 고등식의 점진적인 절차를 밟지 않고 곧바로 딱딱한 고등식 음식을 준다면 소화시키지 못할 뿐만 아니라 먹지도 못하고 뱉어낼 것이다. 영아가 음식을 잘 소화시키기 위해서는 영아의 소화기관이 어른식으로 바뀌거나 음식이 바뀌어야 만 한다. 이와 같이 도식은 소화기관과 같이 생물학적 구조에 비유될 수 있는 것으로써 인간으로 하여금 사고를 조직하게 하고 환경에 적응하게 하는 심리적 구조이다. 사고는 어떤 문제의식에서 출발하여 중간과정을 거쳐서 문제 해결에 도달하는 일련의 정신적 에너지 과정이다. 이러한 일련의 과정이 일어나기 위해서는 성숙뿐 아니라 다양한 물체 그리고 사람과의 상호작용이 중요하다.

유아는 주변환경을 탐색하면서 그가 발견한 것을 유사한 대상과 사건에 일치시키려고 시도한다. 예를 들면 아기가 장애물이 없는 마루바닥을 기어갈 때는 아무런 사고도 없이 잘 기어다닐 것이다. 그러나 계단이 있거나 턱이 있을 때는 잘 기어다니지 못하고 넘어지거나 계단에서 구르고 말 것이다. 전자는 기어다니는 것이 현존하는 아기의 도식과 잘 융합하여 잘 기어다니는 것이 동화(assimilation)이며, 후자는 계단에서 떨어지지 않고 턱을 무사히 지나가기 위해서는 현재의 도식을 수정하여 새로운 정보를 현존하는 도식과 융합시키게 되는 것이 조절(accommodation)이다. 만약 새로운 경험을 오래된 구조에 동화시킬 수 없으면 유아는 새로운 구조를 세움으로써 조절을 하며 새로운 상황에서 일관성과 안전성을 이루려는 평형(equilibrium)을 시도한다. 평형화 과정은 저차원의 수준에서 일시적으로 인지적 평형상태를 유지하다가 이전의 구조에 새로운 경험을 받아들일 수 없다는 것을 깨닫게 되면 인지적 불균형이 일어나면서 인지적 갈등상태의 비평형을 나타내고, 인지적 평형상태를 성취하여 이전 수준보다 주요 범위가 넓어지며 안정된 평형상태로 나아간다. 즉, 유아의 흥미와 사전경험에 기초한 탐색과정에서 형성된 지식은 그 지식과 관련된 새로운 영역에서의 지식의 적용, 심화 및 확대, 일반화 및 추론을 가능케 하여 지식형성과 사고발달을 촉진시킬 수 있다. 특히 유아가 환경과의 상호작용을 통해 경험하는 감각적인 경험은 모든 개념형성에 기초가 되며 이러한 경험들이 종교적 사고를 할 수 있는 사고기에 접어들어서는 삶을 판단하는 데 중요한 바탕이 된다.

이와 같이 인간은 사고능력, 개념형성 능력, 그리고 창작능력에 있어서 하나님과 매우 흡사하다. 그러나 부모가 주의해야 할 점은 유아의 지식을 추구하되, 하나님을 영화롭게 하기 위해 지식을 추구해야 하고 그것이 유아의 생활에서 대신하지 않도록 해야 한다. 하나님 없이 인간 스스로 지상낙원을 만들려는 인간중심적인 사고 즉, 하나님 없는 과학기술을 추구하려는 것은 인간의 오만함과 반항심에서 나온 욕망의 표현(김정한, 1998)으로 하나님처럼 되고자 하는 것과 같다. 다시 말해, 성과 대를 쌓아 하늘 꼭대기에 닿고자 바벨탑을 쌓는 것과 같다는 것을 인지해야 한다.

2) 피아제의 인지발달 단계

유아들은 감각운동기, 전조작기, 구체적 조작기, 형식적 조작기의 4단계를 거치면서 단계마다 질적으로 서로 다른 방식으로 사고하고 행동하게 된다고 하였다. 인지발달은 유아가 자연의 사물이나 현상에 대한 문제를 가지고 그것을 해결해가는 논리적 사고의 기초를 구성한다. 사고는 어떤 문제의식에서 출발하여 중간과정을 거쳐서 문제해결에 도달하는 일련의 에너지 과정으로 유아의 종교적 사고를 발달시키기에 유용한 기독교적 발달을 결정하는 데 도움을 준다(김미경 외, 2000).

피아제는 인지발달 단계를 4단계(감각운동기, 전조작기, 구체적 조작기, 형식적 조작기)로 나누어 제시하였으나(김미경, 2004) 본 장에서는 취학 전에 이루어지는 감각운동기와 전조작기의 인지발달을 중심으로 살펴본다.

(1) 감각운동기

감각운동기는 태어나서 2세까지를 말하며 유아들은 자기 자신을 다른 대상들로부터 구별시켜 생각할 수 있으며, 인지활동은 내부의 정신작용보다 감각을 통한 직접 경험에 의존하고 있다. 따라서 유아의 정상적인 운동신경 발달은 정상적인 지능발달을 의미한다. 이 단계에서는 유아와 환경 사이에 지적 조직이 미숙하므로 경험의 질이 매우 중요하다. 유아의 영적 경험도 자신이 외부에서 받은 자극에 의해 내적 심리가 눈을 뜨고 자란다. 초기의 양식이 환경으로부터 받는 감각적인 자극으로 부모가 가진 신앙의 실상을 보거나 접촉하고 음미하는 동안에 키워지는 영적 경험이다. 이 시기의 신앙교육은 문장으로 가르치기보다는 먼저 환경이나 분위기가 신앙을 유발하는 자극이 되며 보는 것, 듣는 것, 만지는 것, 냄새 맡는 것, 먹는 것, 입는 것 등 모든 것이 하나님의 거룩하심을 나타내며, 사랑을 나타내며, 힘을 나타내고, 지혜를 나타내고 있음을 아는 것이 중요하다(기현빈 역, 1983).

피아제는 감각운동기를 세분하여 6단계로 나누었다.

❶ 반사사용 단계(출생~1개월)

이 단계에서는 유아가 가지고 태어난 빨기, 잡기, 물기, 팔·다리·머리 움직이기와 같은 여러 가지 반사능력을 실험한다. 아기는 처음에는 젖을 먹기 위해 빨고, 입에 닿는 것은 빨고, 손바닥에 닿는 것은 무조건 빤다. 그러다가 며칠이 지나면 딱딱한 물체를 빠는 것과 젖꼭지를 빠는 방식이 달라진다. 이처럼 반사가 환경에 적응하기 위해 수정되는 것이 인지발달의 출발점이다.

❷ 일차적 순환반응단계(1~4개월)

이 단계에서는 이미 갖고 태어난 도식을 실험함으로써 유아의 행동이 복잡하게 발달한다. 아기가 행한 일이 성공했을 때, 자기 자신이 한 활동에 만족했을 때 반복적으로 행동을 함으로써 행동습관, 감지력이 생기게 된다. 이 단계에서의 중요한 도식간의 통합은 빨기 - 잡기 도식, 보기 - 잡기 도식이 있다. 피아제는 이러한 기능적 동화가 인간행동의 자아에서 시작되는 것은 호기심과 자극을 찾는 유아의 타고난 성향에 기인한다고 하였다. 이는 주변환경을 탐색하고, 알아내고, 학습하는 데 중요한 역할을 한다.

❸ 이차적 순환반응단계(4~10개월)

이 단계에서는 목적지향적인 행동이 나타난다. 먹고 싶은 것이 있으면 냉장고를 가리키는 행동을 한다. 또한 6개월 된 아기는 대상을 따라가기 시작한다. 반짝이는 물체를 따라 눈을 앞뒤로 움직이며 움직이는 물체에서 눈을 뗄 수 없다. 이는 아기가 한쪽에서 다른 쪽으로 움직이는 물체를 본 적이 없기 때문에 환경변화의 현명한 선택 없이 거의 막연하게 시각적인 행로(visual pursuit)를 따르게 된다. 이러한 시각적 추적은 정신발달에 매우 중요하다. 시각적 추적은 이불에 감추어진 딸랑이를 찾기 위해 이불을 들추는 것으로 눈에는 보이지 않지만 딸랑이가 이불 안에 존재하고 있다는 사실을 아는 것이다. 이러한 행동은 인지의 첫 번째 단계인 물체의 영속성이라는 중요한 개념을 습득했다는 것을 의미한다. 이 시기에 아기는 기억에 중요한 역할을 하는 물체의 영속성을 배우게 된다.

❹ 이차적 도식의 협응단계(10~12개월)

이 단계에서는 흥미로운 행동만을 반복하는 것이 아니라 목적을 달성하기 위해 도식을 수단적으로 사용한다. 과자를 먹고 싶으면 엄마의 손을 잡아끌어서 냉장고로 가져가는 행동을 한다. 또한 모방행동 능력이 발달하고 물체의 개념을 이해할 수 있게 된다. 잘못 준 우유 통을 바르게 잡을 줄 알게 되고 물체가 활동의 원인이 된다는 의식을 갖는다.

❺ 삼차 순환반응단계(12~18개월)

이 단계에서는 새로운 행동이 어떠한 결과를 가져오는가를 알아보기 위해 다양하게 실험을 해본다. 유아가 걷게 됨으로써 자기방향 능력이 생기게 되므로 적극적으로 주변환경을 탐색한다. 새롭고 흥미로운 것을 활동적으로 찾는 것이 이 시기의 주요한 특징이다. 또한 계속적으로 주변세계를 직접 탐색함으로써 신체와 지적 능력이 발달되고 물체 사이의 관계에 대한 이해력이 확장된다.

❻ 표상적 사고단계(18~24개월)

이 단계에서는 감각운동적 단계에서 벗어나 서서히 표상적 지능이 발달된다. 즉, 획득된 인지구조가 내면화되어 사물을 내적으로 나타낼 수 있고 표상할 수 있는 능력이 생긴다. 이제부터 전조작기가 시작됨을 의미하며 유아들은 상징을 사용하여 물건이나 사건을 정신적으로 표상하고 저장된 정신적 표상을 나중에 문제해결을 위해 다시 끄집어내어 사용할 수 있게 된다(성현란 외, 2001). 다시 말해, 감각운동기에서 일어날 수 있는 가장 중요한 인지발달인 기억할 수 있는 능력이 발달한다고 할 수 있다. 이 시기의 유아는 자신을 다른 사람과 분리시켜 개인으로서의 자신을 조금씩 알게 된다.

유아는 영과 물질의 합성통합체이며 사고할 수 있는 정신적 개념을 지닌 존재이므로 자신이 속해 있는 환경에서 반사행동 유형을 연습함으로써 새로운 유형의 적응을 습득하게 된다. 유아와 주위환경과의 이러한 상호작용의 결과는 상상활동을 통해 목적을 달성하는 새로운 수단을 발견하게 되며 이것이 바로 지적 결합이다. 즉, 대상을 머릿속에 떠올릴 수 있고, 경험해보지 못한 새로운 수단을 생각해낼 수 있다.

(2) 전조작기

전조작기의 유아는 풍부한 환상과 신비의 사고를 지닌 몽상가이다. 전조작기는 2세에서 7세로 아주 단순한 수준에서만 정신적인 조작을 할 수 있다. 예를 들어, 유아들은 사물을 분류하고 분석할 수 있으나 한 번에 하나만 할 수 있다. 이 시기에는 정신적인 작용에 근거를 두기보다는 어떠한 사물이 피상적으로 드러나는 현상을 보고 판단을 내리게 된다(김국환 역, 1995, 재인용). 예를 들면, 한 유아가 커다란 스테인리스 주전자에 비추어진 선생님의 모습을 보고 주전자를 가리키며 선생님이 보인다고 하면 맞은편에 앉은 유아는 자신이 자리를 옮겨서 주전자를 쳐다보는 것이 아니라 주전자를 돌려서 본다. 그리고는 선생님이 안 보인다고 한다. 그러면 맞은편에 앉은 유아는 다시 주전자를 돌려 여기에 선생님이 있다고 한다.

이와 같이 이 시기의 유아는 사물의 판단을 직관에 의지하므로 직관적 사고기라고도 한다. 전조작기는 내재적으로 형성된 표상을 유아가 여러 형태의 상징 또는 기호로 표현하는 상징적 기능이 인지발달의 주축을 이루는 시기이다(김동일 외, 1999). 주요 개념들은 현실주의, 직관적 사고와 자아 중심이다.

❶ 자기중심성

자기중심성은 유아 자신의 입장에서만 사물을 보고 타인의 관점은 충분히 이해하지 못하므로 타인의 조망을 고려하지 못한다. 누구나 자기와 같은 방법으로 생각한다고 믿으며 자기의 사고를 고치려 하지 않는다. 이는 유아의 사고에서 볼 때 자신의 사고가 항상 논리적이며 정확하다고 생각하기 때문이다. 유아의 언어나 사회활동도 모두 자기중심적이다.

❷ 현실주의적 사고

피아제는 7세 이전의 유아들은 정신적 생활을 이해하지 못하는 사실주의자 즉, 현실주의자이며, 사실주의자인 유아는 자신의 견해로 사물과 사고를 구분할 수 없다고 하였다. 유아는 자기가 보고, 듣고, 느끼고, 상상하는 것은 모두가 외부에 실재하고 있다고 생각한다. 심리현상과 물리현상을 혼동하는 것이다. 이러한 유아의 독특한 사고를 실재론적 사고 또는 현실주의적 사고라고 한다. 그러나 도날드슨(Donaldson,

1978)은 어린 유아들도 이해할 수 있는 내용으로 피아제의 실험과업을 실험한 결과 물리적 세계에 관한 사고와 추론을 할 수 있는 능력이 있음을 밝혔다. 인지발달 이론은 지식을 구성하는 데 직접 참여, 선택, 그리고 자극으로부터 의미를 구성하고 경험으로부터 계획, 의도, 목표, 아이디어, 기억, 정서를 적극적으로 사용한다. 피아제에 의하면 인간의 인지발달은 자연적인 성숙과 환경의 상호작용에 의해 발달한다.

❸ 직관적 사고

전조작기 유아들이 가지고 있는 직관적인 사고는 대상이나 사태가 갖는 단 한 가지의 눈에 똑똑히 보이는 가장 현저한 지각적 속성에 의해 그 대상이나 사태의 성격을 판단하는 일엽 중심적인 사고양상을 의미한다(김동일 외, 1999). 예를 들어, 같은 양의 물을 하나는 좁고 긴 컵에 다른 하나는 낮은 컵에 부으면 유아는 컵에 담긴 물의 높이만을 보고 긴 컵에 담긴 물이 더 많다고 한다. 이와 같이 물체의 외형이 변해도 물체의 양이나 질은 변하지 않는다는 것을 아는 보존개념이 발달하지 않았다. 비보존개념으로부터 보존개념으로의 발달은 점진적인 것이다. 피아제에 의하면 보존구조는 직접적인 교육이나 혹은 강화기법을 통해 유도될 수 없으며 활동적 경험을 많이 제공하는 것이 열쇠이다.

3) 비고스키의 사회인지발달 단계

피아제는 모든 유아의 인지발달은 매우 유사한 단계를 거치며 인지발달에 있어 유아의 능동적이고 자발적인 노력을 강조하였기 때문에 성인의 직접적인 가르침을 중요하다고 보지 않았다. 반면 비고스키는 모든 유아가 똑같은 인지발달 단계를 거친다고 보지 않았으며, 유아의 인지발달을 사회가 중재하는 과정으로 보기 때문에 유아발달의 결정요인으로서 문화를 강조한다. 문화는 유아의 인지발달에 두 종류의 기여를 한다. 첫째, 유아는 지식의 대부분을 문화로부터 습득한다. 둘째, 유아는 문화로부터 사고과정이나 사고수단을 습득한다. 즉, 문화는 유아로 하여금 무엇을 하고, 어떻게 사고할 것인가를 가르친다(정옥분, 2002). 비고스키 이론에서 중요하게 다루어지고 있는 중심개념으로는 혼잣말하기, 고등정신 기능, 근접발달지대, 비계 설정 등의 개념이 있다.

(1) 혼잣말하기

어린 유아들을 관찰해보면 자주 혼잣말을 하는 것을 볼 수 있다. 나이가 들면서 점차 혼잣말이 줄어들지만, 혼잣말은 다른 사람과 함께 공유했던 지식이 유아 자신의 개인지식으로 변화하는 데 중요한 인지성장을 위한 기제로 작용한다.

(2) 고등정신 기능

비고스키는 정신의 과정을 초등정신 기능과 고등정신 기능으로 나누었다. 초등정신 기능은 감각, 반응적 주의집중, 자발적 기억, 감각동작 지능 등과 같이 고등동물과 인간 모두가 갖고 있는 것으로 주로 성숙에 의해 이루어진다. 고등정신 기능은 숙고되고, 매개되고, 내면화된 행동으로 매개된 지각, 의도적 주의집중, 의도적 기억, 논리적 사고와 같이 다른 고등동물의 사고와는 질적으로 다른 사고를 포함한다(안영진, 2002).

비고스키의 초등정신 기능과 고등정신 기능을 구분하는 3가지 준거를 제시하면 다음과 같다(한순미, 1999).

첫째, 처음에는 내적인 활동에 의존하여 이루어지던 조작이 재구성되면서 내적으로 발생하기 시작한다.
둘째, 개인 간의 과정이 개인 내 과정으로 변형된다.
셋째, 개인 간 과정에서 개인 내 과정으로의 변형은 긴 발달적 사건의 결과이다.

따라서 비고스키에게 있어서 인간의 지식은 언어, 수 등과 같은 기호(sign)들에 의하여 매개되며 지식은 자발적인 주의집중, 기억, 계획 등과 같은 고등정신 기능들이다. 비고스키는 유아들이 일상생활에서 스스로 터득한 자발적 개념 또는 실생활 개념들을 과학적 개념과 대비시키며, 유아의 실생활 개념을 인지적 개념과 연결 지을 수 있도록 도와주어야 한다. 즉, 유아의 개인적이고 자연적인 경험을 통해 갖게 된 자발적 개념을 보다 일반적·포괄적인 과학적 개념과 관련지어 심화, 확장시켜 줌으로써 총체적인 개념을 갖도록 하는 것이다.

(3) 근접발달지대

근접발달지대란 독립적으로 과제를 해결할 수 있는 수준과 부모나 자신보다 유능한 또래의 도움을 받아 문제를 해결할 수 있는 수준 간의 차이를 의미한다. 근접발달지대 안에 있는 과제는 유아 혼자서 해결할 수는 없지만 좀더 능력 있는 또래나 부모의 도움을 받아 해결할 수 있다. 비고스키는 유아발달에 영향을 미치는 사회적 관계, 다시 말해 교수적 관계를 설명하였다. 예를 들어, 정신 연령이 6세인 2명의 유아가 있다면 이들은 6세를 위한 과제를 잘 해결할 수 있다고 가정할 수 있다. 그러나 6세보다 어려운 과제를 수행하도록 하였을 때는 두 유아 사이에 본질적인 차이를 발견할 수 있다. 두 유아들에게 유도질문을 하거나, 시범을 보이고 가르친다면 한 유아는 실제 자신의 발달수준보다 2년 또는 3년 위에 해당하는 문제도 쉽게 해결할 수 있지만 다른 유아는 유도질문이나 시범을 보인다 하더라도 실제적 발달수준의 반년이나 1년 위의 문제를 해결할 것이다. 이러한 상황이 주어졌을 때 이들 두 유아의 정신발달이 동일하다고 할 수는 없다. 독립적인 활동에서 본다면 그들은 동일한 수준이지만 잠재적 발달에는 차이가 있다.

겔리모어(Gallimore)와 타프(Tharp, 1990)는 근접발달지대의 발달과정을 4단계 모형으로 제시하였으며 이 과정은 순환적 과정으로 이루어진다.

❶ 1단계

유아 자신보다 유능한 부모의 도움을 받아 수행이 이루어지는 단계로 유아가 독립적으로 문제를 해결하는 것이 아니라 보다 유능한 또래나 부모에 의존하는 단계이므로 독자적으로 이해하고 수행하는 데 어려움이 있다. 1단계의 전환은 점차적으로 과제에 대한 유아의 책임감이 커지면서 점진적으로 이루어지게 된다.

❷ 2단계

자기 스스로 수행을 하게 되는 단계로 부모에게 받았던 조절이 유아 자신에게 넘어와 자기조절을 하게 된다.

❸ 3단계

수행은 발전하여 내면화되고, 자동화되고, 고정되는 단계로 자기조절이 사라지면서 근접발달지대를 벗어나게 되고 과제수행이 자동화된다. 부모의 도움도 더 이상 필요하지 않으며 자기통제뿐 아니라 외부로부터 오는 사회적 통제를 넘어서며 수행은 더 이상 발달하지 않고 고정이 된다.

❹ 4단계

수행의 자동화에서 벗어나 다시 근접발달지대의 전 단계가 순환적으로 다시 반복된다. 그러므로 부모의 역할은 유아의 근접발달지대를 파악하여 근접발달지대보다 위 또는 아래의 경험보다는 근접발달지대 내의 경험들을 제공함으로써 유아의 발달을 도모한다. 예를 들어, 적목 쌓기를 해야 하는데 어떻게 해야 할 줄 모르고 작은 것을 밑에 놓고 큰 것을 위에 올려놓아 탑을 쌓지 못하는 유아에게 엄마가 곁에 앉아서 "큰 것은 밑에 놓고 작은 것은 위에 올려놓으면 탑이 쉽게 무너지지 않는다"고 힌트를 주다가 크기에 맞게 사용할 수 있도록 유아 가까이에 크기별로 적목을 놓아둠으로써 도움을 준다. 점차적으로 손짓이나 눈짓으로 도움을 주면서 도움의 양을 줄여 처음에는 엄마에게 의존하여 탑을 쌓던 유아가 엄마로부터 얻은 기술을 내면화하여 엄마의 도움 없이 독자적으로 멋진 탑을 쌓을 수 있어 독자적으로 문제를 해결하고 기술을 습득하는 새로운 인지수준에 도달하게 될 것이다. 그리고 다른 과제에 도전을 하게 되면 앞의 단계가 반복해서 이루어진다.

(4) 비계 설정

비계 설정이란 좀더 능력 있는 사람으로부터 얻는 도움을 말한다. 다시 말해 유아보다 유능한 수준의 교사나 부모 또는 또래가 안내와 도움을 제공하여 이것이 유아의 학습에 도움을 주어 인지적 향상을 꾀하게 하는 발판역할을 하도록 하는 체계이다. 이러한 과정에서 유아보다 유능한 교사 또는 부모, 또래는 유아의 학습에 필요한 도움을 주는 가운데 유아의 기술이 증가함에 따라 유아 자신이 좀더 많은 책임을 갖도록 자극하면서 유아가 보여주는 능력에 따라 적합한 도움을 주도록 비계의 내용을 조절한다(황정규, 2000).

김미경(2000)은 유아의 종교적 개념에 대한 사고 및 이해능력과 개념형성의 발달도 부모가 어떻게 이끄는가에 따라 유아가 끊임없이 묻고, 추론하고, 해결하기도 하며 논리적 사고가 가능함을 실험을 통해 밝혔다. 이는 전조작기에 속하는 유아들이 ZPD(Zone of Proximal Development : 근접발달지대) 내에서 성인들의 유관조절, 그리기 등을 통한 사상적 표상을 학습에 적용, 표상, 재표상을 통한 상징화 주기 학습, 주제를 심도 있게 다루는 프로젝트 접근을 통해 사고의 질적 전환을 가져와 기독교 교리나 신학적 논리를 조금씩 이해할 수도 있음을 뜻한다.

따라서 인간의 지식은 독특한 조건을 만족시키는 데 인간의 상호작용을 통해 이루어지며 보다 발달된 수준에 있는 성인과 덜 발달된 수준에 있는 유아 간의 상호작용을 특별히 중요하게 간주하는 사회인지 발달의 지식구성 접근을 토대로 탐구과학을 통한 대인적 상호작용, 즉 내면화에 초점을 맞추어 유아의 고등정신 기능으로서의 종교적 지식발달을 가능하게 할 수 있다.

4) 정보처리 이론

정보처리 이론은 피아제의 단계이론과 가장 대조적인 이론으로 단기기억의 용량이 증가하고 장기기억에 저장된 정보의 양이 증가하는 것은 기존의 것에 새로운 것이 조금씩 점진적으로 누적되는 연속적인 변화과정이라고 본다. 정보처리 이론가들은 유아가 정보를 처리하기 위해 사용하는 유아의 내적 구성요소를 밝히고자 하였으며, 이러한 구성요소들은 유아의 행동이 어떻게 상호 작용하는가를 기술하였다(이경희, 1994). 피아제와는 달리 인간은 실제 인지발달이 이루어지는 지각, 기억, 가설 및 검증의 3가지 사고과정을 가지고 있으며 이 과정은 모든 연령에서 갖고 있다. 정보처리에 관해 일반적으로 받아들여지고 있는 생각은 인간의 처리체제는 다음과 같은 4개의 중요한 요소로 구성되어 있다는 것이다.

첫째, 환경에서 오는 어떤 느낌을 받아들이는 청각, 시각, 후각, 미각, 통각, 촉각 등과 같은 감각기관

둘째, 짧은 시간 비교적 적은 양의 정보를 보존하고 있는 단기기억 또는 작업기억

셋째, 무한히 많은 양의 정보를 저장하고 있는 장기기억

넷째, 책을 읽고, 말하고, 달리기를 하고, 기계를 조립하는 것과 같이 사람이 수행하는 모든 운동신경 계통의 행동을 하게 하는 신경의 충격에 의해 활기를 얻게 되는 즉, 반응을 행동으로 나타내는 것을 가능하게 하는 근육기관

과정은 이러한 4가지 요소로 구성되어 있는 인간의 정보처리 체계 내에서 정보들을 변형시키고 그 흐름을 통제하는 정신적 작용이다. 주의, 지각, 기억 등이 거의 모든 인지과제에서 작용하는 주요한 과정이며 이들 과정이 구조요소에 작용하여 또는 서로 상호작용하면서 다양한 인지과제를 처리한다(성현란 외, 2001). 인지발달을 일으키는 변화의 기제는 유아들이 기억용량을 사용하는 효율성이 증가하는 것이다. 케이스(Case, 성현란 외, 2001, 재인용)는 새로운 기술의 습득은 유아의 단기기억용량과 그 기술을 실행하는 데 필요한 단기기억 용량의 관계에 달려 있다. 달리 말해 새로운 기술을 습득할 때 이 기술을 실행하는 데 현재 유아의 기억 용량보다 적은 용량이 필요하다면 이 기술은 습득된다. 그러나 그 이상이 필요하면 이 기술을 습득할 수 없다. 기억용량을 늘려야만 이 새로운 기술을 습득할 수 있다.

2 인지발달의 내용

삶은 체험이다. 체험은 몸과 마음으로 하는 것이다. 이는 우리의 감정, 정서, 사고와 함께 몸이 움직일 때 진정한 체험이 일어날 수 있다는 것이다(서광, 2004). 그러므로 미래사회에 주역이 될 유아들이 감정, 정서, 사고가 결합된 과학적 소양을 갖춘 시민으로 성장하도록 기초를 다지는 것은 매우 중요한 일이다. 몸과 마음이 올바른 움직임과 올바른 사고방식을 갖도록 교육하기 위한 인지발달의 목적은 21세기 생존에 필요한 '과학적 소양'을 습득하는 데 있다. 따라서 유아 인지발달을 위한 교육은 모든 유아가 과학적인 경험에 능동적으로 참여하고 성공을 맛봄으로써 과학과 기술

에 대한 흥미와 이해를 지속적으로 발달시키기 위한 확고한 기초를 다지는 것이다. 그렇기 때문에 유아의 인지발달을 위해 주변세계를 관찰하고, 의문시하고, 변화하는 현상을 발견하는 데 보다 역동적인 과정이어야 한다(서울특별시교육청, 1999)고 하지만 기독교인으로서 잊지 말아야 할 것은 예수님은 모든 진정한 지혜를 구체화 하시고 구현하신 분이라는 것이다. 그 분은 모든 지혜의 총체이시다. "그 안에는 지혜와 지식의 모든 보화가 감취어 있느니라(골로세서 2:3)" 그러므로 자녀를 가르쳐야 할 부모의 임무는 결국 자녀들에게 예수님을 가르치는 일로 요약된다. 자녀들에게 복음을 가르치든 일반적인 삶의 지혜를 가르치든 모든 교훈의 핵심은 예수님이다(마영례 역, 2002).

김정한(1998)은 과학에 대한 하나님의 뜻을 다음과 같이 설명하고 있다.

첫째, 노아에게 방주를 짓도록 명하신 것은 노아가 그 일을 감당할 수 있는 과학기술을 축적하셨다는 사실이다.

둘째, 하나님의 명령을 순종할 때 과학기술이 수많은 생명을 살리고 보존할 수 있었다는 사실이다.

셋째, 하나님은 인간은 물론 지구상의 모든 생명들도 똑같이 소중히 생각하고 계신다는 사실 즉, 하나님이 분명하게 과학기술과 생태계를 보호하고 살릴 수 있도록 인간에게 허락하셨다는 점을 보여준다. 인간에게 가장 가까이 접근한 하나님이신 예수님을 우리의 구세주로 영접하고, 생태계를 지키고 다스리라는 하나님의 첫 명령에 순종하는 선한 청지기의 직분을 회복해야 한다.

유아의 지능발달 수준을 반영하는 지적 활동의 산물인 인지내용은 성장과 경험을 통해 문제를 해결하거나 추리하는 기능과 같은 성인의 인지내용으로 단계에 따라 점차적으로 발달한다. 인지발달을 위한 사고기술에는 관찰하기, 의사소통하기, 비교하기, 조직하기, 관계 짓기, 추론하기, 적용하기가 포함된다(Kilmer & Hofman, 1995). 사고기술들은 유아들이 일상의 경험이나 결과지향의 과제 중심 학습활동에서 경험하는 좌절이나 도전의 어려움에서 벗어나 '놀이라는 틀'을 통하여 활동 본질 자체에 흥미와 호기심을 갖고 자발적으로 참여하면서 자연스럽게 형성된다. 유아는 놀이를 통한 과학활동을 통하여 일상생활의 경험을 재미있는 과학활동으로 연결하여 자연스럽게 사고기술뿐 아니라 과학적인 태도가 형성하게 된다(교육인적자원부, 2003).

감각운동적 행동은 전체적인 지각에서 비롯되는 것이지 전체에서 떨어져나간 부분으로 이루어지기는 어렵다. 그러므로 지각교육과 감각교육이 비교되기보다는 이 두 가지가 균형을 이루는 것이 바람직하다(성옥련, 1992).

코메니우스는 「세계도회」의 서문에서 "감각에 존재하지 않고 지성에 존재하는 것은 하나도 없다"고 언급하였다. 이는 학습은 감각적인 것을 통하여 가장 잘 성취되며 감각교육은 모든 학습의 기초가 된다는 것을 의미한다.

1) 지 각

유아는 주변에 있는 많은 정보를 감각기관을 통하여 수용하여 지각하므로 외부자극을 인지한다. 그런데 인간은 여러 가지 자극들에 노출되어 있을 때 동시에 들어오는 많은 자극을 한순간에 받아들일 수 있는 능력이 제한되어 있다. 그리하여 인간은 여러 감각통로에서 오는 모든 정보를 다 처리할 수 없으므로 감각정보를 여과하여 선택적인 반응을 한다. 이때 어떤 입력(자극)을 선택하는 과정을 주의라고 한다. 이때 감각적 입력의 어떤 측면은 선택하고 다른 어떤 측면은 무시하므로 유아는 선택적 주의를 한다. 선택적 주의를 거쳐 들어오는 정보를 읽어나가는 과정, 다시 말해 사상들에 대한 인식의미를 추출하는 과정을 지각이라고 한다. 지각은 학습과정에서 대단히 중요하다. 학습할 내용, 즉 정보를 받아들이는 첫 번째 관문이 되는 것으로 지각하지 않으면 중추조작에 의한 단기, 장기기억과 재생의 정신조작으로 들어갈 수 없기 때문이다. 주의집중에 영향을 주는 요인 중에서 내적으로는 동기 또는 욕구, 준비자세, 흥미, 외적으로는 자극강도의 크기, 반복, 운동, 대비되는 것, 신기한 것 등이다(www.cuusa.net).

2) 관 찰

관찰은 유아가 주위 환경을 이해하는 가장 초보적이고 직접적인 행위이다. 관찰은 시각, 청각, 촉각, 미각, 후각의 오감각을 사용하여 주위환경의 특성을 배우는 것이며 자료를 수집하는 것이다. 관찰은 주의를 집중하여 세밀하게 보는 활동을 의미한다. 유아가 보고, 듣고, 냄새 맡고, 맛보고, 느끼는 감각을 모두 사용하여 관찰하면 더 많은 사실을 알게 된다(박홍자, 1995). 유아의 관찰은 처음에는 보고, 듣고, 맛보고, 흐트러뜨리고, 찌르고, 만지고, 입에 넣고, 무는 것에서 비롯된다. 그리고 점차적으로 정확하고 세밀한 관찰을 할 수 있도록 유아를 지도한다.

(1) 시 각

눈을 사용하여 시각거리와 수평거리가 발달하도록 밝은 색상, 대비가 되는 패턴을 보여 주면서 유아의 시각을 자극하고 놀이하면서 손과 눈의 협응력을 발달시킨다.

(2) 청 각

유아의 감각운동을 통한 교육에서 듣는 훈련을 소홀히 하는 경향이 있다. 아주 어릴 때부터 유아가 소리에 민감하고 멜로디와 리듬에 예민하다는 사실은 청각을 통한 교육의 가능성을 제시하는 것이다(성옥련, 1992). 인형 안에 딸랑이나 삑삑이, 바스락거리는 소리는 유아의 청각을 자극한다. 유아의 옷에 딸랑이나 삑삑이를 달아주어 유아 자신이 움직일 때마다 소리를 듣도록 하는 것도 소리의 변별력뿐 아니라 자신의 움직임에 따라 여러 가지 소리를 창출할 수 있다는 사실을 인지하도록 한다.

(3) 촉 각

촉각을 이용하여 질감, 무게, 온도, 모양 등을 분별해내도록 다양한 촉감을 느낄 수 있는 경험을 제공한다. 서로 다른 재질의 재료를 통해 '부드럽다' '까끌까끌하다' '포근하다' 등 다양한 느낌을 경험하게 한다. 칫솔, 작거나 큰 브러시, 스펀지로 손바닥과 발바닥 누르기, 자극하기, 얼굴이나 손등 위에 '호' 하고 입김 내뿜기, 뺨이나 배에 입을 대고 '푸우' 하는 소리 내기, 두 손으로 밀가루 반죽하기 등은 촉감발달을 통해 유아의 인지발달에 영향을 미친다.

(4) 미 각

맛을 식별해내는 경험을 통해 신맛, 짠맛, 단맛, 쓴맛, 매운맛을 구별하도록 한다.

(5) 후 각

냄새를 맡은 후 이를 분별하도록 한다.

3) 의사소통하기

의사소통은 구어 또는 문어를 사용하여 명명하고 기록하며 다른 사람들과 나누는 것이다. 3~4세 유아는 자신이 관찰한 것을 다른 유아에게 이야기하는 것을 배우고 있는 과정인 반면, 5~6세의 유아는 짧은 관찰순서를 정확하게 말로 보고할 수 있으며, 자료의 일부를 그림이나 그래프로 기록하기 시작한다(이영자 외, 2002).

4) 비교하기

비교는 물체와 사건을 유사점과 차이점이라는 측면에서 측정하고 헤아리며, 수량화하고 조사하는 것이다. 3~4세의 유아는 비교하기에 대한 부분적인 인식을 하기 시작하며, 사물을 설명할 때 크기와 같은 특성을 사용하여 비교하기 시작한다. 5~6세 유아는 좀더 여러 가지 표면적인 특성들을 인식하고, 소량의 사물들을 대상으로 유사점과 차이점 모두를 보다 적절하게 인식한다.

5) 조직하기

조직화는 수집한 자료를 체계적으로 모으고 분류하며 순서 짓는 것이다. 분류에는 단순분류, 논리적 분류, 복합적 분류가 있다. 단순분류는 색깔이나 크기, 모양과 같이 현저하게 눈에 띄는 한 가지 속성에 따라 물체들을 분류하는 것이다. 논리적 분류는 물체들의 그룹에서 공통된 속성추출 그 외에 다른 물체에서도 같은 속성을 발견해내는 두 과정을 동시에 할 수 있다. 복합적 분류는 한 번에 한 가지 이상의 속성에 의해 물체들을 분류할 수 있고, 한 가지 물체가 동시에 여러 유목에 속할 수 있다는 것을 인식할 수 있다.

6) 관계 짓기

관계 짓기는 구체적 및 추상적인 아이디어를 특정한 현상의 설명이나 검증과 관련짓는 것, 가설을 형성하고 검증하는 것이다.

7) 추 론

추론은 모은 자료의 의미를 결정하는 것으로써 결과가 관찰되기 전에 무엇이 일어날 것인지를 추측하는 것을 포함한다.

8) 적용하기

적용은 문제해결을 위하여 지식과 기술을 사용하는 것이다.

3 유아의 인지발달 지도방법 및 부모역할

1) 지도방법

인지발달을 위한 대부분의 학습은 단순히 정보를 암기하는 좁은 의미의 지도방법이었으나 인지발달을 위한 지도로 비효율적이며 유아의 인지발달에 영향을 미치지 못한다는 평가를 받아왔다. 그러나 피아제의 인지발달 이론과 비고스키의 사회인지발달 이론이 말하는 인지구조 발달의 중요한 변인은 타고난 유전적 기질과 체계적이고 포괄적인 원리의 획득과 그에 대한 사고구조가 체계화되는 평형화 과정에 의한 물리적 경험, 그리고 근접발달지대, 비계, 공동문제 해결이다. 그러므로 유아에게 미리 계획된 획일적인 지도보다는 유아 스스로 능동적으로 자신의 학습을 이끌어나갈 수 있도록 유아 중심의 지도가 이루어져야 한다. 단순한 정보입력보다는 유아는 사회적 맥락 속에 존재하기 때문에 인지발달도 유아 혼자서 환경과의 상호작용을 통해 습득하는 것뿐만 아니라 부모나 교사 혹은 자신보다 조금 앞선 또래와의 상호작용을 통해서 습득하도록 한다. 부모-유아 간 상호작용은 유아놀이의 인지적 수준에도 영향을 준다. 부모들이 적극적인 상호작용을 할 경우 유아들의 놀이수준이 높게 나타났고 놀이에 더 몰입했다. 부모-유아 상호작용은 학습능력 및 학교에서의 성공과도 관련이 있다(교육인적자원부, 2001).

유아들은 판단능력이 부족하다. 3~5년간 살아오면서 경험한 지식만을 가지고 세상을 살아가면서 부딪치는 모든 문제를 해결하기 때문에 잘못된 해석과 판단을 하기 쉽다. 무엇이 옳고, 그른가를 판단하지 못하고 그릇된 지각을 가지고 판단하며 판단한 것이 올바르다는 확고한 믿음을 가지고 행동한다. 그러므로 유아들은 분별력을 가지도록 배워야 한다. 유아들의 지혜는 자라나는 것이므로 부족한 지혜로 잘못된 행동을 하지 않도록 지도하는 것이 필요하다. 높은 수준을 요구하면서 자녀를 노엽게 하고 좌절시키는 것은 자녀를 포기하도록 다시 말해 망치는 일이다. 부모들은 자녀들이 보다 높은 성취를 하도록 격려하고 고무해줄 책임이 있으나 데살로니가전서 2:11에서 바울 사도는 데살로니가 교인들에게 "우리가 너희 각 사람에게 아비가 자기자녀에게 하듯 권면하고 위로하고 경계하노니"라고 말했듯이 부모의 권면과 경계뿐 아니라 사랑이 넘치는 위로와의 조화를 강조하고 있다. 따뜻한 위로는 하지 않으면서 계속해서 다른 유아와 비교하면서 더 높은 수준을 강요하며 강조하고 있다.

부모는 가르치려는 자녀들의 ZPD 인지적 구조에 맞게 교육내용을 선정하고 그 수준의 범위 내에서 가르쳐야 한다. 부모는 유아 인지발달의 계열적인 특징을 살려 내용을 선정할 뿐만 아니라 유아의 근접발달지대를 벗어나 고차원적이거나 수준이 낮은 학습을 강요하게 되면 학습에 대한 흥미를 잃으며 단순한 암기 위주의 학습으로 흐르게 된다. 부모는 자녀의 발달수준과 속도를 파악하여 이에 알맞은 지도를 하는 것이 필요하다. 따라서 교육은 유아의 적극적인 참여와 공동지식의 구축자로서 부모의 참여를 통해 이루어져야 하며 활동은 능동적인 활동의 형태가 중요하다.

이를 위해 다음과 같은 원리를 반영한다(김미경, 2004).

- 직접적인 정보를 제공하고 가르치는 것이 아니라 유아 스스로 지식을 구성하도록 한다.
- 유아의 흥미를 중심으로 한 활동에 참여하도록 한다.
- 최소한의 통제가 요구되는 자율적인 환경을 제공한다.

- 부모는 강요보다는 협력하고 도와주는 자이다.
- 부모는 적합한 질문을 하는 것을 배우고 주어진 상황에서 여러 개의 가변적인 반응 중의 하나인 실수를 받아들이는 방법을 배워야 한다.
- 유아 스스로 답을 찾도록 한다.

2) 부모의 역할

부모들은 유아의 인지발달을 위한 교육을 실시할 때 지식을 가르칠 것인가? 아니면 지혜를 습득하는 방향으로 교육할 것인가? 또는 둘 다 교육해야 할 것인가를 생각해야만 한다. 오늘날 많은 부모들은 겉으로 드러나는 지식 위주의 교육에 매달리고 있다. 지식과 지혜에는 분명히 차이가 있다. 유학식(2000)은 지식은 사물에 대한 인식능력을 말하는 것이고, 지혜는 사물에 대한 선악 간의 구별능력과 그것을 다양하게 쓸 줄 아는 활용능력을 말하는 것이라고 한다. 즉, 돌을 보고 돌이라고 말하는 것은 지식이고 돌을 이용해서 집을 짓고, 정원을 꾸미고, 맷돌을 만드는 등 다양하게 도구화, 생활화할 수 있는 활용능력은 지혜이다. 따라서 부모가 유아를 지혜롭게 생각할 수 있도록 하기 위해서는 모든 것의 응용, 활용, 융합을 생활 속에서 가르쳐야 한다.

부모는 유아들이 흔히 가정에서 접할 수 있는 자료들을 이용한 장난감을 통해 전체를 바라볼 수 있는 지혜로운 인지발달이 이루어지도록 가르친다. 또한 지식이 있어야 이를 활용, 응용할 수 있으므로 충분한 지식도 갖추어지도록 지도해야 한다. 스테판(Stephens, 1966)은 '배움이 가능한 순간'을 포착하여 성경의 원칙과 연관시킬 수 있는 실제상황의 기회를 활용하라고 하였다.

예를 들어, 어린아이를 목말 태워서 구경하도록 한다면 예수님을 보기 위해 나무에 올라간 삭개오에 대해 이야기를 한다. 아이와 여행을 한다면 차를 타고 가면서 산과 들을 감상하며 어떤 변화가 있는지 알아보고 말하기, 아름다운 세상과 따뜻한 햇볕을 주신 하나님께 감사할 수 있는 마음을 갖도록 한다. 성경은 "하나님을 경외하는 것이 지식과 지혜의 근본(잠언 1:7, 시편 111:10)"이라고 가르쳐주고 있다. 아인슈타인도 "참된 과학은 하나님에 대한 믿음을 기초로 한다"고 하였다. 따라서 인지발달을 위한 교육의 기초도 하나님의 경외이어야 한다. 인지발달을 위한 부모의 역할은 다음과 같다.

첫째는 하나님을 두려워하는 것뿐 아니라 기뻐할 줄도 알아야 한다. 하나님에 대해 두려워할 줄 아는 마음은 작은 실수와 잘못을 경계하고 정신적 능력을 발전시키는 것이며, 하나님을 기뻐할 줄 아는 것은 자신의 지식을 유용하게 쓸 줄 아는 사람으로 성장하게 하는 것이다(유현식, 2000).

둘째는 가정에서 흔히 발견할 수 있는 자료를 중심으로 이루어지는 것이 중요하다. 가정에서 일반적으로 발견할 수 있는 자료들로는 다양한 크기의 블록, 감각을 이용한 물통, 물뿌리개, 분무기, 다양한 크기와 모양의 플라스틱 용기들, 장난감, 다양한 모양과 색깔, 냄새 그리고 맛의 음식들, 음식재료들, 스펀지, 행주, 빗자루, 다양한 도구들, 흙, 풀, 꽃, 화분, 비누, 로션 등이 있다. 부모는 이러한 자료들을 유아가 탐구함으로써 이전에 알지 못했던 자료들의 속성을 발견하도록 기회를 자주 제공한다. 예를 들어 부모가 작은 물방울이 물체를 확대시키는 돋보기의 역할을 한다는 사실을 알았다면 물을 통해 물체들을 관찰하도록 한다.

셋째는 유아로 하여금 활동에 적극적으로 참여하게 하여 유아가 의미 있는 것을 스스로 발견하고 그 결과를 내면화시킬 수 있도록 돕는다. 부모는 유아에게 친숙한 자료를 소개하고 "이것이 무엇이니?" 또는 "이것을 가지고 무엇을 할 수 있니?"와 같이 유아가 그 자료에 대해 가지고 있는 경험을 말하도록 하여 유아의 선 개념을 파악하고 자료를 가지고 다양하게 탐구하고 조작하기도 하고 자신의 사고를 적용하면서 유아자신이 이전에 가지고 있었던 정보를 재구성하도록 도와준다.

넷째는 더 나아가 탐구할 수 있도록 갈등에 부딪치는 난처한 질문을 하여 다양하게 탐구하도록 한다. 부모는 설거지를 하다가 그릇에 주방세제를 넣어 빨대와 함께 유아에게 주면서 어떻게 하면 비눗방울을 만들 수 있을까라고 질문을 한다. 유아는 즉각적으로 반응할 것이며 성공적으로 비눗방울을 만들 것이다. 그 다음에는 빨대가 없으면 어떻게 비눗방울을 만들 수 있을까? 하고 묻는다. 유아가 계속해서 실험할 수 있도록 한다.

다섯째는 유아의 호기심이나 질문을 이용한다. 부모는 상황에 따라 적절하게 질문을 한다. 질문은 유아들에게 결과를 탐색하도록 이끌 뿐만 아니라 유아 스스로 해답을 찾도록 고무하며 지능을 향상시킨다(김미경, 2004). 예를 들어 "모래집이 자꾸 무너지는 데 모래에 무엇을 더 넣으면 될까?" "빨간색 물감에 노랑색을 넣으면 어떻게 될까? 새라고 생각하고 바라보면 어떨 것 같으니?"

여섯째는 독립적으로 생각할 수 있는 공간을 마련해준다. 집에서 사용하고 있는 다목적용 창고를 아이의 비밀 방이라는 이름을 붙여주어 아이들만 들어갈 수 있도록 만들어준다. 이 방은 아이의 허락 없이는 들어갈 수 없으며 아이가 하고 싶은 것을 가지고 누구의 방해도 받지 않고 놀 수 있는 공간으로 만들도록 한다. 이곳에서 아이는 자신의 꿈을 키우며 우주공간으로, 독서실로, 공장으로, 자신의 거실로 꾸미며 혼자만 놀 수 있는 시간을 가지며 매우 즐거워한다. 또한 여행을 떠날 때는 차 안에서 읽을 수 있는 책과 장난감을 스스로 준비하도록 하며 먹고 싶은 것이 있으면 돈을 주고 직접 사도록 하고 유치원에서 집까지 오는 길을 지도로 그려보도록 지형을 탐구하고 건물을 탐색함으로써 사고나 행동을 자유롭게 구사하도록 만드는 환경이 아이들의 두뇌를 유연하게 만들어 창의적이고 자립적인 인간으로 자라나게 한다.

가정에서 유아와 함께 할 수 있는 인지활동들은 헤아릴 수 없을 정도로 많이 있으나 몇 가지를 소개한다면 다음과 같다.

- 양파를 물에 담가 성장과정을 관찰하고 기록한다.
- 식초를 섞은 물, 커피를 섞은 물, 사이다를 섞은 물, 아무것도 섞지 않은 물병에 꽃을 꽂아 어느 병의 꽃이 가장 빨리 시들고, 어느 병의 꽃이 오래가는가를 관찰하여 그 이유를 알아본다. 처음에는 2종류의 물이 담긴 꽃병을 준비하고 점차적으로 물의 종류를 늘려나간다.
- 유아의 뽑은 이도 이와 같은 방법으로 할 수 있다.
- 간단한 음식을 같이 만들면서 음식재료의 종류, 양의 측정, 음식 만들기 전후 모양, 색, 맛을 비교하기
- 계절이 바뀔 때 옷장정리를 하면서 봄, 여름, 가을, 겨울옷뿐 아니라 아빠, 엄마, 형, 동생의 옷을 분류하기
- 장난감 카탈로그를 이용해서 생일날 받고 싶은 선물의 종류, 가격을 비교하여 의견을 제시하고 결정하기

- 기르는 애완동물이 좋아하는 먹이, 습관 등을 관찰하고 책을 통해 동물에 대한 지식을 습득하기
- 서점에 가서 책 읽기, 책을 구입하기, 읽고 난 후 생각을 언어, 그림, 만들기 등 다양한 방법으로 표현하기
- 눈을 담아서 오래 보관하는 방법 알아보기 또는 눈이 녹은 후 물의 양을 예측하기, 측정하기
- 생선요리 시 여러 종류의 물고기 내부를 추론하기, 그리기, 관찰하기, 그림을 수정하기
- 무순이나 콩나물을 기르기, 관찰하기, 요리하기, 시식하기
- 목욕 시 여러 용기를 가지고 물의 양을 측정하기, 소꿉장난감 씻기, 인형옷 빨기, 목욕 후 색소물감 섞기
- 사과 자르기
- 저금하기, 분류하기, 계산하기, 저축하기
- 밀가루 반죽으로 촉감 즐기기, 만들기
- 컴퓨터로 정보 찾기, 게임하기
- 단풍잎이나 꽃을 이용하여 북마크 만들기, 구성놀이 하기
- 손톱이나 발톱에 봉숭아 물들이기
- 딸기주스, 토마토주스 만들기
- 온도 재기
- 자연의 변화 관찰하기
- 밥을 공기 중에 놓아두면 어떻게 변하는지 관찰하기
- 집에서 나는 소리를 찾아보기
- 꽃에 물주기
- 식탁준비를 위해 수저 놓기
- 신발 정리하기

4 유아의 인지발달을 위한 활동

활동 1. 헌 액세서리

이런 것을 기대해요	• 상상놀이와 탐구활동이 이루어지도록 한다. • 상황에 따라 여러 가지 액세서리를 코디할 수 있다. • 색깔에 맞추어 액세서리를 활용할 수 있다. • 옷차림에 맞는 다양한 액세서리 코디를 통해 하나님의 자녀답게 단정한 차림새를 하도록 한다.
필요한 것이 있어요	다양한 종류의 지갑, 손가방, 배낭, 백, 종이돈, 스카프, 넥타이, 스티커
함께 해보아요	❶ 다양한 종류의 헌 지갑, 손가방, 배낭, 백 등을 수집하여 제공한다. ❷ 헌 지갑, 손가방, 배낭, 백에 물건을 넣고, 빼기도 하고 열고 닫는 것을 탐색하도록 한다. ❸ 초록색 종이를 직사각형으로 잘라서 돈으로 사용하도록 한다. ❹ 헌 지갑, 손가방, 배낭, 백에 장식을 할 수 있도록 스티커나 예쁜 그림을 제공한다. ❺ 스카프나 넥타이와 같은 다른 종류의 액세서리를 첨가하여 의상을 백의 종류에 맞게 차려입어 보도록 한다. ❻ 거울을 통해 유아 자신의 모습을 보도록 격려하며 유아가 사용하는 물건이나 색깔에 대해 이야기를 나눈다.
참고사항	• 처음부터 여러 종류의 백과 액세서리를 제시하기보다는 익숙해지면 점진적으로 다양한 종류의 백과 액세서리를 제공함으로써 상황에 맞도록 액세서리를 코디할 수 있는 감각을 키운다. 또한 교회에 갈 때 알맞은 옷차림과 액세서리를 할 수 있는 센스를 기르도록 한다.

활동 2. 이불 탐험

<table>
<tr><td>이런 것을 기대해요</td><td>• 이불의 다양한 질감과 색깔, 크기를 탐구하도록 한다.
• 다양한 감촉경험을 통해 하나님이 창조하신 자연세계를 탐구할 수 있는 감각기능이 발달하도록 한다.</td></tr>
<tr><td>필요한 것이 있어요</td><td>여러 종류의 이불, 누비이불, 담요</td></tr>
<tr><td>함께 해보아요</td><td>❶ 유아에게 여러 종류의 이불, 누비이불, 담요 등을 보여준다.
❷ 색깔, 디자인, 재료, 사용용도 등에 대해 이야기를 나눈다.
❸ 큰 것, 작은 것, 보통 크기와 아기용 이불 등을 비교한다.
❹ 유아와 함께 이불 위를 뒹굴면서 질감을 느껴본다.
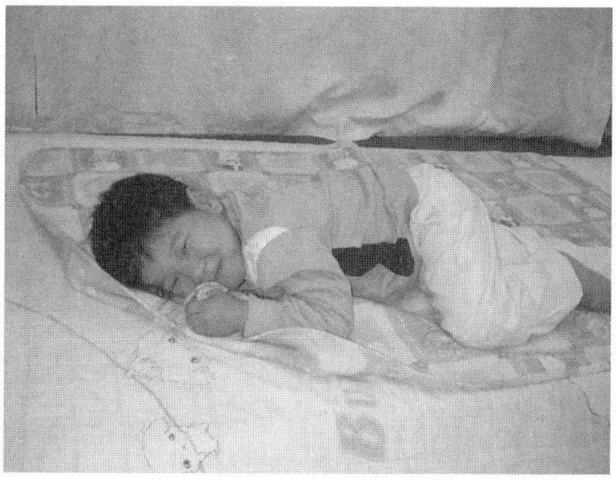
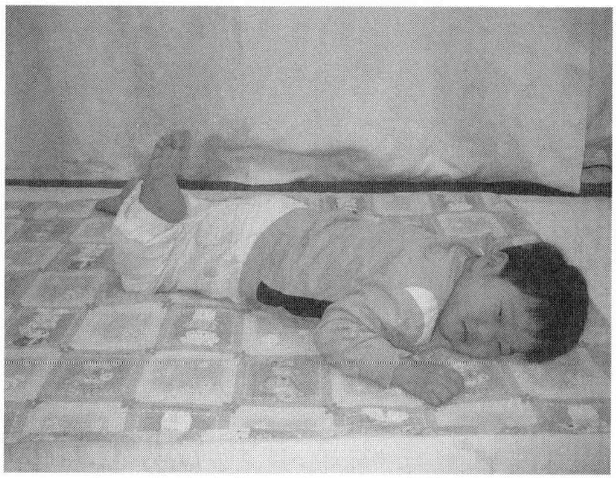</td></tr>
<tr><td>참고사항</td><td>• 이 활동은 평상시에 하는 것보다는 목욕을 한 후 속옷만 입었을 때 하는 것이 감촉을 느끼는 데 도움이 된다.</td></tr>
</table>

활동 3. 마카로니

이런 것을 기대해요	• 마카로니의 양을 비교하고 측정해보도록 한다. • 마카로니의 변화를 인지하도록 한다. • 물에 담근 마카로니가 크기와 질감에서 변화가 일어나듯 그리스도를 통해 영적 생명을 공급받고 자라도록 한다.
필요한 것이 있어요	마카로니, 플라스틱 통, 숟가락, 국자, 다양한 크기의 플라스틱 컵, 색소, 종이
함께 해보아요	❶ 플라스틱 통에 마른 마카로니를 담아서 유아에게 준다. ❷ 처음에는 손으로 마카로니를 만지면서 놀도록 한다. ❸ 숟가락과 다양한 크기의 컵을 제공하여 마카로니를 컵에 담아보고, 다른 크기의 컵에 옮겨 붓기도 하고, 숟가락으로 마카로니를 컵에 담아보도록 하며, 몇 숟가락이면 컵에 마카로니를 가득 채울 수 있는지를 알아보도록 한다. ❹ 다음날에는 물에 담가서 불린 마카로니를 좀더 큰 플라스틱 통에 담아 제공한다. 마른 마카로니와 물에 불린 마카로니의 모양, 크기, 질감 등을 비교하면서 놀도록 한다. ❺ 물에 불린 마카로니를 가지고 노는 동안 마카로니가 뭉개져 풀이 되면 색소를 넣어서 서로 다른 색깔의 섞임을 통해 색의 변화를 자연스럽게 인식하도록 한다. ❻ 손에 묻은 마카로니 풀을 가지고 하얀 종이에 풀 그림을 그려보도록 한다.  
참고사항	• 젖은 마카로니 만지기를 주저하는 유아에게는 나무주걱 등을 제공한다.

활동 4. 소금 물들이기

이런 것을 기대해요	• 소금에 색깔이 물드는 것을 경험하고 소금이 물드는 과정을 통해서 색깔이 변하는 모습을 관찰하도록 한다. • 소금은 이 세상에 없어서는 안 될 중요한 물질임을 알고 세상에 소금의 역할을 할 수 있도록 한다.
필요한 것이 있어요	소금, 파스텔, 도화지, 유리병, 랩, 작업복
함께 해보아요	❶ 흰 종이 위에 파스텔을 문지른다. ❷ 그 위에 소금을 놓고 손으로 문지른다. ❸ 위의 방법으로 여러 가지 색의 소금을 만든다. ❹ 유리병에 여러 가지 색의 소금을 담는다. ❺ 유리병을 랩으로 씌우고 리본 모양으로 묶는다. 
참고사항	• 다른 색의 파스텔을 사용할 경우 도화지를 새로 사용하면 색이 선명하게 나올 수 있다. • 소금의 양에 따른 색의 농도를 알 수 있으나 너무 많은 양의 소금을 사용하지 않도록 주의한다(소금의 양은 2~3주먹 정도가 적당하다). • 빗자루나 쓰레받기를 준비하여 활동 후 치우도록 한다.

활동 5. 빨래집게 동물

<table>
<tr><td>이런 것을 기대해요</td><td>• 여러 가지 모양을 시각적으로 변별하도록 한다.
• 하나님이 창조하신 동물들을 만들도록 한다.</td></tr>
<tr><td>필요한 것이 있어요</td><td>빨래집게 동물 그림</td></tr>
<tr><td>함께 해보아요</td><td>❶ 흰 도화지에 여러 가지 종류의 동물을 그린다(오징어 : 다리가 없음, 토끼 : 귀가 없음, 코끼리 : 코가 없음, 게 : 다리가 없음).
❷ 색칠을 한 후 오린다.
❸ 빨래집게와 그림을 유아에게 제시하여 동물 그림의 이상한 곳을 찾도록 한 후 빨래집게를 이용하여 동물 그림의 이상한 부분을 완성하도록 한다.
❹ 몇 개의 빨래집게가 필요한가를 알아본다.
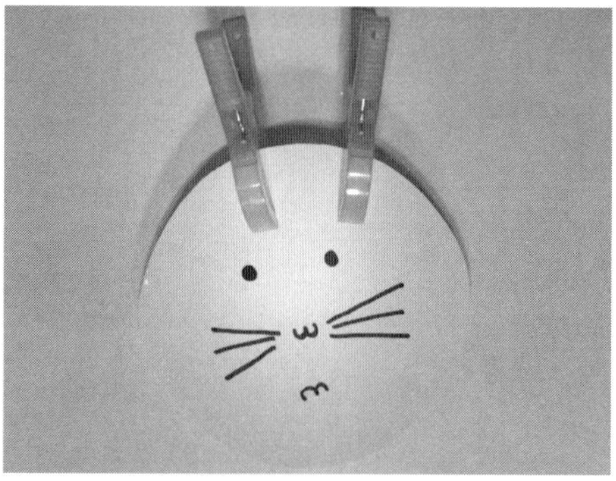
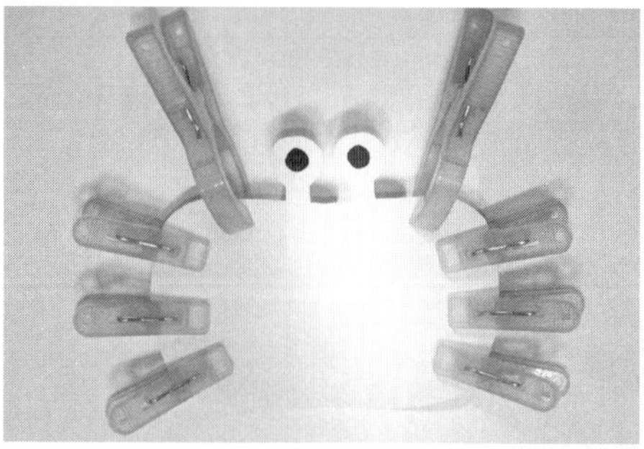</td></tr>
<tr><td>참고사항</td><td>• 처음에는 빨래집게로 표현하다가 점차 빨래집게 대용품을 찾아서 활용해 보도록 한다.</td></tr>
</table>

활동 6. 쉐이빙 폼 문지르기

<table>
<tr><td>이런 것을 기대해요</td><td>• 거울에 쉐이빙 폼을 문지르고 무늬를 만드는 활동을 통해서 촉각을 발달시키고 수분이 증발됨을 알도록 한다.
• 쉐이빙 폼을 통해 긴장되고, 불안하고, 화난 감정을 부드럽고 온유한 마음으로 순화하도록 한다.</td></tr>
<tr><td>필요한 것이 있어요</td><td>전신거울, 세이빙 폼, 앞치마, 물수건, 물뿌리개</td></tr>
<tr><td>함께 해보아요</td><td>❶ 유아에게 앞치마를 입힌 후 세이빙 폼을 유아의 손에 가득 따라 만져보고 냄새를 맡아보며 느껴보도록 한다.
❷ 전신거울에 세이빙 폼을 묻힌다.
❸ 거울 위의 세이빙 폼을 자유롭게 만지고 무늬나 모양을 만들어본다.
❹ 시간이 지나면서 물기가 증발함에 따라 세이빙 폼이 굳어지는 것을 촉각으로 느껴보며, 물뿌리개로 물을 살짝 뿌려본다.
❺ 활동 후에 손에 묻은 세이빙 폼은 씻도록 하고 로션을 발라준다.
</td></tr>
<tr><td>참고사항</td><td>• 활동하기 전 세이빙 폼을 먹지 않으며 얼굴에 문지르지 않도록 주의를 준다. 반드시 앞치마를 착용하여 옷이 젖거나 더러워지지 않도록 한다.</td></tr>
</table>

활동 7. 자석놀이

이런 것을 기대해요	• 자석의 성질에 대해 알도록 한다. • 우주의 움직임도 자석의 원리를 활용한 것임을 안다.
필요한 것이 있어요	자석, 쇠반지, 쌀, 플라스틱 용기
함께 해보아요	❶ 쟁반에 쌀을 담아둔다. ❷ 유아에게 재미있는 이야기를 들려준다고 한다. 옛날에 어머니가 물려주신 쇠로 만든 반지를 무척이나 아끼고 소중하게 생각하는 임금님이 살고 있었는데 어느 날 떡방앗간을 방문하다가 그만 그 반지를 떡을 만들려고 쌀을 부어놓은 커다란 통 속에 빠뜨리고 말았단다. 아무리 손으로 헤집어도 반지를 찾을 수가 없어서 임금님은 반지를 찾는 사람에게는 많은 상금을 주겠다고 했단다. 그러나 어느 누구도 그 반지를 찾아낼 수가 없었어. 그런데 성 밖에 사는 똘이라는 아이가 그 반지를 찾을 수 있다고 자신 있게 말했어. ❸ 엄마는 반지를 쟁반에 있는 쌀에 집어넣고는 이야기를 계속한다. "똘이는 반지를 찾기 위해 자석을 가지고 와서 금방 반지를 찾았고 상금을 받아서 행복하게 살았데." ❹ 그리고 유아와 함께 자석을 이용하여 쌀 속에 있는 쇠반지를 찾아본다. ❺ 자석을 가지고 집안에 있는 여러 물건들에 대어보고 자석에 붙는 물건과 붙지 않는 물건들을 구별해보도록 한다. 
참고사항	• 쌀이 흐트러뜨리지 않도록 넓은 그릇을 사용한다.

활동 8. 음식이름 알아맞히기

이런 것을 기대해요	• 냄새를 통해 음식을 구별하도록 한다. • 음식을 골고루 섭취하여 하나님이 거하는 성전을 피곤치 않게 튼튼하게 한다.
필요한 것이 있어요	저녁 밥상에 차려놓은 음식들
함께 해보아요	❶ 저녁을 준비하여 밥상을 차려 놓는다. ❷ 유아가 식탁에 앉기 전에 오늘의 저녁 반찬이 무엇인지를 알아맞히는 게임을 한다고 말을 한다. ❸ 식탁에 도착하기 전에 수건으로 눈을 가리고 식탁으로 안내를 한다. ❹ 차려놓은 음식을 한 개씩 들어서 냄새를 맡은 후 무슨 음식인지를 알아맞힌다. ❺ 냄새만으로 알아맞히지 못하면 음식에 대해 설명하여 맞히도록 한다. ❻ 다음날은 역할을 바꾸어 아빠가 눈을 가리고 유아가 설명하도록 한다. 
참고사항	• 처음에는 유아가 먹는 우유, 과자, 빵, 과일과 같은 간식의 냄새를 맡아 보게 하고 점차적으로 눈가리개를 하고 냄새로 알아맞히도록 한다. 익숙해지면 점차적으로 아침, 점심, 저녁에 먹는 음식으로 확장을 한다. 여러 종류의 음식을 한꺼번에 구별하도록 하여 음식이 모두 식어버리는 일이 없도록 한 가지씩 하다가 점차 음식의 수를 늘리도록 한다.

활동 9. 오징어 해부하기

<table>
<tr><td>이런 것을 기대해요</td><td>• 물오징어에 대한 개념을 재수정하는 과정을 통해 고등정신 능력이 발달하도록 한다.
• 하나님이 주신 지혜의 성장을 위해 끊임없이 훈련한다.</td></tr>
<tr><td>필요한 것이 있어요</td><td>물오징어, 도화지, 색연필</td></tr>
<tr><td>함께 해보아요</td><td>❶ 저녁거리로 사온 오징어로 요리를 하기 전에 유아에게 먼저 오징어를 만져보기, 냄새를 맡아보기, 다리의 수도 세어보기, 다리의 길이 비교하기 등 여러 가지 감각을 통해 탐색하도록 한다.
❷ 오징어를 다듬기 전에 유아에게 오징어의 내부를 생각하거나 알고 있는 대로 도화지에 그림을 그리라고 한다.
❸ 그림을 다 그리고 난 후에는 왜 오징어의 뱃속은 그렇게 생겼을 거라고 생각하는지에 대해 말해보도록 한다.
❹ 유아의 이야기를 들은 후에 실제로 오징어의 내부를 잘라서 엄마와 함께 자세히 관찰한다.
❺ 오징어의 내부를 실제로 관찰한 후 다시 그림을 그리도록 한다.
❻ 오징어의 내부를 보기 전 유아 자신의 오징어 내부에 대한 사고와 오징어 내부를 보고 난 후 사고의 변화에 대해 인식하고 개념을 수정하도록 한다.

〈오징어 내부소개〉
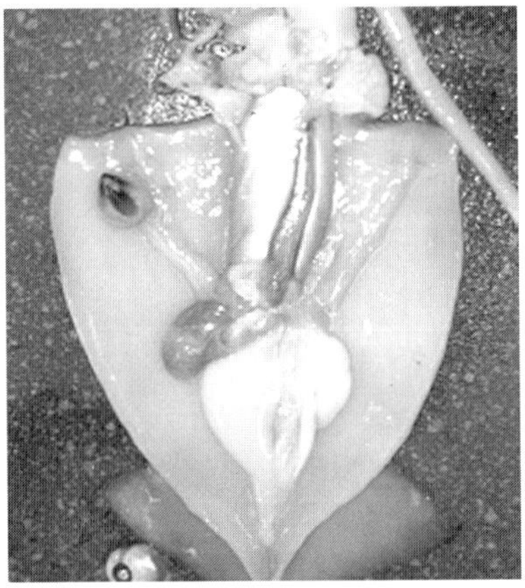</td></tr>
</table>

<table>
<tr><td>함께 해보아요</td><td>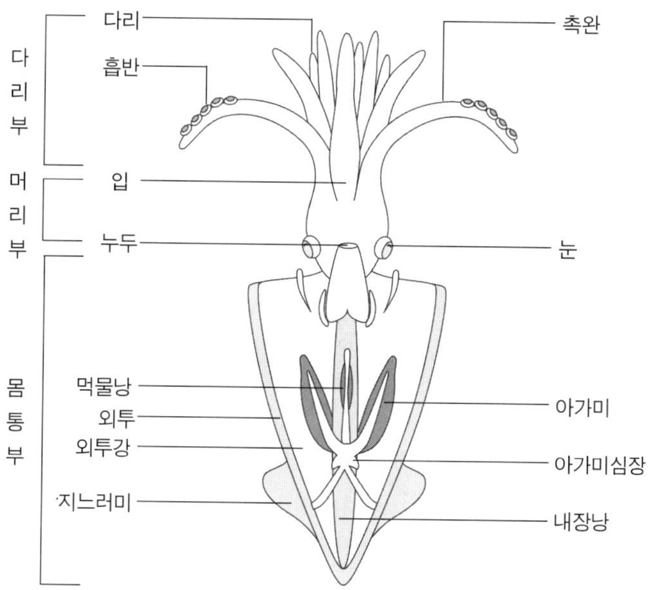
</td></tr>
<tr><td>참고사항</td><td>• 처음에는 내부가 간단한 것부터 시작하다가 점차적으로 명태와 같이 내부가 복잡한 것으로 확장을 한다. 생선류뿐 아니라 양파, 고구마, 감자, 감 등과 같은 채소나 과일을 사용할 수 있다. 한 가지씩 하다가 점차 음식의 수를 늘리도록 한다.</td></tr>
</table>

활동 10. 물 돋보기

<table>
<tr><td>이런 것을 기대해요</td><td>• 물체가 확대되어 보이는 돋보기의 원리를 알도록 한다.
• 돋보기가 물체를 확대해서 볼 수 있는 것처럼 남의 허물을 크게 보기보다는 자신의 허물을 크게 확대해서 볼 수 있도록 한다.</td></tr>
<tr><td>필요한 것이 있어요</td><td>사발면 용기, 크린랩, 고무밴드, 칼, 물</td></tr>
<tr><td>함께 해보아요</td><td>❶ 사발면을 유아와 함께 먹고 난 후 사발면 용기를 버리지 말고 깨끗이 씻어 마른 행주로 물기를 닦는다.
❷ 사발면 용기의 옆부분을 그림과 같이 잘라낸다.
❸ 사발면 용기의 윗부분을 크린랩으로 약간 느슨하게 덮은 후 고무밴드로 묶는다.
❹ 사발면 용기 안에 크게 확대해서 보고 싶은 인쇄된 글자나 물체 등을 넣는다.
❺ 랩으로 감싼 윗부분에 쏟아지지 않을 정도로 물을 붓는다.
❻ 물을 통해 용기 안에 들어있는 물체를 보도록 한다. 그러면 돋보기로 보는 것처럼 그 물체가 크게 보인다.
</td></tr>
<tr><td>참고사항</td><td>• 유아가 보기를 원하는 것은 용기 안에 들어갈 수 있다면 볼 수 있도록 격려한다. 점차적으로 랩 위의 물의 양의 조절을 통해 물을 어느 정도의 양과 크기로 담았을 때 물체가 가장 잘 보이는지 알아보도록 격려한다.</td></tr>
</table>

활동 11. 용암 만들기

<table>
<tr><td>이런 것을 기대해요</td><td>• 물체들에 따라 밀도에 차이가 있음을 안다.
• 하나님이 만드신 우주의 중력원리를 이해한다.</td></tr>
<tr><td>필요한 것이 있어요</td><td>유리컵, 물, 올리브유 또는 참기름, 소금</td></tr>
<tr><td>함께 해보아요</td><td>❶ 찬물을 유리컵의 3분의 2를 채운다.
❷ 채워진 물 위에 올리브유나 참기름을 1cm 두께로 천천히 붓는다.

❸ 기름 위에 소금을 붓는다.
</td></tr>
</table>

<table>
<tr><td>함께 해보아요</td><td>❹ 기름방울들이 컵 아래로 가라앉았다가 마치 용암이 올라오듯 다시 컵 위로 솟아오르는 것을 볼 수 있을 것이다.
</td></tr>
<tr><td>참고사항</td><td>• 이러한 현상에 대해 유아에게 설명하는 것이 매우 중요하다. 기름이 물 위에 층을 이루는 것은 밀도차이 때문이다. 물의 밀도는 1g/mi인데 비해 기름은 약 0.8g/mi이다. 소금은 물이나 기름보다 밀도가 높은 고체이므로 아래로 가라앉게 된다. 그런데 소금이 기름층을 지날 때 주변 기름들이 달라붙어 기름방울 형태가 만들어진다. 컵 아래로 내려간 기름방울은 그 안의 소금이 물에 녹으면 다시 가벼워져 위로 떠오르게 된다. 이러한 밀도차를 이용하여 일출을 연출해보는 것도 재미있는 실험이다. 넓고 투명한 그릇에 알코올을 반쯤 붓고 색이 진한 기름을 한 숟가락 넣는다. 여기에 천천히 물을 붓는다. 곧 태양이 중간에 떠오르는 것을 볼 수 있다.
• 이 실험은 기름이 알코올보다 밀도가 높기 때문에 처음에 그릇 바닥에 가라앉아 넓게 퍼진다. 여기에 알코올과 잘 섞이면서 기름보다 밀도가 높은 물을 부으면 곧 주위의 밀도가 높아지면서 기름이 떠오르는 것이다. 기름이 떠오르면서 해처럼 둥글게 되는 것은 떠오르게 하는 부력과 아래로 가라앉게 하는 중력이 어느 지점에서 같게 돼 일종의 무중력 상태가 만들어지기 때문이다.</td></tr>
</table>

1장

곽덕영 · 김미화(2002). 부모교육. 서울: 양서원.

서울대학교사범대학교육연구소 편(1981). 교육학용어사전. 서울: 배영사.

유안진(1985). 유아교육론. 서울: 창지사.

이연섭 · 강문희(1999). 부모교육. 서울: 정민사.

이원영(1985). 부모교육론. 서울: 양서원.

임채식 외(2000). 교육철학 및 교육사. 서울: 양서원.

정갑순(1996). 부모교육론. 서울: 창지사.

주영흠(2003). 서양교육사상사. 서울: 양서원.

Adams, J. E. (1978). 그리스도인의 가정생활. 한준수 역. 서울: 생명의 말씀사.

Berkhof, L. (1953). Covenant of grace and its significance for Christian education, In Jaarsma, Cornelius (Ed.). *Fundameantals in Christian education.* Grand Rapids: Eerdmans.

Bromiley, G. (1979). *Children of promise.* Grand Rapids: Eerdmans.

Comenius, J. A. (2003). 유아학교. 이원영 · 조래영 역. 서울: 양서원.

Harper, N. E. (1981). *Making disciples : The challenge of Christian education at the end of the 20th century.* Memphis: Christian Studies Center.

Hess, R. D. (1969). Parental behavior and children's school achievement : Implications for Head Start, In E. Grotbert (Ed.). *Critical issues in research related to disadvantaged children.* Princeton. N. J.: Educational Training Service.

Leeper, S. H., Skipper, D. S. & Witherspoon, R. C. (1974). *Good school for young children,* N. Y.: Macmillan Publishing Co.

Maccoby, E. & Zellner, M. (1970). *Experiments in primary education : Aspects of project follow through.* N. Y.: Harcoutt Braco Jovanovich.

Marcel, P. (1951). *The biblical doctrine of infant baptism.* London: James Clarke Co. Ltd.

Ryken, L. (1995). 청교도 - 이 세상의 성자들. 김성웅 역. 서울: 생명의 말씀사.
Stevens, J. H. (1978). Parent education program what determines effectiveness. *Young Children*. Washington, D. C.: NAEYC, 33(4).

2장

곽덕영 · 김미화(2002). 부모교육. 서울: 양서원.
곽현주(2005). 3~4세 유아프로그램의 구성 및 운영. 한국영유아교원교육학회, 춘계학술대회. pp. 89-110.
김덕순(1996). 부모교육의 이론과 실제. 서울: 정민사.
정옥분(2002). 아동발달의 이해. 서울: 학지사.
정희영(2004). 기독교유아교육론. 서울: 교육과학사.

Beers, V. G. (1997). 아동의 신학적 개념, Clark, R. Zuck & J. Brubaker (Eds.). 교회의 아동교육. 신청기 역. 서울: 생명의 말씀사.
Bunny, T. (1992). 태아는 알고 있다. 샘터출판부 역. 서울: 샘터사.
Meier, P. (1987). 그리스도인의 자녀양육과 인성발달. 정희영 역. 서울: 총신대학교출판부.

3장

김성원(1999). 유아의 연령과 부모의 신앙교육 정도가 유아의 신학적 개념형성에 미치는 영향. 총신대학교 대학원 석사학위청구논문.
김숙자(1996). 부모참여 교육론. 서울: 교육과학사.
설은주(1997). 기독교 공동체 교육의 실제. 서울: 예영커뮤니케이션.
은준관 외(1992). 기독교교육사. 서울: 교육목회.
이연섭 · 강문희(1998). 부모교육. 서울: 정민사.
이원영(1995). 부모교육론. 서울: 교문사.
정희영(1996). 아동의 신개념 발달과 부모의 영향에 관한연구. 신앙과 학문. 창간호. pp. 175-190.

Beers, V. G. (1986). Teaching Theological Concept to Children. In R. Clark, R. Zuck & J, Brubaker (Fds.). *Childhood Education in the Church*. Chicago: Moody Press.
Berger, E. H. (1995). *Parents as Partners in Education*. New Jersey: Prentice Hall.
Carlson, D. (1995). 자존감. 이관직 역. 서울: 두란노.

Chasw, B. (1992). 인격적인 사랑, 효과적인 훈육. 주순희 역. 서울: 두란노.

Chun II, J. (1994). 참된 기독교교육자를 만드는 교수법. 유명복 · 홍미경 역. 서울: 파이디온선교회.

Cully, I. (1993). 영적 성장을 위한 교육. 오성준 · 이기문 · 류영보 역. 서울: 한국장로교출판부.

Fowler, J. & Keen S. (1978). *Life Maps : conversations on the journey of faith.* Minnesota: Winston Press.

Fowler, J. (1995). 신앙의 발달 단계. 사미자 역. 서울: 한국장로교출판사.

Goldman, B. (1964). *Religious thinking from childhood to adolescence.* London: R.K.P.

Haystead, W. (1974). *Teaching your child about God.* California: Regal Books.

National Society (1991). *How faith grows.* London: G.S.B.E.

4장

김선경(2003). 신체적성 운동이 유아의 성장 및 발육 발달에 미치는 영향. 경기대학교 교육대학원 석사학위논문.

김은순(2001). 유아 중심의 동작활동 프로그램이 만 5세 유아의 창의성에 미치는 영향. 덕성여자대학교 대학원 석사학위논문.

류진희 · 황환옥 · 최명희 · 정희정 · 김유림 공저(2001). 유아의 발달에 적합한 신체활동. 양서원.

방현식(2003). 신체활동이 유아의 사회성발달에 미치는 영향. 인하대학교 교육대학원 석사학위논문.

서울특별시 교육청 유치원 에듀케어 지원센타 편(2005). 에듀케어 유아를 위한 신체활동 자료집 I. 서울특별시 교육청.

이기숙(2000). 개정 2판 유아교육과정. 서울: 교문사.

이순례 · 조인숙(2002). 통합적 접근에 의한 유아 신체활동 운영에 관한 연구. 2002 한국 유아체육학회 국제학술대회. 33-53.

이항재 · 최민수(2004). 아동발달. 서울: 교육과학사.

정미라 외(1999). 유아건강교육. 서울: 양서원.

조복희(1996). 유아발달. 서울: 교육과학사.

조희숙 · 최인숙 · 김경중 · 정갑순 · 신화식 · 류왕효 · 조경미 · 박은준 · 최재숙 · 류인숙(1994). 아동발달심리. 서울: 학지사.

주종은(2004). 유아의 신체활동 프로그램이 운동능력 및 신체적 자아개념에 미치는 영향. 원광대학교 교육대학원 석사학위논문.

총신대학교 부속유치원 편(2004). 기독교 유아교육의 통합교육과정. 서울: 학지사.

최보가 외(2005). 영유아 발달. 서울: 정림사.

홍지원(1994). 신체활동 중심 교육이 유아의 긍정적 자아개념과 친사회적 행동에 미치는 영향. 숙명여자대학교 교육대학원 석사학위논문.

황순각(2000). 유아 신체활동 프로그램의 구성 및 효과 - 유아의 지각운동능력과 신체적 자아개념을 중심으로 -. 중앙대학교 대학원 박사학위논문.

Comenius, J. A. (2001). 어머니 학교의 소식. 정일웅 역. 도서출판 이레서원.

Greene, E. A. (2000). 알버트 그린 박사의 기독교 세계관으로 가르치기. 현은자 · 정희영 · 황보영란 역. 도서출판: CUP.

5장

교육부(2000). 유치원 교육 활동지도자료 1: 총론. 교육부.

김경미(1997). 인형극 놀이를 통한 유아사회교육. 서울: 학지사.

김성희 · 허혜경(1999). 유아발달. 서울: 교육과학사.

김수영 · 조옥희(1997). 사회지도. 서울: 양서원.

김정희 외(1998). 아동발달 심리. 서울: 동문사.

김현주 · 손은경 · 신혜영(2004). 현장중심 부모교육 이론과 실제. 서울: 양서원.

마크쿠스 피스터(1994). 무지개물고기. 공경희 역. 서울: 시공사.

박성연 · 도현심(2003). 아동발달. 서울: 동문사.

박진경(2000). 하나님, 우리아이 어떻게 키울까요?. 서울: 도서출판 CUP.

박찬옥 · 김영중 · 황혜경 · 엄정례 · 조경서(2003). 유아사회교육. 서울: 정민사.

서울사대 교육연구소(1985). 교육학 용어사전. 서울: 배영사.

서울사대 교육연구소(1999). 교육학 대 백과사전. 하우동설.

이경영(1998). 유아를 위한 사회교육. 서울: 교육과학사.

이숙재 · 이봉선(1999). 영유아의 발달과 교육. 서울: 창지사.

이은화 · 이경우 · 이기숙 · 홍용희 · 박은혜 · 김희진(1999). 유아기 자녀를 위한 총체적 부모 교육 프로그램. 서울: 창지사.

이정환(1993). 유아교육의 학습방법. 서울: 학문사.

이태영 · 이경희(1994).유아 사회교육의 이론과 실제. 서울: 양서원.

전라남도 교육청(2002). 자녀의 바른 습관지도를 위한 좋은 부모 길잡이. 부모교육용 지도자료.

정옥석(2000). 협동화를 통한 조형활동의 경험이 유아의 사회성발달에 미치는 영향에 관한 연구. 경남대학교 대학원 석사학위논문.

정희영 외(2000). 주제중심의 기독교유아교육과정. 서울: 다음세대.

정희영(2004). 기독교 유아교육론. 서울: 교육과학사.

주순희 역(1992). 인격적인 사랑, 효과적인 훈육. 서울: 도서출판 두란노.

지성애 · 김미경(2003). 유아사회교육의 이론과 실제. 서울: 학지사.

차경수 · 정문성 · 구정화(1997). 유아사회교육. 서울: 학문사.

총신대학교 부속유치원(2004). 기독교 유아교육의 통합교육과정. 서울: 학지사.

최국남 · 박순이(1999). 유아사회교육. 서울: 창지사.

최순영 · 김수정(1997). 인간의 사회적 · 성격적 발달. 서울: 학지사.

한국행동과학연구소(1984). 사회성발달영역. 서울: 문교부.

Bandura, A. (1977). *Social learing theory*, Englewood Cliffs, N. J.: Prentice-Hall.

Bandura, A. (1989). Social cognitive theory. *Child Development*, Vol. 6, Edited by R. Vasta. Greenwich, CN: JAI Press. Inc.

Beverly LaHaye. *How to develop your child's temperament.* 기질과 자녀교육. 양은순 역(2001). 생명의 말씀사.

6장

김대라(1999). 부모의 정서지능과 유아의 정서지능과의 관계. 중앙대학교 교육대학원 석사학위논문.

김문정(1999). 부모교육이 유아의 정서지능에 미치는 영향. 건국대학교 교육대학원 석사학위논문.

김성원(2003). 부모교육을 통한 어머니의 언어통제 유형의 변화가 유아의 정서지능에 미치는 영향. 고신대학교 교육대학원 석사학위논문.

김온정(1999). 부모교육이 유아의 정서지능에 미치는 영향. 건국대학교 교육대학원 석사학위논문.

문미옥 · 임미혜(2000). 유아의 EQ 증진을 위한 정서교육활동. 서울: 학지사.

윤현석(1997). 감성지능과 창의성의 관계에 관한 연구. 충남대학교 대학원 박사학위논문.

이경희 · 이경희(1994). 아동발달과 양육. 서울: 형설출판사.

주정일(1978). 아동발달. 서울: 교문사.

한국인간발달학회 편(1995). 유아심리. 중앙적성 출판사.

황의명 · 박찬옥(1997). 유아를 위한 감성교육 프로그램. 서울: 양서원.

Elicker, J., Englnd, M., & Sronfe, L. A. (1992). Predicting peer competence and peer relationships in childhood from early parent-child relationships. In R. Parke & G. Ladd (Eds.), *Family-peer relationships : modes of linkage,* Hillsdale. NJ: Erlbaum.

Goleman., D. (1995). *Emotional intelligence.* New York: Bantorn Book.

Hoffman, M. L. (1984). Interaction of affect and cognition in empathy. In C. Izard. J. kagan, & R Zajonc (Ed.), *Emotion, cognition and behavior*, New York: Combridge University press.

Hyson, M, C. (1994). *The Emotional development of young children building on emotional centered curriculum.* Teachers College. Columbia University.

Izard, C. E. (1978). Emotion and Emotion-cognition relationship. In M. Lewis & L.A. Rosenblum (Eds.), *The Development of affect.* New York: Plenum.

Jersild, A. T. (1968). *Child psychology*, 6th (ed.). Pentice Hall.

Lewis, M., & Michalson, L. (1983). *Children's emotions and moods: developmental theory and measurment.* N. Y.: Plenum press.

Platchik, R. (1980). *Emotion : A psychoevolutionary synthesis.* New York: Harper and Row. pp. 152-172.

Salovey, P., & Mayer, J. D. (1990). *Emotional Intelligence, Imagination, Cognition and Personality.* 9, pp. 185-211.

Salovey. P, & Mayer, J. D (1996). What in emotional intelligence? In Salovey. P, & Sluyter, D. (Eds.), *Emotional development and emotional intelligence: implications for Educators.* New York: Basic Books.

Thomas, A., Chess, S., & Birch, H. (1968). *Temperament and behavior disorders in children.* New york: New York University Press.

7장

강길전(2001). 심신의학으로 본 태교. 한국정신과학 학술대회 논문집 15. 한국정신과학학회. 145-153.

강은주(1998). Peer contribution to the language development of korean bilingual children in preschool. 중앙유아교육협회 2.

교육부(2000). 유치원 교육 활동 지도 자료 1: 총론. 교육부.

권희경·송진숙(2000). 가정과 학교간 연계교육을 위한 부모의 가정 내 교육적 활동과 자원봉사활동 참여도에 대한 연구. 한국아동학회. 233-251.

김경자 편(1994). 재미있는 언어여행. 서울: 교육과학사.

김경철(1998). 유아 문해교육평가에 관한 고찰. 한국교원대 교수논총 14(1).

김명순(1997). 교실내 문해환경이 만 4-5세 유아의 책이야기 꾸미기에 미치는 영향. 유아교육연구.

17(2). 77-95.

김세희 · 현은자(1997). 어린이의 세계와 그림 이야기책. 서월.

김영순(1999). 저널 쓰기 활동이 유아의 쓰기 인식과 읽기 능력 발달에 미치는 영향. 원광대 교육대학원 석사논문.

노영희(1994). 한국 유아의 쓰기 능력에 관한 연구. 한국교육원대 논총 10(2). 103-150.

박미령(1997). 혼합연령에서 수준별 이야기 나누기 활동이 유아의 언어 및 사고 능력에 미치는 영향. 원광대 교대원 석사학위논문.

박선해(1994). 그림책 읽기를 통한 어머니의 언어적 상호작용 훈련효과가 유아의 언어능력에 미치는 영향. 중앙대 박사학위논문.

안명옥(2001). 태교와 심신의학. 한국정신과학 학술대회 논문집 15. 한국정신과학학회.

어영옥(2003). 성경적 태교에 관한 연구. 안양대 석사학위논문.

유향선(1996). 어머니와 교사개입에 의한 상호작용적 문해 프로그램이 유아의 초기 문해능력발달에 미치는 효과. 중앙대 박사학위논문.

이기숙 외 (1993). 유아의 문자언어교육을 위한 통합적 접근법에 관한 연구. 서울: 창지사.

이문정(1999). 유아의 이야기 짓기와 극화활동의 연계가 유아의 이야기 구조 및 탈상황적 언어 발달에 미치는 영향.

이성은(1998). 총체적 언어교육. 서울: 창지사.

이순희 외(1998). 유아언어교육의 이론과 실제. 서울: 양서원.

이승복(1997). 어린이를 위한 언어획득과 발달. 서울: 정민사.

이영자 · 이종숙(1996). 영아의 문해행동 발달과 영아 부모의 상호작용 유형의 변화. 유아교육연구, 16(1). 23-48.

이영자(1996). 유아언어교육. 서울: 양서원.

이차숙 · 노명완(1997). 유아언어교육론. 서울: 동문사.

정동빈(1994). 언어발달지도. 서울: 한국문화사.

정은주 · 정진(1996). 유아언어교육. 서울: 학지사.

조정숙 · 김은심(2000). 유아언어교육. 서울: 정민사.

조정숙 · 유향선 · 김은심(1999). 유아언어교육. 서울: 창지사.

주영희(1998). 유아를 위한 언어교육. 서울: 교문사.

Anderson, J. (1995). How parents perceptions of literacy acquisition relate to their children's emergent literacy knowledge. *Reading Horizon*, 35(3). pp. 209-228.

Brody, G. H., Stoneman, Z., & McCoy, J. K. (1994). Contributions of protective and risk factors to literacy and socioemotional competency in former head start children attending kindergarten. *Early Childhood Educational Research Quarterly, 9 (3 & 4)*. pp. 407-425.

Brown, R. (1973). *A first language : the early stages.* Cambridge. MA: Harvard University Press.

Bus, A. G., & Van Ijendoom, M. H. (1988). Mother-child interaction, attachment, and emergent literacy : a cross-sectional study. *Child Development, 59*, pp. 1262-1272.

DeBaryshe, B. D. (1995). Maternal belief systems : Linchpin in the Home Reading Process. *Journal of Applied Developmental Psychology. 16*, pp. 1-20.

Dickinson, D. K., & Tabors, P. O. (ed). (2001). *Beginning literacy with language : young children learning at home and school.* Brookes Publishing Company.

Elliot, J. A., & Hewison, J. (1994). Comprehension and interest in home reading. *Journal of Educational Psychology. 64*, pp. 203-220.

Fitzgerald, J., Spiegel, D. L., & Cunningham, J. W. (1991). The relationship between parental literacy level and perceptions of emergent literacy. *Journal of Reading Behavios. 23(2)*, pp. 191-213.

Forrow, D., & Nelson, K. (1984). Environmental correlations of individual differences in language acquisition. *Child Language*, 11, pp. 523-534.

Goodman (1986). *What's whole in whole language?* Portsmouth. NH: Heinemann.

Grosjean, F. (1982). *Life with two languages.* Harvard University Press.

Hampson, J., & Nelson, K. (1993). The relation of maternal language to variation in rate and style of language acquisition. *Child Language*, 20, pp. 313-342.

Heath, S. B. (1980). The functions and uses of literacy. *Journal of Communication. 30*, pp. 123-133.

Holdaway, D. (1979). *The foundations of literacy.* Sydney, Austrailia: Ashton Scholastic.

Kang, E. (1997). *Peer contribution to the language development of Korean bilingual children in preschool.* Ph. D. thesis. Iowa city, IA: The University of Iowa.

Katz, L. G., Evangelou, D., & Hartman, J. A. (1990). *The case for mixed-age grouping in early childhood education programs.* Washington, DC: NAEYC. ED 326 302.

Kuyper. A. (1996). 삶의 체계로서의 기독교. 김기찬 역. 서울: 크리스챤 다이제스트.

Mason. J. M. (1986). Kindergarten reading : a proposal for problem solving approach. In B. Spodek (Ed.). *Today's kindergarten.* N. Y.: Teachers College Press of Columbia University. pp. 48-67.

Middleton, R., & Walsh, B. (1987). 그리스도인의 비젼. 황영철 역. 서울: IVP.

Neuman, S. B., & Roskos, K. (1991). Peers as literacy informants : A description of young children's literacy conversation in play. *Early Childhood Research Quarterly*, 6, pp. 233-248.

Pellegrini, A. D., Permutter, J. C., Galda, L. & Gene, H. B. (1990). Joint book reading between black head start children and their mothers. *Child Development*, 61, pp. 443-453.

Piper, T. (1993). *Language for all our children*, Macmillan Publishing Company.

Potter, G. (1995). Mothers' perceptions of their young children's literacy development. *Australian Journal of Early Childhood Education. 20(1).* pp. 7-11.

Schickendanz, J. A. (1986). *More than the ABCs : the early stages of reading and writings.* Washington, DC: NAEYC.

Sire, J. (2000). 기독교 세계관과 현대사상. 김헌수 역. IVP.

Snow. C & Saracho, O. (1994). Comprehension and interest in home reading. *Jr of Educational Psychology 64*, 203-220.

Steensma, G. J., & Van Brummelen (Eds.). (1977). *Shaping school curriculum.* Signal.

Susedik, J. (1988). 태아는 천재다. 전광필 역. 서울: 삼중당.

Verny, T. (2005). 태아는 알고 있다. 김수용 역. 서울: 샘터사.

Vygotsky, L. S. (1978). *Mind in society : the development of higher psychological process.* Harvard University Press.

Wertsch, J. V., McNamee, G. D. McLane, J. B. & Budwig, N. A. (1980). the adult-child dyad as a problem-solving system. *Child Development*, 51, pp. 1251-1221.

Wolters, A. (1999). 창조, 타락, 구속. 양성만 역. 서울: IVP.

8장

교육인적자원부(2001). 유아와 부모가 함께하는 교육활동자료.

교육인적자원부(2003). 놀이를 통한 유아과학교육 활동자료. 교육인적자원부.

기현빈 역(1983). 어머니들을 위하여. 서울: 생명의 말씀사.

김경희 · 김경희(1994). 아동발달과 양육. 서울: 형성출판사.

김동일 외(1999). 아동발달과 학습. 서울: 교육출판사.

김미경 · 정희영 · 김동춘 · 강은주(2000). 기독교 유아교육방법론. 다음세대.

김미경(2004). 탐구중심 유아과학교육. 서울: 교육아카데미.

김정한(1998). 과학자와 함께 읽는 창세기 이야기. 한국기독학생회출판부.

김춘경 외(2002). 아동학개론. 서울: 학지사.

래리스티븐 (2000). 하나님 제 아이 정말 잘 키우고 싶어요. 정성준 역. 요단.

박홍자(1995). 유아를 위한 과학 활동 이론과 실제. 서울: 동문사.

베르너 C. 그랜도르. 복음주의 기독교교육론. 김국환 역(1995). 기독교문서 선교회.

서광(2004). 문제는 항상 부모에게 있다. 복폴리오.

서울특별시교육청(1999). 유치원 탐구생활영역 활동 지도자료. 서울특별시 교육청.

성옥련(1992). 부모가 알아야 할 어린이 심리세계. 교보문고.

성현란 외(2001). 인지발달. 서울: 학지사.

송명자(2001). 발달심리학. 서울: 학지사.

안영진(2002). 새 아동발달연구. 서울: 도서출판 꾸벅.

유학식(2000). 예수의 자녀교육. 서울: 은혜출판사.

이영자 · 이기숙 · 이정옥(2002). 유아교수학습방법. 서울: 학지사.

임세빈(2001). 지금은 자녀의 신앙교육을 생각할 때 입니다. 도서출판 온누리.

조선일보 2004년 12월 28일자. D2면.

조선일보 2005년 4월 19일자. A6면.

존 맥아더. 하나님의 방식으로 자녀 키우기. 마영례 역(2001). 도서출판 디모데.

한순미(1999). 비고스키와 교육. 서울: 교육과학사.

황정규(2000). 현대 교육심리학의 쟁점과 전망. 서울: 교육과학사.

Donaldson, M. (1978). *Children's Minds*. Glasgow: Fontana/Colins.

Gallimore, R & Tharp, R. G. (1990). Teaching mind in society : Teaching, schooling, and literature discourse. In L. C. Moll (Ed)., *Vygotsky and education: Instructional implications and applications of sociohistorical psychology*. Cambridge University Press.

Groome, T. (1981). Conservation, Mature and Education, *Religious Education*, Vo1.

Kilmer, S. J. & Hofman, H. (1995). Transforming scene curriculum. In S Bredekamp & T. Rosegrant (Eds.), *Reaching potentials : Transforming early childhood curriculum and assessment*. Washington, D. C: NAEYC.

www.cuusa.net/b-babyhood-education

정희영 총신대학교 기독교교육 전공
총신대학교 대학원 기독교교육 석사
이화여자대학교 대학원 유아교육 전공 석사
영국 The University of Aberdeen 철학박사
미국 Calvin College 초청교수 역임
현 총신대학교 유아교육과 교수

정갑순 중앙대학교 사범대학 유아교육 전공
중앙대학교 사범대학 대학원 유아교육 전공 석사
중앙대학교 사범대학 대학원 유아교육 전공 문학박사
Australia Morling Baptist Theological College Visiting Scholar(Children's Ministry)
현 총신대학교 유아교육과 교수

김동춘 이화여대 교육학과 유아교육 전공
이화여대 교육대학원 유아교육 전공 교육학석사
서울여대 대학원 유아교육 전공 문학박사
현 총신대학교 유아교육과 교수

김미경 중앙대학교 사범대학 유아교육 전공
중앙대학교 대학원 문학석사
미국 California 주립대학원 교육학 유아교육 전공 석사
미국 Oregon 주립대학원 유아교육 전공 철학박사
현 총신대학교 유아교육과 교수

강은주 총신대학교 유아교육 전공
The University of Iowa 석사
The University of Iowa 박사
현 총신대학교 유아교육과 부교수

최영해 총신대학교 유아교육 전공
중앙대학교 교육대학원 유아교육 전공 석사
덕성여자대학교 대학원 유아교육과 박사과정 수료
현 총신대학교 부속유치원 원감

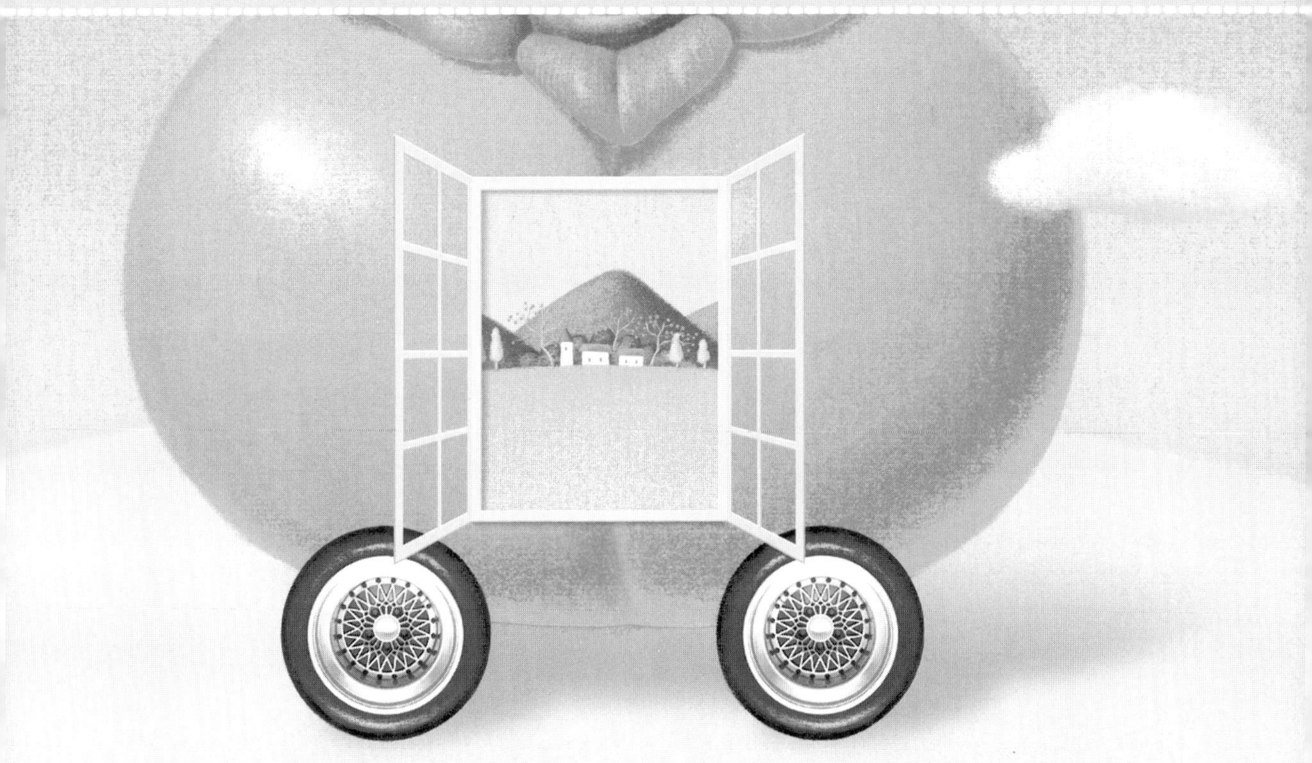

기독교 부모교육의 이론과 실제

초판 1쇄 인쇄 2007년 3월 3일
초판 1쇄 발행 2007년 3월 10일

지 은 이 | 정희영 외
펴 낸 이 | 김기섭
책임편집 | 조영숙
펴 낸 곳 | 창지사 www.changjisa.com
121-809 서울시 마포구 대흥동 161
전화 (02) 719-2211~3
팩스 (02) 701-9386
등 록 | 1977년 4월 28일 · 제1-421호

ISBN 978-89-426-0428-9 93370
값 15,000원